# 日本戰國 織豐時代史

胡煒權

中

群雄割據

日本戰國・織豐時代史㊥



戰國・織豐時代令制國地圖
歡迎掃描後下載

第一章

# 京畿陰霾

## 中——突破

一手顛覆室町幕府根基，將幕府權柄牢牢控制在手裡的「怪傑」——管領細川政元突然遭到臣下暗殺身亡後，他的三個養子細川澄之、澄元及高國為了爭奪繼承權互相攻伐，將管領細川家二百年來積蓄的家底及元氣全數敗光，這室町幕府的最後一根稻草已搖擺在「戰國亂世」的狂風暴雨之中。

但諷刺的是，他們三人相互攻伐三十多年，最終仍舊沒有任何一方得以繼承偉大養父的衣缽，笑到最後。反倒是一一以失敗者的身份離開了歷史舞台，取而代之的，是一個來自阿波國，險些死於亂軍手中的後起之秀——三好長慶。更意想不到的是，這位一開始名不經傳的阿波青年武士不單將名門細川家送出歷史，更在陰霾不散的京畿之地裡成功闖出一片天，暫時結束了京畿的亂局，成就了一時風光的霸業，萬人仰望。只是不久後……

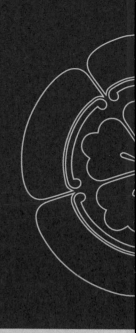

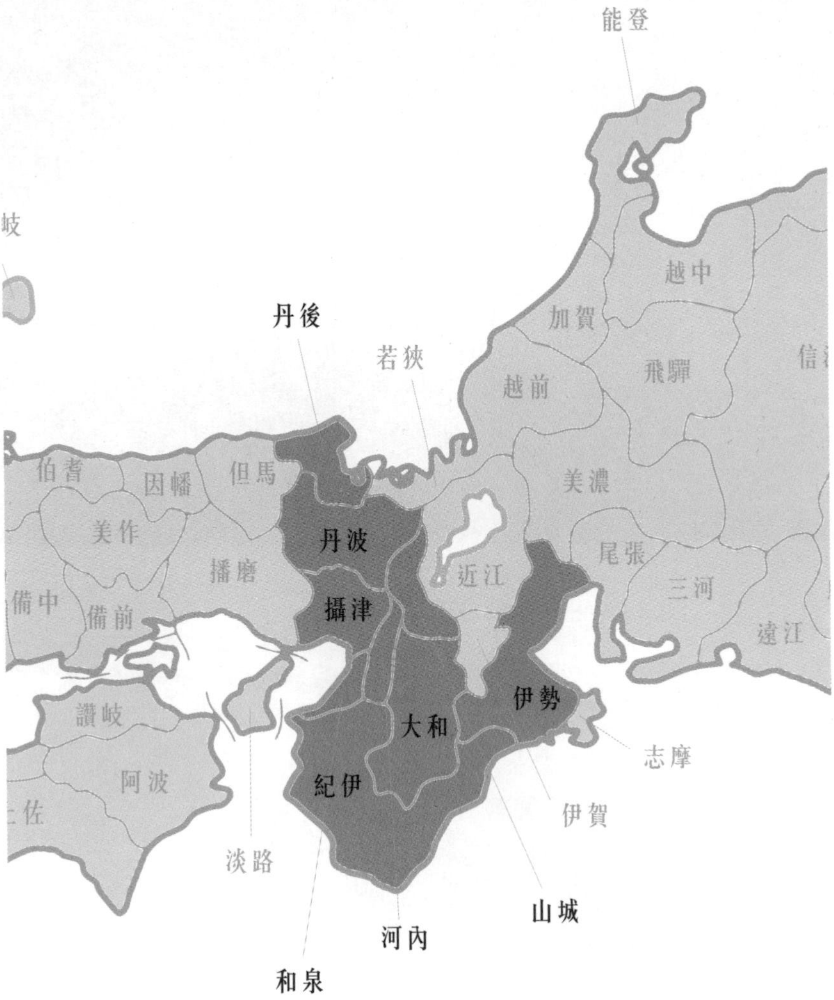
能登
越中
加賀
丹後
若狹
飛驒
越前
信
伯耆
因幡
但馬
美濃
美作
丹波
近江
尾張
播磨
三河
備中
備前
攝津
遠江
伊勢
讚岐
大和
志摩
阿波
紀伊
佐
伊賀
淡路
山城
河內
和泉

京畿陰霾區域地圖

# 迷霧不散

## 同床異夢

天文元年（一五三二）九月，高國死後不久，其弟晴國很快在丹波舉兵，矢志繼承亡兄的遺志。正當高國陣營即將死灰復燃之際，剛獲得勝利的細川晴元陣營卻已再次發生內訌。晴元手下的第一部將三好元長自恃幫助晴元擊敗高國有功，氣燄逼人，引起陣營內其他同僚不滿。其中，同為晴元重臣，亦與三好元長同族的三好政長和木澤長政等人認為元長的崛起將損害自身利益，於是一同向晴元進讒，大力煽動晴元與元長的矛盾。

晴元是否輕易相信家臣們的讒言，這已不得而知，但不難想像的是，在多數重臣意欲打倒元長的形勢下，為了平息眾怨，同時彌補自己先前偏寵元長的「錯誤」，晴元選擇犧牲元長來確保勢力均衡和自保，是十分合理的。

另一個重要的因素，是參與打倒元長的要角木澤長政對仍不穩定的晴元政權來說，是不可或缺的重要戰力。晴元為免失去長政，選擇犧牲元長來換取長政的效忠，兩者之間晴元還是選擇了後者。

為什麼說長政是重要戰力呢？其實提到長政的一生，堪稱當時戰亂之世造就的人才。他本來是畠山家的家臣，後來畠山家內訌加劇，他便轉投到細川高國旗下；而當高國政權岌岌可危，他看準時機，再次捨棄了主君，投入本應是敵人的晴元旗下。由於長政素以武勇果敢享譽畿內，即使當上了「三姓家奴」，對於想在混亂畿內戰局中制勝的晴元來說，長政的能力絕對是一個重要關鍵，因此轉換主君的爭議也就擱在一邊了。

不過，世事無絕對。正當晴元打算順從長政、政長一派的意願，開始打壓三好元長，這時便出現了一位「程咬金」，那就是木澤長政的第一任主君畠山義堯。雖說當時「良臣擇主而仕」仍是相對普遍的現象，但被家臣捨棄的主君看到該家臣在他家混得風生水起，恐怕還是很不好受。再者，義堯原本以為細川家長期分裂可讓自己漁利，以便重建畠山家威信，但眼見長期分裂的戲碼不成，晴元即將得到全面勝利，勢必打擊自己的計劃，義堯必須作出回應，阻止晴元贏得完美結局。

於是，本著「敵人的敵人就是朋友」以及「先下手為強」的道理，義堯便跟元長處於利害一致的立場。兩人聯手，再加上前面提到在丹波起事的細川晴國，三方一起對抗晴元、長政、政長陣營的局面也就順理成章了。結果，剛推倒了細川高國這個共敵的細川晴元、足利義維的堺幕府政權旋即再陷分裂之局，戰亂也以堺市為中心火速展開。

首先發難的是三好元長陣營，元長除了與上述的畠山義堯、細川晴國合作外，另外還與同樣不滿晴元獨贏的阿波守護細川持隆，以及足利義維合作。不過，後面可以看到，持隆及義維兩人並不積極，不過是表態支持元長，想挫一挫晴元氣燄而已。到了享祿四年（一五三一）八月，元長陣營率先在堺市南部築壘起事，晴元陣營也在北部築壘對抗。

雙方在市內南北對峙的局面持續了近五個月後首次出現突破，翌年正月三好元長派家臣分兵突襲素有嫌隙，而且跟木澤長政、三好政長一起進讒的前同僚柳本家的居城。此舉對於元長來說只是發洩被陷害的不滿，但對於晴元及長政等人而言，卻是昭然若揭的敵對舉動，兩者的僵局轉眼間已經到了不得不兵戎相見的局面。

為免局勢完全失控，與元長合作的細川持隆一度出面斡旋危機，但已視元長為眼中釘的晴元拒絕了持隆的好意。持隆為免火燒己身，表示了斡旋失敗、面目無光後便退兵回阿波，獨留元長繼續對抗晴元陣營。

然而，持隆的阿波軍退出陣營並不代表元長大勢已去，因為與元長一樣戰意高昂的畠山義堯和細川晴國率領的丹波國領主仍在。就在元長派兵攻打柳本氏的同一時間，義堯也敲響了戰鼓，目標便是忘恩負義的前家臣木澤長政。義堯、丹波國領主及大和國部分反晴元陣營的領主一起圍攻長政所在的河內飯盛城。

雖說長政武勇冠絕畿內，但在遭強力圍攻的情況下，也只能請求協助。這裡就看到長政情急智生的絕妙之處，他並不是向當時的主君晴元請援，而是在更宏觀的視野下覓得「真正支援」——那就是請求能真正一舉討滅元長陣營的「神兵利器」山科本願寺加入晴元陣營。

這想法其實十分務實合理，因為當時山科本願寺的宗主證如與細川家素有婚姻關係，這次長政建議打出「親情牌」來化解危機，無疑是晴元陣營的一大絕招。這牌一打晴元求之不得，而證如也奇蹟般地選擇打破本願寺向來不涉政治的宗旨，答應幫助老姻親。然而，這個抉擇如同打開「潘多拉之匣」般，對晴元、本願寺、元長三方陣營，以至後來戰國時代畿內地區的政局發展，影響甚鉅，這恐怕是主張者木澤長政當初始料未及的。

無論如何，證如決定幫忙後，情勢迅速轉變，而且是個雪崩式的轉變。證如下令畿內的教眾以護教之名起事後，傾夜間便糾集了三萬餘兵力，在畿內各地圍攻元長陣營。晴元陣營裡驟然「天降神兵」，對於元長陣營簡直是場噩夢。各地的本願寺教徒組成的「土一揆」軍（民兵組織）率先反包圍了正強攻木澤長政的畠山義堯軍。本願寺的土一揆軍逼令義堯退回主城高屋城後，還進一步圍攻該城，最終義堯在孤立無援下兵敗自殺。原本與義堯聯手的丹波、大和國領主們見狀後立即撤軍回國。

另一邊身處堺市南部的三好元長同樣遭到本願寺的土一揆軍攻擊。元長深知大勢已去，趁夜深送走妻兒，著令他們投靠身在阿波的盟友細川持隆。六月二十一日，元長遭圍攻後兵敗被捕，被勒令在一所法華宗的寺院內自裁謝罪。這是因為三好家本為法華宗信徒，依照當時的規矩，讓罪人在自己宗派的寺廟內了斷是尊重其名譽的做法。

至此，晴元陣營的分裂隨著三好元長與畠山義堯雙雙兵敗自殺，看似告一段落。而原本被元長拉上一起去對抗晴元的將軍足利義維本欲自行了斷，但被晴元軍逮捕，留其性命，這是為了確保晴元陣營仍有將軍這個大義名分在手。

然而，事後的發展趨勢證明，這次分裂的終結既是暫時的，晴元也終究沒法高枕無憂。為了終止分裂而請來的本願寺教徒，不久後反過來成為晴元政權的絆腳石。

## 法華之亂

元長陣營潰散後，本願寺教徒如同脫韁野馬般不受控地在畿內大肆活動，彷彿是晴元政權的請援提供他們隨意活動的保證一樣。部分教徒以打擊元長餘黨為名，在沒有宗主證如的命令下開始到處攻擊其他佛教宗派的地盤，奈良、京都等地紛紛烽煙四起。這些擅自行動的教徒之中混雜了一些雜信不同佛教宗派及土俗信仰的遊民，他們之中大多為了生計和解除拖欠給非本願寺派系寺廟的債務，借機趁火打劫。因此，這次部分本願寺教徒引發的戰後混亂，其背後包含著非常複雜的社會問題。

無論如何，晴元陣營低估了請出本願寺教徒助戰的「成本」及「代價」是顯見的事實，他們也終於面對「求人容易送人難」的尷尬局面。然而，政治世界沒有永遠的朋友和敵人，當利益衝突時瞬間反目成仇的例子，在世界各地的史書上比比皆是。

至此，為了成為管領細川家正統繼承人而轉戰不休的晴元當然也十分明白這個道理。作為為了處理這批「難送的客人」，晴元首先與另一位將軍也是前主君的足利義晴和解。作為見面禮，晴元把早前捕獲的足利義維冷落一旁，另外又跟支援義晴的六角家和解，並且結成姻親。六角家既是當時守護近江南部通往京都門戶的強大勢力，同時也對本願寺教徒進一步的擴散行動保持警戒。

與義晴和解後，晴元立即利用這位將軍進行下一個動作。他藉著將軍的名義向同樣在畿內，尤其是京都一帶擁有不下於淨土真宗勢力的法華宗下令，要求他們組織武裝，並且站起來對付肆虐的本願寺教徒。明顯是晴元親眼看過本願寺教徒的「狂熱」實力後，認為與其自己動手硬吃這批「雞肋」，不如假法華宗之手更便捷。晴元這種「以毒攻毒」、以教派對付教派的技倆，某種程度上可以說是將計就計，煽動了教派間的矛盾。於是到了天文元年（一五三二）七月，為了確實挑動法華宗徒的神經，晴元派家臣去火上加油，表示如果法華宗等派不出手，繼續縱容本願寺的話，諸派滅亡就在眼前。

另外，為了鎮壓肆虐的本願寺教徒，晴元又命木澤長政率先拉開戰幔，攻打本願寺的教坊及寺廟，誘導教徒起事，實行「請君入甕」之計。本願寺方面頓悟自己已經中了晴元陣營的計策，為免被動受困，決定反過來先出手。但是，他們在京都很快被法華宗為首的諸宗派教徒圍堵，位於京都山科的總壇也危如累卵。

隨後晴元陣營、六角家的援軍紛至，一同圍攻山科本願寺總壇。雖然教壇早在多年前進行了多次的軍事防禦工事，但還是被同樣熟知當地地勢的法華宗找到缺口。最終這場圍攻戰在兩日內以山科本願寺總壇焚毀的方式結束。壇內的寶物，以至老弱婦孺被搶劫一空，本願寺在京都的地盤也因此完全被消滅，本願寺證如逃到攝津國的大坂分壇另圖再起。

雖然山科本願寺陷落，證如敗逃大坂，但晴元與本願寺的「分手」劇並沒有因此結束。目前為止一直靜觀其變的細川晴國在丹波苦等多年後，終於找到出手的機會。他眼見晴元與本願寺決裂後，立即抓住這缺口，與成了敗家之犬的證如聯手，反擊晴元。

晴國在丹波牽制京都的法華宗徒的同時，本願寺及其信徒、遊民和武士領主們一起從大坂北上，試圖收復失地。本願寺這場絕地反擊戰一直持續至天文二年（一五三三），戰火在攝津、河內、和泉等地蔓延，但雙方一直無法找到突破的機會。另一邊隔岸觀火的細川晴國也藉著京都空虛，一度派兵從丹波南下入侵，但由於兵力有限，始終無法一舉控制京都。

就這樣，晴元．法華宗與晴國．本願寺的對立交戰一度陷入僵局。雙方表面上劍拔弩張，但其實皆已厭戰，因為各自都明白並沒有滅亡對方的實力和必要，於是雙雙摸索著停戰的契機。就在這時候為他們送上機會的人出現了。他就是在本願寺的土一揆軍包圍下，幸運逃出虎口、並且在阿波國韜光養晦的三好元長長子——三好長慶（長慶初時名叫利長，後來又名範長，再改名長慶，本書統一為「長慶」）。

三好長慶當時只是一個十一歲的少年，當然不可能早熟到可以走出來擺平事件。他背後的三好家宗家及保護者細川持隆才是真正的幕後黑手，長慶說到底也不過是代表而已。然而，將長慶推上台的意義卻十分深遠。畢竟他父親元長在之前的對立中被晴元陣營殺害，殘黨只能逃回根據地阿波，可以說是元長一派幾乎全被「請下」歷史舞台，長慶很有可能無出頭之日。然而，晴元始終沒辦法取得完全的勝利，膠著的戰局最終反過來為長慶重見天日帶來了機會。在某種程度上，晴元對長慶來說，既是殺父仇人，也是造就他日後霸業的領航員，歷史的因果總是那麼的諷刺。

以長慶為代表的三好陣營雖然已經伸出了善意之手，但晴元陣營與本願寺陣營之間仍然膠著了一小段時間才慢慢走向停戰，同時，本願寺與法華宗也達成了和解。然而這次多方和解中被冷落一旁的就是矢志繼承亡兄遺志的細川晴國。晴國要的不是和解，而是取代晴元，成為名正言順的管領。然而，晴元、本願寺、法華宗都已經放棄了戰鬥，原本戰力就單薄，只是靠戰亂來撈好處、拉盟友的晴國自然沒有鬥下去的本錢。而當初支持他的丹波國人領主們也看透了他的底細，最有實力的波多野家、內藤家都先後倒向了晴元陣營，晴國就更加無用武之地，三年後，他便在晴元陣營的圍剿下在河內天王寺兵敗自殺了。

## 梟雄殞命

晴國的沒落及衰敗仍然不代表晴元可以高枕無憂，而且他親手引發的佛門宗派戰爭也沒有因為停戰而一應收束。自從晴元陣營拉動法華宗對抗本願寺後，法華宗也跟當初的本願寺一樣，成了脫韁野馬，開始借機會擴大教派勢力，並挑釁其他宗派。這次他們引火自焚，把矛頭指向了京畿地區最強的佛門老派——比叡山。法華宗向來喜歡透過辯論、藉自己的「三寸不爛之舌」讓其它宗派無地自容，再強制迫使對方容許自己在其地盤上佈教。這招在其他地方還行得通，但這次把目標轉到在地扎根數百年的比叡山身上，顯然不知天高地厚。

天文五年（一五三六）三月，法華宗如願以償地與比叡山進行了佛法辯論，而且取得勝利。但比叡山卻不是那些因為辯論失敗便輕易讓步的勢力，他們反倒惱羞成怒，將越來越囂張跋扈的法華宗視作眼中釘，並且拉攏了向來交情不錯的六角家以「行動」回應法華宗。同年七月，比叡山與六角家的軍隊一起攻入京都，矛頭指向京內的法華宗寺院並殺人放火，最後京內大部分法華宗的寺院都被縱火焚燒，並且導致三千至四千教眾、僧侶被殺。自此役後，法華宗在京內的力量被大幅削弱，要不在京內小心行事，要不轉往京外其他地區「依然故我」。

這樁佛門宗派間的對立餘波未了，另一方面武士的戰爭卻暫得平安。晴國沒落後，晴元暫時獲得了喘息的機會，但內裡其實是矛盾處處。首先儘管晴元手下部將都是當時一等一的猛將能臣，但構成複雜，各人之間的利益關係縱橫交錯，要想維持平穩政權的晴元可謂如履薄冰，片刻都不能鬆懈。當中最大的問題癥結就是木澤長政、三好政長以及新星三好長慶間的矛盾。

首先說說上面提到的首席猛將木澤長政，這位按時局轉換主君的能人在晴元底下雖然算得上忠心，但卻同時跟第一任主君畠山家有著藕斷絲連的關係。尤其是他跟畠山家的執事遊佐長教交情深厚，兩人在畠山義堯戰死後，分享了畠山家兩派系的權力，又按利益廢立了兩位當家，將畠山家玩弄在股掌之中。

另一方面，長政藉著晴元的保護及支持，插手干預了京都南部大和國的事務。當地兼管政教兩面的興福寺自應仁文明之亂後慢慢走向衰弱，不得已尋求晴元底下的紅人木澤長政來幫忙重振朝綱。興福寺也終究沒有所託非人，長政一進入大和國後便雷厲風行，不但好好地整頓境內事務，更在大和國內的東北及西部入口修築了信貴山城及笠置城，作為屏護大和國的兩大要塞。這兩城在日後的戰國歷史中將發揮著重要的作用，足見長政個人的才幹實際上得到了廣泛的認可，而當時的時評更稱長政為大和國的「守護」。

不過，猶如戰國歷史的常規一樣，一個人物盛極一時的那一刻便是他衰敗的開始，長政在晴元底下形成一個半獨立勢力的同時，與晴元之間的主從關係也慢慢走向決裂邊緣。五年後的天文十年（一五四一）九月，在一場高國殘黨的起事中，理應參與鎮壓的長政突然倒戈，令晴元陣營突然進退維谷。

以目前的史料來看，長政突然倒戈相向的原因與他跟三好政長的矛盾有關，但卻無法確認具體內容是什麼。很可能是政長眼見長政紅遍半邊天，對自己的位置感到不安，再次向晴元進言有關。按之後的發展來看，似乎晴元最終還是採納了政長的「建議」，對長政有所忌憚。諷刺的是，長政恐怕想不到當初為了對付三好元長，跟三好政長聯手用過的技倆，事隔十多年後卻用在自己的身上。

另一邊的細川晴元始終是在戰亂中久經歷練的人物，從目前為止的戰亂中汲取了教訓，從錯誤中學習。再說，對手既然是畿內第一猛將，晴元不容絲毫兒戲。同年十一月，晴元終於著手除去長政，首先他得到了六角定賴的軍事支援。另一方面，為免長政在絕望中再度重施故技，找本願寺聯手對抗，晴元搶先以幕府的名義警告了本願寺不要出手，以及令其管束教眾不要擅動。本願寺自從十年前的重創後，早已不想再干預武士的事，自然也賣了個順水人情。

此外，為了進一步切斷長政的支援，晴元又迫使與長政交情不錯的遊佐長教跟長政一刀兩斷。結果，長教為了不要引火自焚，同時也看到了全盤獨享畠山家權力之機會，當然果斷地斬斷了與長政的關係。至此，陷入孤掌難鳴的最終局面，長政只能靠一己之力試圖翻盤。然而，十多年前在飯盛城的奇蹟終究沒有再次出現，這一次長政在高屋城孤軍死守，戰至最後一兵一卒，他跟他的一族全數戰死，一度在戰國初期的畿內閃爍發光的梟雄就此殞滅。

# 三好長慶的榮華

## 初生之犢

對於晴元來說，除去長政本來就是為了進一步鞏固政權的安定，然而有趣的是，長政死後，晴元奢望的安定卻沒有得以實現，反而是亂上加亂。上面提到當時晴元政權內部的最大矛盾來自於木澤長政、三好政長及三好長慶三人的關係。長政的敗亡引發三方互相牽制的平衡崩潰，加速了三好政長和三好長慶的對立浮上水面（圖2-1　三好家系）。

長慶靠著幫助晴元擺脫與本願寺對峙僵局，橫槍殺出後，在晴元政權的存在感大幅提高。對長慶來說，最大的仇人便是當年進讒的木澤長政及三好政長。後者作為同族卻倒戈相向，元長死後更是獲取了元長從晴元處得到的賞領及土地，因此更是倍加可恨。自長慶回歸晴元政權後的天文八年（一五三九）初夏，長慶恃著助主之功，便跟晴元及將軍義晴提出封賞，就是要從政長手中奪回亡父的賞領。但晴元也不是昏庸的主君，他深明利用矛盾來維持制衡各人的重要性。政長的存在可以防範長慶一旦羽翼已豐，對自己構成威脅，

圖2-1　三好家系

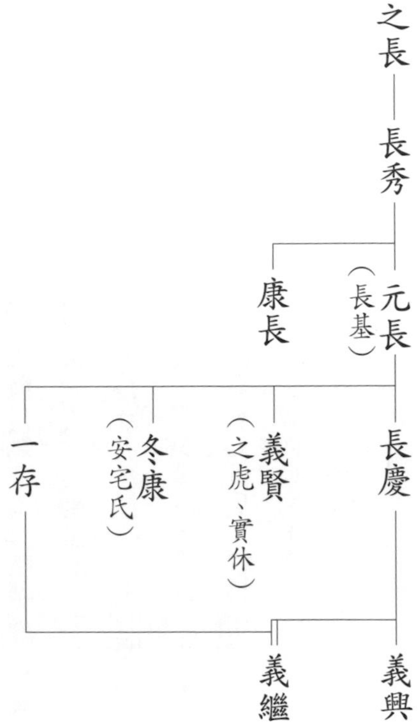


加上政長也是一直跟隨自己的老臣，保住政長還是合情合理的決定，於是晴元始終對長慶的要求一直置若罔聞。

然而，長慶以及他背後的三好一族也不是輕率地提要求的，對晴元的計算也早有準備，只是對於刷存在感來說，做個樣子還是必須的。為此，長慶大膽地向晴元方宣言，若是對自己的要求置之不理，兵戎相見也在所不惜，並且率先與三好政長進行了小規模的戰鬥，證明自己不是說說而已。此牌一出，大大震懾了幕府以及晴元陣營。尤其是將軍義晴為免自己又要因此受累，從剛坐暖的位置退出來，於是早日請出六角定賴等人去規勸長慶及他的黨羽不要輕舉妄動。

長慶陣營眼見當初的目標已經基本達到，於是便以給將軍面子為名，在十月罷兵息事。此舉之後，晴元陣營赫然發現了這位初生之犢以及他背後的三好家的實力與存在感超過想像，難以輕易地像當年對付元長般立刻壓制，而長慶也知道不能重蹈亡父覆轍，於是在這次「一鳴驚人」的行動後立即開始在晴元政權內拉幫結黨，以防再次被孤立。最重要的是與丹波國的有力領主波多野稙通結成了岳婿關係，波多野家也是剛從晴國陣營轉投過來的新成員，在晴元陣營裡有著與長慶一樣的擔憂，而且藉著拉攏波多野家為首的丹波國領主，對於牽制晴元陣營內的老臣也十分有利。此外，長慶得到了幕府及晴元的批准後，選擇以攝津國的越水城（今・兵庫縣西宮市）作為自己的大本營，地理上既稍稍離開京畿，而且越水城臨近瀨戶內海，有利確保與阿波國老本家的聯繫，有事可以快速得到援助。

以上的佈局都可以看到，長慶陣營從一開始幫助晴元脫離險境，既是賣恩也是他為亡父復仇的第一步棋。他回歸晴元陣營也是帶著明顯目的而來，絕非只是在晴元陣營下尋求一個席位那麼簡單。基本的佈置正一步一步就位，而這時候最需要的就是能夠繼續刷存在感的機會，而這個機遇也很快便降臨了。

先是前段提到的木澤長政之死導致晴元陣營內三方對立的一角驟然崩坍，長慶的軍事能力也更顯重要，而從整體政局來說，長政敗死也同時敲響了晴元政權崩盤的喪鐘。其實，樂見長政敗死的並不只有晴元陣營及長慶，本應已被遺忘的高國陣營在長政死後一年多，即天文十二年（一五四三）七月，在已故細川高國的養子細川氏綱帶領下，乘著長政敗死，畿內南部少了一大勢力下又再起事。

與之前的晴國一樣，氏綱的目的就是取代晴元成為細川家的真正及唯一的宗家繼承人。這次起事也不是雷聲大雨點小，氏綱以已故高國的名義糾集了畿內的浪人武士，以及潛在於丹波、攝津等地的反晴元勢力。另外又想到了要請出本願寺出來攪局，意圖一舉扳倒晴元。不過，早已堅拒介入政治鬥爭的本願寺並沒有理會氏綱的邀請。即使如此，仍然無阻氏綱陣營起兵的決心。很快氏綱的軍隊便在堺、河內、京都南部等地起事，細川家的內訌亂劇再次重演。

對於長慶來說，氏綱的起事正是長政之死後另一個有利自己去刷存在感的機會。加上長政死後，晴元陣營更需要長慶及他的三好軍去填補長政不在後的重要軍事力量空缺。所以，長慶不可能放過這個機會，他的三好軍很快便成為對抗氏綱陣營的主力。然而，氏綱陣營雖然處於劣勢，但生命力驚人，而且黨羽分散在京都外圍的各處，難以單靠一次打擊成功擊潰。因此，氏綱與晴元的對戰一直斷斷續續地持續了三年左右，一直沒有重大的進展。

就在這個時候，雙方的膠著終於迎來突破，但卻是不利於晴元陣營的。天文十五年（一五四六）八月，從前出賣了木澤長政的遊佐長教一改中立的態度，正式與氏綱聯手，另外從前曾支持細川晴國的部分攝津國領主，甚至連將軍義晴也暗地裡與氏綱合作，企圖借氏綱之手推倒晴元，重振將軍之威。雙方在天文十五年年底為止互有得失，未分勝負，但對於晴元來說這次危機可說是十多年來少有的，晴元陣營內的長慶也急忙召喚在阿波、讚岐兩國的親兄弟遣兵來援。後來支持長兄締造畿內霸權的「三好三兄弟」安宅冬康、十河一存以及三好之虎（實休）就是藉著這次危機走進歷史舞台。

雙方陣營各自糾結兵力後終於在一年後的天文十六年七月的舍利寺之戰中進行第一次重大對決。這場堪稱為奠定了長慶命運的舍利寺之戰最終以晴元方勝利告終，此戰失利的氏綱陣營也暫時轉成守勢，一時間無法再起。不過，這場勝利卻是晴元陣營嚐到的最後一次勝利。此役後，晴元為了除去氏綱陣營的臂膀，在天文十七年拉攏其重要的黨羽遊佐長教倒戈。晴元這個策略原意雖好，而且點中要害，但恐怕他萬萬沒想到，這一步棋卻同時是斷送自己霸業的最大失策。

遊佐長教作為識時務的俊傑表面上很快答應了晴元的好意，但出乎晴元意料的是，長教卻有更深的打算。他其實是看中了在舍利寺之戰前後表現卓越的長慶，而長慶在政治考慮下選擇與長教加緊合作，很快兩人便私下結成同盟，長慶在同年將早幾年從波多野家迎娶過來的正妻休掉，改娶長教之女為新的正妻。此舉雖然為長慶獲取了政治資本，但卻得罪了原本的姻親波多野家，這將在後來使長慶付出不少的代價。

對晴元來說，最大的噩耗莫過於長慶與長教成為姻親後，在天文十七年秋天雙雙轉投到氏綱陣營，而且迅即起兵攻擊晴元陣營。長慶的倒戈對晴元來說絕對是自打倒高國後的最大危機，加上遊佐長教、氏綱陣營的協助，這次他再也找不到更多的軍事力量作對抗。不過，多年在畿內混戰中絕處逢生的晴元終究不是省油燈，也絕不打算坐以待斃，他很快又再拉上了六角家以及手上的兵力，與長慶及死灰復燃的氏綱陣營負隅頑抗。

雙方在攝津國的榎並、芥川山及三宅等地多次交鋒，晴元都能勉強守住這些據點。但到了天文十八年（一五四九）六月，雙方在攝津國一處名為江口的三角洲地帶展開又一次對決，長慶方成功切斷了佈置在江口及河道對岸兩個晴元軍的聯絡後，實行強力圍剿，將停駐在江口內的宿敵三好政長軍一網打盡，最終政長在逃亡中意外溺斃，他帶領的晴元方主力軍約八百人也大多戰死在江口。在河川對岸的晴元見狀後只好無奈逃離戰場，退到京都守備。

晴元陣營在江口之戰戰敗後，京畿周圍頓時慌亂起來，謠言滿天飛。原本應晴元之請，出全力趕來助援的六角家（一說兵力達二萬）甫到達京都南部的鳥羽（今．京都府京都市南區），便收到了晴元在江口之戰中戰死的誤報，於是竟草率地退兵回到近江。對長慶來說，趕及在六角軍到達前打敗晴元軍，並且一舉殺死了亡父的宿敵三好政長，意味著他取得了全面勝利，下一步便要進而擊潰晴元及他的政權。

這個時候，他需要的是借助扶持現在的主君氏綱成為管領的大義名分，與晴元作最後了斷。雙方在京都邊境進行多次的攻防戰。然而，兵力始終處於劣勢的晴元很快便明白難以在京都死守，於是他趕在長慶及氏綱入京前，跟將軍義晴及將軍嗣子義輝一起翻過比叡山，逃到近江坂本（今・滋賀縣大津市坂本），借助最後的靠山六角家的支援繼續與長慶及氏綱對抗。

## 京都攻防

在江口之戰得到完全勝利的長慶及氏綱在兩個月後的天文十八年（一五四九）八月入京，但他們看到的是將軍遠遁，群龍無首的花都。這意味著新生的氏綱政權仍然欠缺最後也是最大一塊拼圖，也就是賦予新政權合法地位的核心人物——將軍。當然，在先年的例子中看到，沒有將軍大可另立將軍來填補這個空缺。然而，以種種跡象來看，他們並無打算迎接早前被拋棄的足利義維回來當將軍，明顯氏綱政權要的只是抹殺晴元，不是否定將軍義晴的合法性。

可惜，這只是氏綱及長慶的一廂情願而已。對於將軍義晴來說，氏綱及長慶的合作與作亂無異，更是導致他再次顛沛流離的元兇。在義晴眼裡，晴元已經成為坐在同一條船的同志，因此也沒有了早年剷除晴元的必要。於是，自氏綱及長慶入京起，起碼在將軍義晴眼裡，這是一場將軍義晴．管領晴元對氏綱．長慶的戰爭。義晴也非常積極地在坂本的中尾城作出種種備戰的指令，意圖早日歸位。

事已至此，氏綱及長慶基於上述的政治立場下，現在能夠做的就是盡快折斷義晴對晴元的期待，將所有支援晴元的勢力一一殲滅，迫使義晴認清現實，回來認可氏綱政權。長慶首先在第二年的天文十九年（一五五〇）陸續平定了自己根據地攝津國內的反抗勢力，以除去後顧之憂。不過，就在這個時候，足利義晴卻在五月於坂本因病去世，這對於交戰雙方來說都是一個意外又深遠的打擊，兩方都不得不重整當前為止的策略。對於氏綱及長慶來說，晴元手裡還握有另一張王牌——新將軍義輝成為他們必須趕快奪取過來的利器，因此，徹底擊倒晴元更加迫在眉睫。

同年七月，長慶立即出兵指向坂本，但沒有收獲很大的成果。到了十一月，這次長慶再次強陣出擊，派出總共四萬的大軍與晴元及六角義賢（定賴之子）的聯軍展開大戰。雖然晴元與義賢的聯軍死守住進入近江的入口，但長慶派出前所未有的大軍一路殺來，大大地動搖了義輝・晴元陣營的信心。不久後，義輝便放棄了亡父生前修築的中尾城，轉到中尾北方，臨近琵琶湖的堅田（今・滋賀縣大津市坂本堅田）退守，顯然義輝是看準了堅田交通便利的地理優勢，以便取得各方的聯繫及通過琵琶湖的水運獲得對岸六角家送上的補給。

長慶與晴元、義輝的拉鋸戰一直無法找到突破口，但在翌年的天文二十年（一五五一）晴元陣營派人買通了一個下級貴族在酒宴上試圖行刺長慶，在同一時間則派大軍反攻京都。不料長慶成功逃過一劫，而且成功退到大山崎。這時候晴元方的所有勢力一度奪回了京都的部分控制權，但很快長慶方的援軍趕到，再次把晴元軍趕出京都。

刺殺長慶失敗後，晴元陣營在天文二十一年（一五五二）正月遇到另一個打擊。一直作為晴元陣營重要支援的六角定賴老死，早已代理六角家的嗣子義賢完全獨立後一改亡父的方針，並打算從京都的混戰中抽身而退。於是義賢在未得晴元同意下，私自策動了長慶及晴元兩方陣營的和解。而且為了一舉成就和解，義賢代晴元開出了十分有利長慶陣營的條件，包括：

一、晴元長子聰明丸由長慶養育成人，日後成為管領

二、在這期間，由氏綱擔任管領及細川家的當家

## 三、將軍義輝回京歸位

面對義賢開出的這些條件，長慶及氏綱當然求之不得，於是雙方一拍即合，聰明丸被移送到長慶的越水城，將軍義輝也回京，並且正式承認氏綱為管領及細川家的當家，而長慶也成為幕府將軍的御供眾（直屬家臣）。另一方面，作為這次和解的唯一輸家，晴元當然無法接受上述任何一項條件。就在聰明丸及義輝出發上京的同一時間，晴元為表示對和解的反對立場，毅然出家，並且逃到丹波以繼續抵抗。自此以後，晴元與長慶之間便圍繞著丹波國展開多次小規模的戰鬥，丹波國的領主也因此分屬兩方陣營。

起初，晴元跟當年的晴國一樣，僅靠丹波半國的勢力來對抗長慶，毫無優勢可言。然而，事態卻在天文二十二年（一五五三）出現變化。首先是長慶的重要盟友兼岳父遊佐長教被暗殺，然後已經回京的將軍義輝也不甘於當長慶、氏綱手上的傀儡，成功回京後便再次跟晴元暗通款曲。內外的雙重打擊一時讓長慶焦頭爛額，為了穩住局面，才剛名正言順的長慶先跟義輝攤牌，試圖斷了義輝的妄想。但長慶低估了義輝比亡父義晴更強烈地希望重振幕府的決心，這次誤判將成為長慶餘下歲月的一個深重遺恨。

將軍義輝面對長慶的抗議後，立即離開新造的將軍居館，到了京都東郊的靈山城（今・京都市東山區）守備，又呼籲丹波的晴元陣營上京。將軍毅然反抗的舉措大大超出了長慶的預料，各地的晴元餘黨也先後舉旗反抗，使長慶變得十分被動。長慶雖然很快便攻下靈山城，但卻無法抓住義輝，而晴元陣營在丹波的抗戰卻越發擴大，原本作為長慶陣營在丹波的代表內藤國貞也在這期間戰死，晴元陣營大有拿下大半個丹波之勢。雖然如此，在這情況之下，長慶還有最後的王牌，那就是他手下的家臣及一直在背後支持他的三個弟弟。

長慶手下的良將之一就有松永長賴，也就是被後人稱為梟雄的松永久秀的胞弟，他在內藤國貞戰死後立即奉命穩住了長慶陣營在丹波國的局勢。與此同時，由於將軍出逃，晴元又在外挑起戰亂，幕府、管領家近半的官僚都隨之出逃。原本打算借助整合幕府及管領家的統治機構重振政治的算盤已經打不響，於是長慶更加依靠自己手下的家臣及兄弟來填補突如其來的政治真空，松永久秀也因此獲得了出人頭地的機會。

## 晚年悲涼

隨著與晴元、義輝的交鋒從京都轉到京外的丹波，長慶的軍事行動也集中在畿內西部，這意外地給予了長慶向西擴展勢力的機會。為了包圍丹波國的晴元陣營，長慶於天文二十三年（一五五四）派遣三好長逸進入丹波西南面的播磨國，以圖在西南方堵截晴元方。這樣一來，原本與一直以來的京都混戰沒有直接關係的播磨國領主們也因此被捲入其中。當時的播磨國圍繞著主導權而對戰不斷，守護赤松晴政與家臣有馬家跟同為赤松家家臣的別所村治對立。晴元與長慶的對立攪進來後，赤松、有馬與別所也分屬了兩方陣營，繼續對立。雖然雙方一時沒有取得重大突破，但赤松家一派結果上成為了長慶陣營外圍的一員，三好長慶的影響力已經擴散到播、備地區。

然而，對長慶來說，晴元屈服以及至關重要的義輝回朝仍然沒法取得進展。永祿元年（一五五八）春，義輝與晴元再次裡應外合，試圖反攻京都，但仍然無法對長慶方做成任何打擊，而雙方也只能繼續在近江及京都的邊境上持續對峙而已。長慶為了早日結束戰亂，再次從老家阿波調派一族子弟來援，以軍事力量再次威壓對手。這時候一貫不願戰火波及自己的六角義賢再次站出來調解。將軍義輝眼見一時之間無法取得勝利，接受了六角家的建議，在長慶解除增兵的前提下回到京都，與晴元暫時「分手」（圖2-2　三好家領國圖）。

長慶也深知義輝的屈服及妥協只是他的權宜之計，這時候長慶也改變了倚賴將軍的想法，改為更積極地掌權，強化他在畿內的權勢。永祿二年（一五五九），適逢河內國的畠山家在已故盟友遊佐長教死後發生權力鬥爭，長慶立即借機會派大軍將鬥爭的雙方都趕出了河內國，改派自己的親弟三好之虎（實休）統治河內國，自室町時代起畠山家對河內國

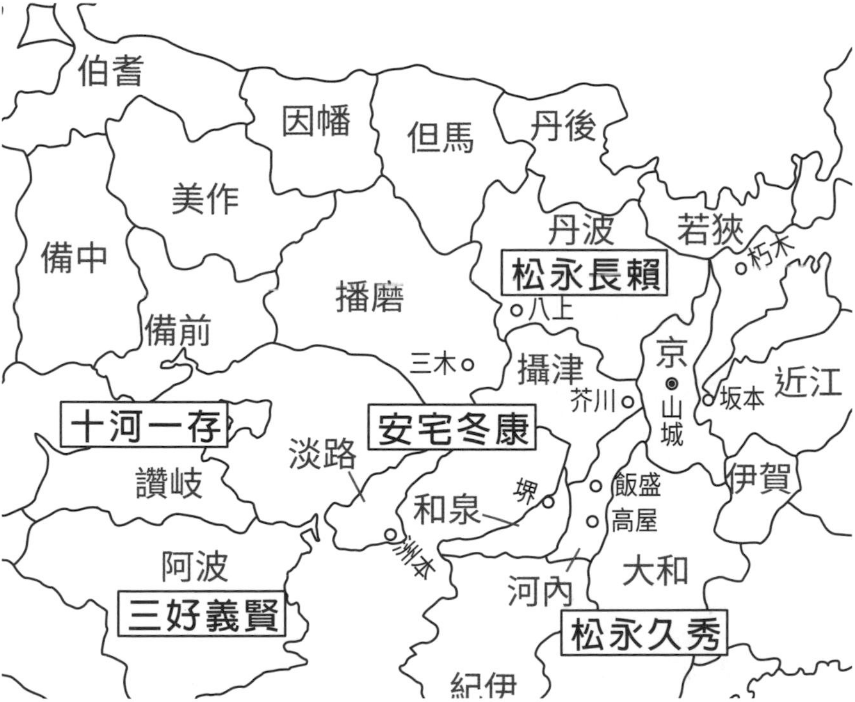
伯耆
因幡
但馬
丹後
美作
丹波
若狹
朽木
備中
松永長賴
播磨
八上
備前
京
三木
攝津
近江
芥川
山城
坂本
十河一存
安宅冬康
淡路
讚岐
伊賀
堺
飯盛
和泉
高屋
洲本
阿波
大和
河內
三好義賢
松永久秀

圖 2-2　三好家領國圖

的統治也一度結束了。另一方面，長慶再次以掃蕩晴元黨羽的名義，派松永久秀入主大和國，並且接管了木澤長政修築的信貴山城，另外久秀又在興福寺附近的多聞山上增建了後來聞名天下的多聞山城，這都顯示了長慶藉久秀之手控制大和國的決心。正在這時候，重臣松永長賴（當時改名內藤宗勝）也送來好消息，他成功誘使一直支持晴元的前姻親波多野家倒戈，丹波國的戰局也稍為好轉。

這樣一來，長慶便掌握了大和、河內、和泉三國，以及丹波國大半部的控制權。長慶的這些努力也迫使義輝作出一定的妥協，為了保存實力，義輝稍為放軟了對長慶的抵抗，反而積極地與長慶合作，包括向朝廷為長慶升官，同時又為長慶的長子千熊丸賜名，改名義興。與此同時，一直拚命抵抗的晴元也在義輝轉變態度下失去了大義名分，眼見長年的抵抗無果後，頑強的晴元也終於在永祿五年（一五六二）妥協，接受了長慶的和解提議及保護，在一年後的永祿六年（一五六三）默默死去。

義輝的軟化、晴元的投降對於長慶及氏綱來說，無疑意味著重大的勝利。不過，利於長慶的好消息也到此為止，接下來的就是一連串的打擊和噩耗。首先是一直扮演著和平使者的六角義賢在永祿四年突然轉為向長慶展開包圍及攻擊，在晴元放棄抵抗後，義賢立即擁立了晴元的次子晴之為晴元的後繼人抵抗；另一方面又藉著長慶的弟弟十河一存病死，引誘被長慶趕走的畠山家反攻河內國。這次反擊意外地十分激烈，永祿五年爆發的久米田之戰中成功擊殺了長慶另一個得力助手弟弟三好之虎（實休），六角軍也快速地到達近江與京都的邊界，在久米田之戰消息傳來後便火速入京，義輝與長慶之子義興一度離京逃亡。

縱然相繼痛失兩位得力的親弟弟，長慶也沒有哀痛的時間，唯有立即進行反擊。首先，長慶命松永久秀及唯一剩下的弟弟安宅冬康出兵大敗了一度重新佔領河內的畠山軍，戰後長慶改派叔父三好康長鎮守河內國高屋城。畠山軍大敗的消息傳出後，大大打擊了原本意氣風發的六角義賢。感到不妙的義賢為免獨自面對憤懣難平的三好長慶，旋即提出和解，並且主動退出京都。而長慶亦以穩固畿內的局勢為先，遂接受了六角家的請求，並迎接出逃避難的將軍回京。

可是，長慶的噩夢卻還沒結束。奪回京都內外控制權後僅僅一年，唯一的兒子義興便於永祿六年（一五六三）在芥川山城英年早逝；與長慶相處融洽的細川氏綱也在同年底病死。對長慶來說，兩名弟弟與及唯一的親兒子在兩年間先後死去所造成的打擊有多大，在目前的史料上無法清楚看到。不過對於才重新穩定起來的長慶霸業來說卻無疑是重大的打擊。義興死後，膝下無子的長慶改立亡弟十河一存的兒子重存（後改名「義繼」）為新的繼承人。第二年的永祿七年（一五六四）五月，長慶突然以「惡逆無道」為由在飯盛城內殺死了自己唯一一個存活的弟弟安宅冬康，真正原因不明。其中一個較為有力的說法是長慶在繼承人問題上與冬康產生對立，最終導致兄弟決裂。

無論如何，痛失了弟弟們及愛子一下子動搖了三好長慶霸業的根基，再加上安宅冬康的死，更令長慶陣營的人才捉襟見肘，一時難以補闕。更嚴重的是，長慶處決了弟弟後兩個月也撒手人寰，留下了種種不安因素，這些都進一步加速了三好政權內部的權力鬥爭及衰亡。唯一對此表示歡迎的就是一直韜光養晦的將軍義輝，長慶死後，將軍義輝與長慶棄之不管的三好家圍繞著爭奪長慶遺產的權謀鬥智旋即使畿內再次陷入戰亂的局面。畿內政局亟待下一個人物帶來穩定及安寧。

## 自毀長城

永祿七年（一五六四）七月，三好長慶的病逝象徵著權傾京畿地區的三好政權江河日下，走向衰敗。長慶病死後，三好家對外秘不發喪，直到兩年後的永祿九年才措辦葬禮。在三好長慶病逝前後，三好政權的霸權還遭受了兩個重大的打擊，使政權的前途變得更加暗淡不穩。

其一是在長慶病死之前，他的親生獨子三好義興在前一年的永祿六年得病而英年早逝，年僅二十二歲。三好長慶的霸權失去了繼承人後，長慶在後來收養了侄子十河重存

（後來的三好義繼）為養子，不過義繼當上新繼承人時只是一個十二歲的少年，那時候的三好長慶也因為痛失愛子，陷入重病之中，三好政權的前景不明已是不爭的事實。

三好政權出現危機下，三好家與將軍足利義輝也變得甚為微妙。特別是義興死後，三好長慶又手刃了胞弟安宅冬康，三好政權人才流失、人心不安的打擊下，三好家重臣三好長逸、石成友通及三好政生（宗渭），即史稱的「三好三人眾」擔心一直想擺脫三好政權的將軍足利義輝會藉此搞小動作，趁火打劫。

足利義輝與三好家的猜忌及疑神疑鬼終於到了要清算解決的階段。永祿八年（一五六五）五月十九日，三好家的新當家三好義繼、三好三人眾，還有松永久秀的長子．松永久通突然率兵一萬餘人包圍了義輝居住的二條御所，要求義輝交出「離間」將軍與三好家關係的「佞人」，否則後果自負。所謂離間兩者關係的「佞人」就是義輝身邊的近臣，還有義輝的母親．慶壽院等。

不論三好家的指責是否屬實，這次的行動於三好家而言，是一場兵諫、逼宮，但並不是一開始便以殺害義輝為前提的。最理想的結果便是義輝認清形勢，繼續做三好政權凡的傀儡將軍。可是，被大軍包圍的義輝不甘接受城下之盟，更嚴拒了三好軍的要求，等同跟包圍御所的三好軍宣戰。結果，義輝奮戰而死，御所內的人物也統統被殺。足利義輝也成為了室町幕府史上唯一一個勇戰而死的將軍。

可是，消除了心腹大患足利義輝後，三好政權沒有變得更加穩固，止住頹勢，反而義輝的死引發了政權內部的對立矛盾。三好軍攻殺義輝時，曾經受過足利義輝器重，兼任將軍家臣的三好家重臣松永久秀留在大和國，而且控制了身居當地興福寺的義輝弟弟．足利義昭（當時出家，稱為「一乘院覺慶」）。

但是不久後，義昭在近江國甲賀郡的領主兼義輝的家臣．和田惟政，以及越前的朝倉義景的協助下逃出大和國，擺脫了久秀的控制。雖然如此，久秀在對付幕府的立場上，從一開始便與三好三人眾採取不同的行動，象徵著兩派之間在長慶死後，政治立場及取態漸行漸遠。

就在這個時候，三好政權另一個打擊使兩者走向完全分裂的狀態，那便是松永長賴（當時稱為「內藤宗勝」、松永久秀之弟）之死。三好長慶死去一年後，即永祿八年八月，這位一直為三好家血戰的重臣在丹波國，與當地反三好家的領主赤井時家、直政父子交戰中不幸戰死沙場。長賴戰死後，三好政權對丹波國的控制計劃也基本上宣告失敗。

長賴的戰死使松永家在三好家的重要性急速下降，更有利三好三人眾排除松永久秀。同年十一月，三好三人眾重施故技，以兵諫的方式，率兵包圍了新主君三好義繼所在的飯盛城（今．大阪府四條畷市），他們要求義繼與松永久秀劃清界線，宣布久秀為三好家的敵人。接著，三好三人眾又誘使大和國的領主如筒井順慶等與久秀對戰，加強對久秀的孤立。

另一邊的久秀為了擺脫困局，選擇與三好家的敵人，原本的河內國守護畠山高政和紀伊國的根來寺聯手，對抗三好三人眾，另一方面又派兒子松永久通在大和國的多聞山城牽制筒井順慶。不過，三好三人眾陣營的攻勢凌厲，對松永久秀實行多方圍攻，到了永祿九年的年底，三好三人眾為了斷去久秀的支援，主動跟剛與久秀合作的畠山高政和解，阻止他跟久秀合作，久秀陣營的形勢也因此更加不利。

然而，到了永祿十年（一五六七）初，三好家內訌的情勢又再次逆轉。一直默許三好三人眾行動的三好義繼突然到了堺港投靠松永久秀，更對外指責三人眾是惡佞無道之徒，久秀才是大忠之臣。三好義繼的到來意味著久秀獲得了一場足以扭轉頹勢的王牌，而對於三好三人眾而言，失去了義繼的支持，他們的行動也失去了正當性，除了盡快打敗久秀之外，別無他法。於是，久秀與三人眾的交鋒進入了第二回合。

同年四月中旬，久秀與義繼軍跟三好三人眾軍於大和國奈良一帶交戰。當中，東大寺成為了兩軍的激戰地，兩軍在寺內各佔一角，展開對峙。到了十月十日半夜，久秀率兵從多聞山城下山，偷襲駐紮在東大寺的三人眾軍。激戰之下，寺內部分建築物被焚，最終東大寺的大佛殿也被戰火波及，全棟附諸一炬，大佛也因此被燒燬。

然而，東大寺的戰鬥沒有帶來決定性的結果，兩軍的對立持續。到了永祿十一年

（一五六八）二月，三好三人眾擁立了足利義榮為新將軍。義榮是義輝、義昭的堂兄弟，他的父親足利義維在天文元年（一五三二）與三好元長一起被細川晴元打敗後，被送到阿波國，受到阿波國守護細川之持的保護。足利義輝被殺害的時候，三好三人眾本想選擇擁立曾經被細川家擁立過，但最終不了了之的足利義維為新將軍，但當時義維患上中風，於是三人眾便選了他的兒子義榮來當新將軍。

另一邊的松永久秀又怎麼樣呢？當足利義榮成為將軍的時候，久秀與三好義繼加強了與織田信長的合作。事實上，久秀早在永祿九年（一五六六）時便與信長取得聯繫，當時義昭雖然仍然流浪在外，但仍然致力向各方英雄招手，希望他們能夠幫助自己成為將軍，久秀為了獲得名分與三好三人眾對抗，支持義昭也就順理成章了，也因此成為了信長的同志。

足利義榮成為將軍後五個月，即同年七月，信長手握尾張、美濃、北伊勢三地後，銳意要幫助足利義昭繼承將軍之位，於是派人說服了足利義昭從越前一乘谷來到美濃岐阜。九月，信長便正式舉兵護送義昭入京，挑戰已經支離破碎的三好政權以及足利義榮。信長上京之戰同時也為長達三年的三好三人眾與松永久秀的對立帶來決定性的轉機，新舊時代的交接即將到來。

# 第二章

# 東國潮湧

中——鼎立

於關東大地捲起千丈浪的伊勢宗瑞（早雲）在伊豆國結束他絕不平凡的一生。他的長子氏綱繼續進一步鞏固伊勢家的基礎，努力成為一位奠定關東北條家百年霸權的「霸二代」，再由他的兒子氏康薪火相傳。

與早雲一起在關東、越後闖出一遍天的長尾為景也在死後由他的兩個兒子晴景及景虎繼承遺志，後者便是戰國史鼎鼎大名的上杉謙信。

而貧瘠的山國甲斐國裡，痛感國破兵弱的武田信虎立志要富國強兵，他的兒子武田晴信更使武田家的威名揚耀於東國內外之中。

關東地區的戰亂便就這樣慢慢從破壞舊秩序的混沌，逐步走向群雄輩出的鼎立拮抗的新局面，闖關創業的「祖父世代」已然過去，接下來便是精彩絕倫的「關東三國志」上半場了。（圖2-3　關東勢力圖）

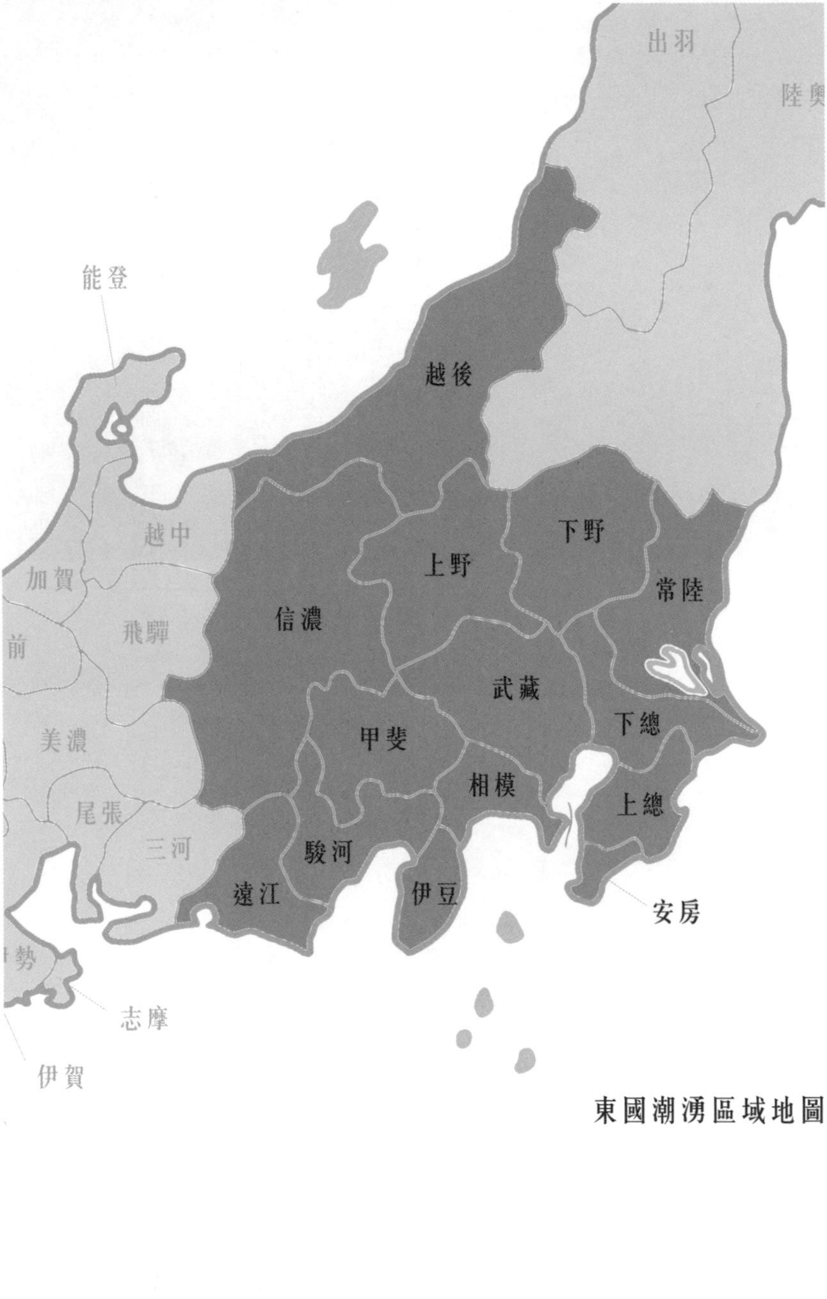
出羽
陸奥
能登
越後
越中
加賀
飛驒
前
信濃
上野
下野
常陸
武藏
甲斐
美濃
下總
相模
尾張
上總
三河
駿河
遠江
伊豆
安房
勢
志摩
伊賀

東國潮湧區域地圖

# 關東王者

## 亂中新局

上一部的第二章已經看到早雲死去前後的關東大地仍然是戰亂不斷。北方的梟雄長尾為景與舊霸主山內顯定激戰連場，然而讓人驚訝的是，最終這位背負著家族榮譽的關東管領上杉顯定漠然於長森原之戰敗死，關東的「老大哥」、「棟樑」山內上杉家也因此呈現出江河日落之勢。另一邊，靠著與山內家和解保住顏面的古河公方家卻不斷在背後扯著山內家的後腿，最終還是因為第二代公方足利政氏與兒子足利高基就自家與山內上杉家的關係立場上有分歧，最終發展成父子對立，後來政氏的另一個兒子足利義明見到父、兄鬧的沸沸揚揚，自己也看不下去，決定離家出走，自立門戶。

就這樣，大永至享祿年間（一五二〇至三一）年代的關東地區以山內上杉家的中衰以及古河公方的多重分裂為一個小分水嶺，兩家的問題象徵著關東地區已經走進了一個新的階段；南關東地區的大局朝著北條（伊勢）對兩上杉的新方向發展，這個情況一直持續到

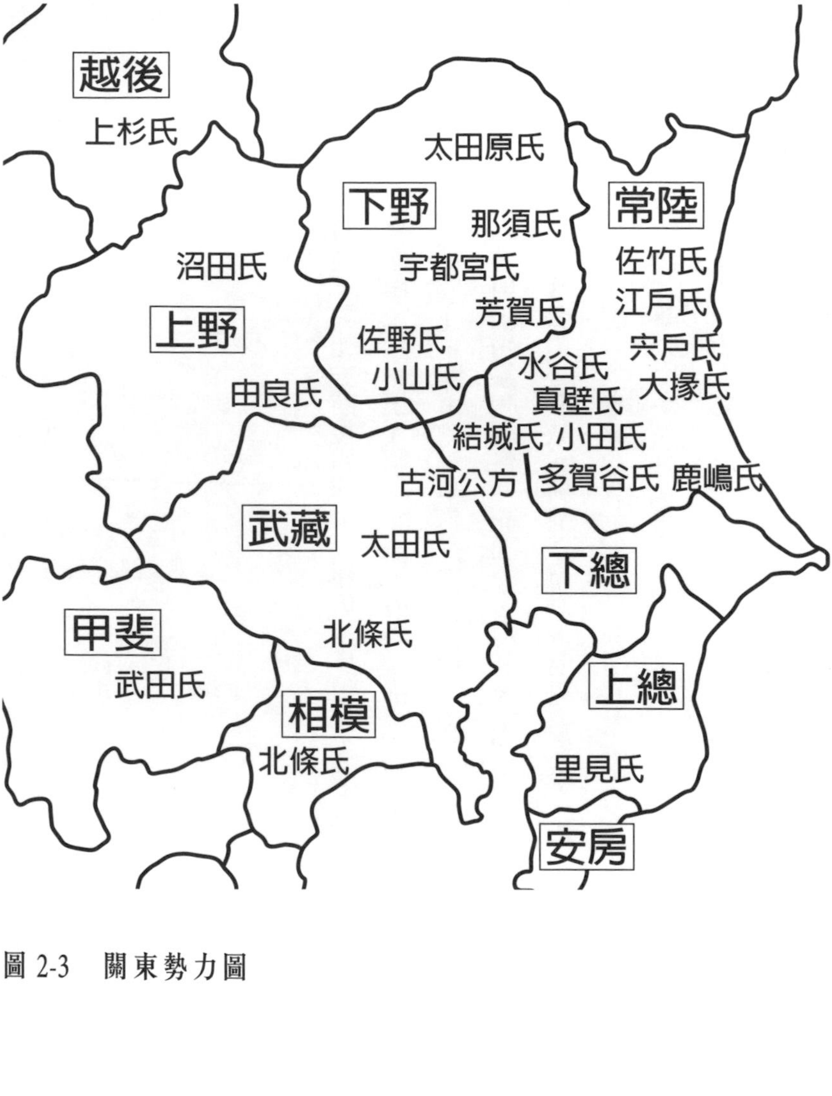
越後
上杉氏
太田原氏
下野
那須氏
常陸
沼田氏
宇都宮氏
佐竹氏
江戸氏
芳賀氏
上野
佐野氏
宍戸氏
水谷氏
小山氏
大掾氏
由良氏
真壁氏
結城氏
小田氏
古河公方
多賀谷氏
鹿嶋氏
武藏
太田氏
下總
甲斐
北條氏
武田氏
上總
相模
北條氏
里見氏
安房

圖 2-3　關東勢力圖

一五五〇年代，以兩上杉家完全敗北告終。

在緊接的下一階段，即天文年代上半期（一五三二至一五四〇），南關東以外的關東中、北部地區，即上野（今・群馬縣）、下野（今・櫪木縣）、常陸（今・茨城縣）上總（今・千葉縣中部）、下總（今・千葉縣北部）以及安房（今・千葉縣南端）則先後爆發武士領主家族的內訌。

這些盤據在關東中、北部武士領主家族都是早在公元十世紀左右便陸續紮根當地，經歷了鎌倉、室町時代的風風雨雨，熬過弱肉強食下的倖存者。到了後來，前述的鎌倉公方與室町幕府的對立，以及古河公方的內訌也將這些中、北部的領主們都捲了進來，繼而引發出領主家族內部的派系對立，以及權力鬥爭。

這些內訌起初與同時間的「古河公方對兩上杉」和「北條對兩上杉」的主戰局沒有非常積極的互動關係，但隨著主戰局以及內訌對立各自升級，以及波及範圍擴大，這些原本個別的內部抗爭也慢慢與主戰局產生了微妙的連帶關係。

這些克服內訌的勝利者，不論是打倒反抗者，還是反客為主的新王者在後來的關東戰國史裡，都成為了重要的狠角色。不過，他們在內訌中無暇顧他，直到贏取勝利後才猛然發現，西邊的北條家在「霸二代」氏綱的經營下，已經趁這個空檔在關東西部茁壯成長，而且逐漸壓倒山內、扇谷上杉兩家，更有染指關東北部之勢，對他們構成更大的威脅……

## 虎父之子

早雲離開人世之前已經悉數將家業交給了長子氏綱打理，實現了「無縫接軌」的交棒工作。擺在氏綱面前的困難及課題堆積如山，不僅要繼承偉大父親艱難開創的基業，還要做好一個守業、做大事業的「霸二代」。為此，首要的急務就是先鞏固好亡父遺下的地盤，同時也要繼續跟宿敵山內、扇谷兩家周旋下去（圖2-4　後北條家系）。

然而，要守好地盤不能只講打、打、打，另外還要穩住人心的手腕才行。為此，氏綱的第一步便是大搞「公關」事業，打廣告，向外宣傳自家的品牌。為了向領民及領地內的各界表示自己不是一個「只知兵刃」的軍人，氏綱在大永元年（一五二一）開始下令為伊豆、相模兩國內的重要寺院進行修建補繕，撫慰深受戰災摧殘的領民們的心靈。在戰國時代，信仰的重要程度佔據了人們十分大的比重，領主對於保護宗教的態度足以是給他打分的一項重要指標。所以，氏綱的寺院修建工作對他們來說，自然是不可多得的善舉，結果也吸收了不少人氣及支持。

氏綱卻不只志在要贏取領民的支持，他更想做的是進行一場正名工作，每當進行寺院的修建工作時，都會以「相州太守」或「豆州太守」（現存的史料多見到「相州太守」）之名自署。這個「太守」就是「守護」的雅稱，也就是地方統治者的代名詞。然而，我們從前

圖2-4　後北條家系

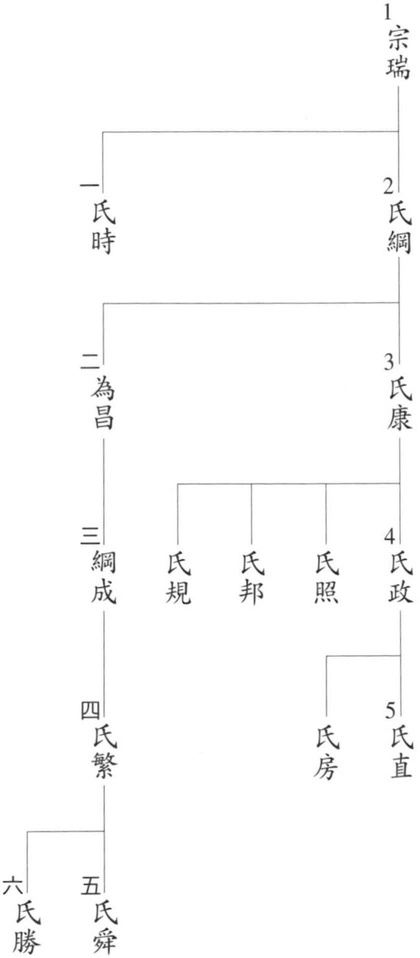


面便知道，伊勢家並非相、豆兩地的守護，都是他父親在一連串軍事行動中搶奪過來的，說到底，氏綱這些署名就是自封為王的意思。

當然，伊勢家在相、豆兩地已經站穩陣腳，自然沒有人會站出來表示抗議。即使如此，氏綱為了領內的長治久安，以及向外邊的敵人們宣示主權，都有必要藉機做一番動作來正名。這也是氏綱繼承家業後的一種表明及宣言——絕不會失去亡父的基業，還要進一步發揚光大！

不過，自稱太守還只是一種守業的宣言。氏綱接任時已正值壯年了，亡父枕戈待旦的戰爭人生在氏綱心裡泛起的漣漪，慢慢轉變為一股強大的野心及宏圖。他下一步便大膽地對外公告了自己以及伊勢家族的新願景。

此舉便是改苗字為「北條」，在大舉修建相、豆兩國的寺廟時，氏綱在大永三年（一五二三）左右開始自稱為「北條氏綱」。「北條氏」是在平安時代便盤據在伊豆國的平氏武士，後來為武士中的英雄源賴朝打下幕府政權後，成為了幕府的執權，成為真正操控了幕府政治的權臣。事實上氏綱出身的伊勢氏與北條氏有著遠親的關係，兩家在古代同為一系。因此，氏綱自稱北條家也不算是完全的冒充。氏綱選擇鎌倉時代的執權「北條」來自稱，除了攀附遠房親戚的名氣外，更重要的意圖就是拿前代的執權，來否定現時的管領上杉家，換句話說就是拿「祖先」來壓住上杉家，表示自己來頭更大。

當然，這只是氏綱自己的政治主張。在戰亂之世，只有實力才是真的，改稱「北條」後，氏綱便要拿出真本事來證明自己有資格誇下海口。為此，氏綱很快便以行動來向世人證明自己言行一致。

受惠於山內顯定在長森原之戰中戰死，山內家一時群龍無首，氏綱可以將精力首先集中在扇谷家身上。大永三年（一五二三）開始向扇谷家的老巢武藏國（今．埼玉縣及東京都）展開攻勢。在此之前，氏綱利用優勢，已經將相模國，以及與相模國接壤的武藏西部內，原屬扇谷家派的領主內藤家、大石家及三田家等都招到自己旗下，意味著新生的北條軍向武藏東部的江戶城（今・東京都千代田區）及河越城（今・埼玉縣川越市）發動進攻的障礙已大致清理完畢。

不過，對手的扇谷朝興也絕無坐以待斃的意思，很快朝興便向山內憲房（顯定養嗣子）及甲斐的武田信虎，還有推翻了父親的新古河公方足利高基招手，試圖三方牽制氏綱的行動之外，再獲得古河公方的大義名分。

但是，朝興百密一疏的是，他萬萬沒有想到氏綱棋高一著，早已在自己身上暗下埋伏。氏綱在同一時間已經先下手為強，跟把守江戶城，扇谷家的第一重臣太田資高（太田道灌嫡孫）暗結同盟，待氏綱率兵東渡後，資高便來個裡應外合，將江戶城拱手相讓。資高暗通外邦的原因當然便是要為祖父無辜被殺報復，同時也是對扇谷家的將來沒有信心所致的。大永四年（一五二四）初，氏綱應約而至，資高也如約獻城，一直蒙在鼓裡的扇谷朝興如夢初醒時，已經為時已晚，只好收拾兵力退回老巢河越城。

順利拿下敵方重鎮江戶城後，氏綱馬不停蹄地率兵把附近的幾個支城如蕨城、岩付城等都一一拿下，大有一口氣吞下大半個武藏國之勢。但就在這個時候，山內憲房派來支援扇谷方的援軍終於來到，而在氏綱後方的甲斐武田信虎也從後侵襲相模國，迫使氏綱暫時退兵。最終氏綱一時到手的諸城都先後被朝興方奪回。

接下來的大永四年（一五二四）下半年至享祿四年（一五三一）的七年間，氏綱與朝興間之間展開一進一退攻防戰，但氏綱面對以一敵四的局面，始終仍然是孤掌難鳴。很快戰況便慢慢演變成扇谷、山內兩家大反攻的局面。

在山內家的支援及牽引下，古河公方、武田信虎，以至從古河公方分裂出來的小弓公方足利義明都為了阻止北條氏綱製造更大的威脅，一致地為朝興提供軍事支援。這意味著初出茅廬的氏綱正要面臨四面楚歌的困境。

武田信虎從西北侵擾相模，扇谷、山內從東面壓迫，而小弓公方則派遣手下的上總武田家及里見家統馭的房總水軍向對岸的相模灣發動海上進攻。為此，氏綱已經分身乏術，更難以保住前年奪下的武藏國新地盤，到了享祿四年（一五三一），除了江戶城勉強保住外，其他地區已經一一得而復失，氏綱的志願在這刻已到了最受考驗的時刻。

然而，命運之神便在這時候對氏綱笑逐顏開。氏綱與扇谷朝興的戰爭節節失利後，現在天時、地利、人和又突然開始往氏綱靠攏。當氏綱在武藏國的攻略已一一遭受打擊後，原本同仇敵愾的各方勢力也失去了共鬥的向心力，反而重燃昔日的矛盾。與此同時，在圍堵氏綱的軍事行動中，在海路上多次牽制北條軍的里見家和上總武田家在這次爆發內亂（後述），而他們的主君小弓公方足利義明又與兄長古河公方足利高基為了正統之爭再次對立。

此消彼長之下，原本以為可以一舉反撲的扇谷朝興無法繼續得到支援，而對於處於數年劣勢的氏綱來說，各家的分裂簡單是天賜的良機。這時候氏綱沒有隔岸觀火，而是積極地介入里見及武田家的分裂，並支援其中一方得到勝利，從而削弱他們與自己為敵的意志。與此同時，氏綱與再次失去支援的朝興之間也展開了新一輪的對抗。朝興為了防止氏綱趁亂混水摸魚，於是決定先發制人，在天文四年（一五三五）率先攻入相模，當時氏綱正在支援今川家攻打甲斐武田信虎，後方大真空，使朝興有機會出手。朝興聯同山內家的援軍派兵侵入相模大肆燒殺搶掠，以打擊北條軍的士氣。

不過，朝興的先發制人很快便到頭了，氏綱火速回到相模後，乘著今川家與武田家停戰，後方安定的好機會，由天文四年年底到天文六年（一五三七）為止，進行了一系列的報復行動。除了一一奪回數年前被迫吐出來的武藏國之地外，還趁朝興在天文六年四月病死，他的兒子，即扇谷家末代當家扇谷朝定繼位不久，人心不穩，氏綱再次舉兵攻打，終於拿下了扇谷家位於北武藏的重要軍事據點河越城，連同早前奪取的江戶城，氏綱終於把大半個武藏國奪了過來，扇谷家只能保住武藏國東北部的松山城，借助上野的山內家幫助，繼續勉強抵抗。然而，北條對扇谷的優勢已經十分明顯。

## 關東副帥

隨著衰落及流轉，再經歷了與兩上杉的對戰，鎌倉公方府早已離開了鎌倉，退守到古河（今・茨城縣古河市）。第一部提到，古河公方與室町幕府達成和解後，在關東東部及南部（常陸南部、上總、下總以及安房）勉強維持住自己的權威。但大敵不在之後，隨之而來的就是自己內部就著政治路線問題產生對立。原本古河公方為了抗衡雄據西部的大敵上杉氏，依賴東部、南部的領主們「群眾而抗強」，但當自己也亂成一團時，這個拉幫結隊的措施反過來讓「隊友們」也紛紛「躺槍」。其中一個受到影響的就是後來一度與北條家分庭抗禮的里見家（圖2-5　里見家系）。

里見家原本出身美濃國（今・岐阜縣南部），後來跟隨第一代古河公方足利成氏的弟弟定尊進入關東，並且奉命在安房國白濱（今・千葉縣南房總市）這個海邊小港落地生根，以提防、警備對岸的山內上杉氏的動向。當時的里見家一到了關東，便與同樣奉命入住關東的上總武田家（甲斐武田家的遠親）一起守護古河公方，並且為重振公方家的權威奮戰，自號「關東副帥」。隨著奮戰的功勞以及得到古河公方家的重視，里見家慢慢向北面擴展，後來更將根據地由當初的白濱遷到較為靠內陸的稻村城（今・千葉縣館山市）。

後來，古河公方家爆出足利政氏與高基父子內訌後，不滿現狀的足利義明（高基弟）

圖2-5　里見家系

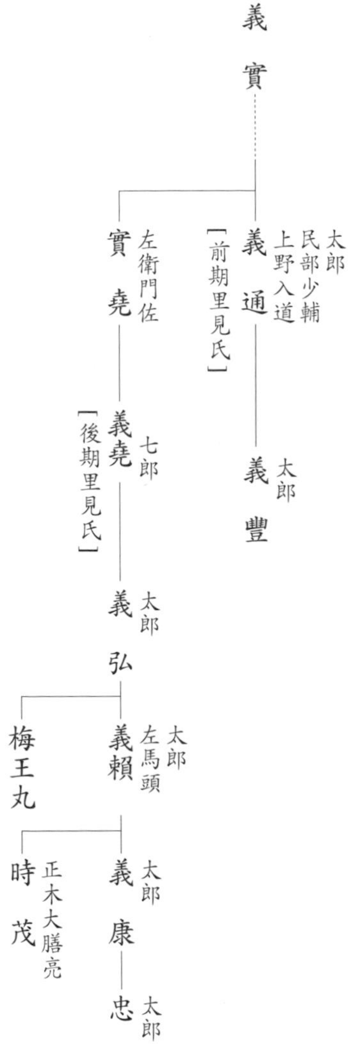


便離開了古河陣營，到了下總國小弓自立門戶，史稱小弓公方，並且得到了下總、上總以及安房內原本支持古河公方的領主們如里見義通及上總武田信清的支持。

小弓義明站穩了陣腳後，很快便開始對當時的南關東戰亂大加干預，並且主動支援與北條氏綱對戰的扇谷朝興，里見家便在這時逐步踏進關東戰亂的舞台。不過，不久之後，小弓家旗下的這兩個主要戰將先後出現了問題。

天文二年（一五三三）七月，當時的里見家當家．里見義豐（里見義通之子）突然在稻村城將自己的叔叔里見實堯及叔父的重臣正木通綱雙雙殺害。實堯當時受義通的遺命輔助義豐，並且託管了里見家轄下的水軍。在前述支援扇谷朝興對抗北條氏綱的戰爭中，實堯便率水軍入侵相模國鎌倉，換言之，他是握有里見家大權的重臣。

然而，對於接掌當家之位的義豐來說，實堯的厚實功勞卻是威脅，在實權沒有安定握在手裡的時候，叔父的存在便是最大的障礙。於是急功求成的義豐決定兵行險著，用最直接的方式來奪回大權。然而，這場史稱「里見天文之亂」的政治暗殺立刻引發了軒然大波，尤其是義豐雖然殺害了實堯和通綱，但卻漏了實堯的遺子里見義堯，使他有機會逃出安房，向外尋求救援。

諷刺的是，亡命出逃的義堯很快便找來了家族的老盟友上總武田家，以及因為在江戶灣對岸打算奇貨可居的北條氏綱前來幫忙。

然而，事情卻一波三折。當時上總武田家同樣陷入父親的武田信清、長子信應與庶出的信隆三父子之間的權力鬥爭之中。就在這節骨眼裡，里見家的內亂突如其來的撲來，更是使上總武田家的內訌更加混亂，結果父親的武田信清與長子信應支持里見義豐，而小兒子信隆則支援里見義堯。

至於另一方的北條氏綱，他當時正重新組織反攻，對扇谷朝定展開新的攻勢，正好利用這機會將影響力一舉擴大到房總半島一帶。里見家及上總武田家的內亂更是進一步削弱親扇谷的小弓公方派的好機會，甚至把里見及武田兩家拉攏過來也更好。於是，氏綱派出弟弟北條為昌率水軍入侵安房，從後打擊里見義豐；加上有殺父之恨的里見義堯及正木氏借助武田信隆的幫助從北方的上總進行反擊，使得里見義豐一直處於劣勢。

一年後的天文三（一五三四）年四月，義豐打算進行反擊，與里見義堯作最後的對決，然而，最終在犬掛城之戰中戰敗而死，里見家完全落入了本是旁支的里見義堯的手上。自此，新生的里見家便在里見義堯的帶領下展開了新的進程。

里見義堯帶領下的里見家很快便獲得更多的發揮機會，因為鄰居的武田家並沒有像里見家那麼幸運，一戰便解決了內訌問題，反而出現了長期的僵持局面。武田家的對立雙方都沒有壓倒對方的實力，這場悠長的父子・兄弟對立最終一步一步耗盡了上總武田家的元氣，並且引發了周邊勢力的干涉，里見義堯則從中慢慢獲得了證明自己能力的機會。

除了里見家，里見家及武田家的主君小弓公方足利義明，以及一直在對岸虎視眈眈的北條氏綱都先後介入了武田家的內訌。小弓公方足利義明一直都是父親的武田信清與長子信應的支持者，而與之對立的北條氏綱當然是支持武田信隆了。至於里見義堯的立場就比較反覆，原本為了感謝信隆及氏綱的援助，義堯也當然地支持信隆的，但到了後來，當足利義明強烈地表示支援信清及信應父子後，義堯考慮到自己成為里見家新當家，不能違背家族忠於足利家的絕對立場，於是毅然與信隆訣別。

里見義堯的倒戈決定了武田信隆的命運，很快信隆便無以為繼，在北條氏綱與足利義明的協調下，信隆在天文六年（一五三七）接受北條家的保護，結束與宗家對立的鬥爭。然而，勝出這場武田家的鬥爭的武田信應（信清已於天文三年病死）卻沒有處取真正的勝利果實。自己無法處理長期的對抗，反而容許外部勢力介入，這都使得武田家的家臣離心離德。此消彼長之下，在結束武田家內亂中發揮重大影響力的里見家借助介入武田家的內亂，成功使自家在安房及上總南部地區聲勢日增，成為支撐小弓公方的最重要以及唯一的一員。

## 第一次國府台之戰

然而，這時候關東的主戰局已然出現很大的變化。北條氏綱在天文四年（一五三五）開始，繼續與死敵兩上杉家在武藏國（今・埼玉縣及東京都）展開連場激戰。一開始扇谷家佔有優勢，而且趁著北條氏綱協助今川氏攻打甲斐國的武田信虎時從後偷襲，對北條家後方造成一定的壓力。但當北條氏綱回師應對後，便立即進行大反擊，在天文六（一五三七）年的武藏松山城之戰及河越城之戰中先後大敗了扇谷及山內兩家。戰後北條家不僅奪回先前失地，還一舉拿下了大半個武藏國，迫使扇谷家走向衰亡的邊緣。

之後，氏綱成功掃蕩南武藏的扇谷家餘黨，並且奪取了武藏國與下總國的邊境重地葛西城（今·東京都葛飾區），開啟了入侵下總國的大門，以及江戶灣東南的安房國也進入了氏綱的攻略範圍內。

這時候，再一次天時與人和向氏綱招手，就在氏綱在武藏與下總展開擴張時，同樣在下總的小弓公方足利義明便想趁機向新成為古河公方的侄兒足利晴氏（足利高基之子）進行偷襲，企圖一舉實現消滅古河公方，成為真正的關東王者。晴氏見勢不利，向山內家及北條家求助。由於山內家沒有積極回應，這次呼應晴氏的便只有北條氏綱。顯然氏綱是有意圖地答應晴氏的請求，目的就是乘著支援晴氏的大義名分，堂而皇之地繼續入侵下總。

這時候的小弓公方及里見義堯也沒有停下步伐，天文七年（一五三八）六月，戰意旺盛的小弓公方足利義明一邊派人催促里見義堯快速北上支援，自己也與長子義純一起率軍向古河方面挺進。

天文七年（一五三八）十月七日，北條·古河軍與小弓·里見軍於下總松戶（今·千葉縣松戶市）與市川（同縣市川市）之間展開決戰，這就是著名的第一次國府台之戰。雖然戰鬥經過沒有可信史料足以參考，但基本上是以小弓·里見軍毀滅性的大敗告終，而且小弓公方足利義明、長子義純以及弟弟基賴，還有小弓公方的數十名重臣們全部戰死，里見軍卻成功逃離戰場。

至今史家們仍然不知道為什麼里見義堯沒有積極作戰，或許是因為判斷北條·古河聯軍佔了優勢而不想浪費實力吧。無論如何，「第一次國府台之戰」後，一度在房總半島捲起風浪的小弓公方正式滅亡，帶領古河公方得到勝利的北條氏綱在關東的威勢更是一時無兩，也為北條氏繼續將勢力圈擴展到房總半島的計劃找到名正言順的理據。

經此一役，在東關東擾攘十數年的小弓公方在一日之內完全消失於歷史之中，徹底地為古河公方掃除了最大的禍害，同家兄弟的內鬥也就此告終。然而，真正笑到最後的，卻是支援古河取得勝利的北條氏綱以及里見義堯。

這次歷史性大戰後，氏綱將繼續假借古河晴氏的名義，向盤踞在安房及下總一帶的小弓公方殘黨進行掃蕩，北條家染指房總半島的計劃已經近在眼前。另一方面，足利義明以及他的長子義純等小弓公方府高層大部分戰死後，只留下幼子足利賴純及一些家臣逃到里見家的老巢保命。在第一次國府台之戰裡態度曖昧的里見家結果上也成功保存了實力，沒有受到很大的打擊之餘，接收小弓公方餘黨也讓里見家以繼承小弓公方家遺志的姿態，成為房總半島的代表勢力之一。

從後來的發展，我們可以看到第一次國府台之戰為日後北條家與里見家在房總半島展開長期的對戰提供了先決條件。無論如何，天文七年（一五三八）的第一次國府台之戰致使小弓公方這個曾在房總半島北部左右大局的勢力徹底崩解，為古河公方家翦除心腹大患之功的，不是山內上杉家，更不是已是江河日下的扇谷上杉家，而是北條氏綱。

亂世中總是需要向現實看的，古河公方足利晴氏在第一次國府台之戰中，親眼看到北條家獨力滅掉了小弓公方，相反自家一直賴以為助的兩上杉家都沒有及時趕來求援。這個冷酷又明顯的現實使公方晴氏選擇暫時放下敵對態度，轉為與北條氏綱合作，來換取北條家支持古河公方重振家威。

當然，站在氏綱的角度來說，協助古河公方只不過是為了贏取大義名分，減少他擴大版圖計劃的障礙。然而，與上杉家日夜對抗的氏綱充分明白到，只靠軍力對抗上杉家是杯水車薪的，軟實力還是十分重要的一個決勝關鍵。眼下主動示好的古河公方系出名門，正是能為北條家「升級」的重要關鍵。

為此，兩家在天文八年（一五三九）八月結成姻親，氏綱之女嫁給晴氏，成為古河公方的正妻，北條家通過這場政治婚姻堂堂正正地獲得了關東的政治地位：公方的外戚，位列同家的準一族。事後北條家開始宣傳自己是新的關東管領，「關東八國的大將軍」，可以說是把這場政治婚姻利用到最徹底。雖說處於戰亂之世，凡事都要講實力，但當「地位」與「實力」都繫於一手時，這個化學反應則是無限大的。

北條家成為公方的外戚後，他們已經成功「洗底漂白」，不再是「外來異類」，要爭取仍在觀望的關東中小領主的支持便更加有利。相反，現在處於劣勢的山內、扇谷上杉家無法在對抗北條家的戰爭上獲得更大的正當名分，除了靠自己的實力外，別無他法。

然而，正所謂「凡事總有兩面」，第一次國府台合戰結果上既是幫助了北條氏綱在南關東紮穩基礎，守住了亡父的基業，但這個結果同時也引起關東外圍的勢力對北條家起了戒心，當中反應最大的莫過於鄰國的駿河今川家以及甲斐武田家了。

# 北關東風暴

## 由衰回盛

自鎌倉時代便盤踞在常陸國（今・茨城縣）北半部的常陸守護佐竹家在室町時代中期開始已經深受內亂煩擾，先是有庶系的同族山入佐竹家試圖擺脫宗家自立。享德之亂時，支持古河公方的佐竹家的宗家與支持幕府的山入家便因為政治立場在常陸展開激戰（圖2-6佐竹家系）。自此，兩家便展開了近半個世紀的內戰，而且佐竹家周邊的領主們也因為複雜的姻親關係以及利益瓜葛，大多被捲入其中，致使佐竹家的內亂慢慢波及常陸國以至周邊鄰國如陸奥南部（今・福島縣）、下野國（今・櫪木縣）以及下總國（今・茨城縣西南部以及千葉縣北部）。

趁著佐竹家內部的抗爭日趨激烈，雙方陣營都以大加恩賞來招攬周邊領主支持，結果釀成這些原本實力不算很強的領主們如江戶、那須等可以乘機混水摸魚，逐漸發展成一個個不可小覷的中小勢力。到了延德二年（一四九〇）夏天，這些反佐竹宗家的勢力甚至一

圖2-6　佐竹家系

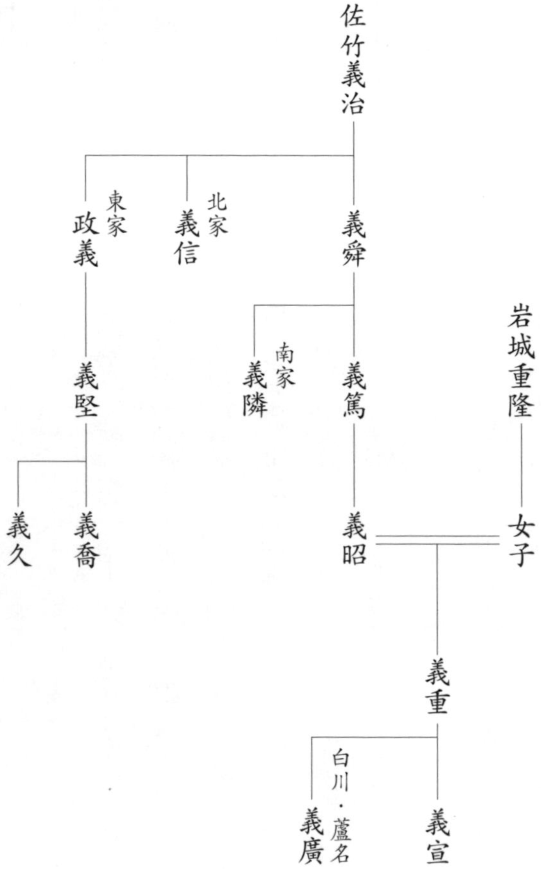

度佔領了佐竹家的主城太田城（今．茨城縣常陸太田市），將宗家的佐竹義舜（佐竹義重的曾祖父）趕走，事態已然到了最惡劣的地步。

看到這情況，決定出手介入的便是佐竹義舜的老丈人．岩城常隆。岩城家是長年紮根在陸奧南部的磐城（今．福島縣磐城市）的古老豪族，與佐竹家份屬鄰邦，在室町時代中期也曾出現內訌，但在常隆時代已基本平息，這次看到女婿也因為內訌而如此落魄，常隆決定不可不管，於是運用自己在地區的影響力，向反佐竹宗家的山入家等提出和解，以義舜割讓部分領地分與反對派為條件，反對派讓義舜回到太田城。在常隆的積極主導下，雙方雖然在明應三年（一四九四）八月達成協議，讓佐竹宗家免去了沒落的厄運，但這場政治交易並沒有完美的達成，反對派不久後便反悔，以免助長佐竹義舜在岩城家的幫助下在日後反過頭來對付自己，於是雙方又再開始斷斷續續的抗爭，一直到了文龜三年（一五〇三），佐竹義舜爭取了部分反對派退出行列後，終於在永正七年（一五一〇）殲滅了反對派的領導山入家，這場將近一百年的大亂才真正得以平息。

大敵已滅，但現實裡，親家岩城家仗義相助的反面，就是佐竹家需要甘受看人臉色的結果，而山入家的滅亡並不意味著一切都回到百年前一樣，上述的江戶、那須等領主們利用這一百年的機會，已經成為與佐竹家不相伯仲的勢力，他們的存在今後將左右佐竹家的發展，而佐竹家成為對抗北條家的北關東領主聯盟的盟主，則是經過數十年經營後的事。

佐竹家的內亂已經平息，但除了常陸國已經面目全非外，整個關東以及與關東唇齒相倚的陸奧南部地區都因為早年幕府與鎌倉府的對立影響，早已戰亂處處，與佐竹家一樣，同族相殘的戲碼此起彼伏。當中，自家內亂影響至深的莫過於佐竹家北面的白川結城家（以下簡稱為「白川家」）。

白川家系出名門，早在南北朝時代便因為勤皇保護南朝有功，加上領地位處陸奧、關東的入口，掌握著南北貿易往來的關口，使他們成為北關東的最強大勢力，對後來室町時代的關東局勢有著很大的影響力。然而，到了後來，白川家內部也出現了宗家庶家之爭，庶家出身的小峰家慢慢成為足以與宗家分庭抗禮的力量，兩家在後來古河公方府的父子對立（足利政氏對足利高基）裡，終於分道揚鑣，成為死對頭，自此白川家便爆發了動搖家底的「永正之亂」。這場動亂跟上述的佐竹家一樣，都是將周邊領主通通捲了進來，加上白川家素來在地區裡影響力十足，被波及的領主便更加多了。

由南方的那須家，到附近的宇都宮家，再到遠在更北的會津蘆名家都受到永正之亂的影響，可見當時關東的內亂雖由大的政治問題引起，但真正使問題複雜起來的，則是領主們之間盤根錯節的人脈親戚關係。最終，白川家這場內亂以宗家沒落，庶家小峰家取得勝利而告終，不過，這場勝利對小峰白川家而言，卻是衰弱的開端，在兩家相爭不下之時，南方的佐竹義舜乘虛而入，掠奪了白川家位於關、奧入口的重要領地依上保，此例一開，小峰白川家日後便成為了逐漸變強的佐竹家的餌食，走向被日夜蠶食之途。

## 下野大亂

接下來看看另一邊的下野國宇都宮家的情況。在白川、佐竹等家出現內亂時，同樣是古老名族的宇都宮家也在永正九年（一五一二）出現內亂。不過，跟白川、佐竹的骨肉相殘不同，宇都宮家的內亂卻是主君宇都宮家與最高重臣芳賀家之間出現不和，宇都宮家用計殺害了芳賀家的當家，導致兩家陷入兵亂。雖然性質不同，但這場君臣內亂也同樣誘發了上述的白川、佐竹、那須等鄰近領主的介入，甚至連同時間也陷入內亂的古河公方都決定要摻合進來，可見，這場被當時人稱為「宇都宮錯亂」的政治事件的影響力，絕不下於前述的佐竹、白川兩家的內亂。

最終，這場牽動了大半個北關東地區的亂事在兩年後的永正十一年（一五一四）前後結束，宇都宮家通過拉攏同族出身的家臣一致對抗芳賀家，阻止了芳賀家的反撲。可是，當時的北關東已經亂七八糟，古河家為首的各個世家豪族都先後亂了起來，與南關東的北條・上杉爭霸形成強烈的對比。這些內亂大致都在數年內得以暫時平息，但隨著周邊區域的情勢變化，這些一時中斷的內亂很快便又再死灰復燃。

在天文年間（一五三二至一五五五），與南關東形成兩三個大勢力北條、山內、扇谷的對壘不同，同時間的北關東地區則出現亂完再亂，再亂更亂的情況，上面提及的宇都宮以外，那須、小田、小山、下總結城等家都幾乎在差不多時間爆發了新一輪的內亂，他們的共通點都是承繼著前一波內亂的後患，圍繞著大名家與臣服的領主之間的政治方針，以及當家位子之爭展開對立。但與上次有點不同的是，這次這些家族的內亂其實是消化上次鬥爭，走向整合、安定的一場陣痛，只是，在關係糾纏不清的北關東地區，往往亂事不能自行處理之餘，更是與外邦遺留下矛盾的契機。而在這些對立內亂之中，唯一能夠早早擺脫困局，很快嶄露頭角的，便是上面提到的，對內亂頗有心得的佐竹家。

在上次的百年內亂中大難不死的佐竹家雖然在永正七年（一五一〇）滅掉最大的禍根山入家，但這場百年的內亂卻使佐竹家減弱成為一個積弱的勢力，無法阻止周邊的領主乘勢崛起的同時，佐竹家內部的矛盾仍然餘波未了。

事隔十多年後的享祿二年（一五二九）初冬，佐竹家來到了義舜之子佐竹義篤的時代，他與弟弟．部垂義元因為當家之位產生了矛盾，並且引發了佐竹家各分家的派系起兵對壘，史稱「部垂之亂」。這場持續了十年的亂事雖然暴露了佐竹家並未有在上一次百年內亂中吸取教訓，反而當家權力不振，以及一族各行其是的問題依然存在。不過，在天文九年（一五四〇）平定了部垂之亂為止，先後捲入這場兄弟之爭的佐竹各族都互有死傷，實力大減，可謂自毀長城。這讓在內亂中得以全身而脫的佐竹義篤有機會進一步威壓庶家，強化宗家的佈署，促成一貫支持自己的兄弟及其他分家更加團結地集結在自己的手下。所以，這場部垂之亂的「陣痛」從結果而言，卻是打下了佐竹家中興基礎的第一步，為日後佐竹家成為北關東的頭號勢力掃除了障礙。

在此之前，義篤也不只是一個能平定內亂的當家，他成功站穩陣腳後，便快便通過對外征戰來強化家臣、一族對宗家的向心力。首先義篤仿傚亡父義舜當年趁著白川家弱勢，乘機奪取依上保的行動，這次他向北進發，再把依上保附近的南鄉地區（今·福島縣矢澤町）都奪了過來，白川家雖然無力抵抗，但在佐竹家的姻親兼恩人岩城家的仲裁下終於遏阻了佐竹家繼續入侵，但條件就是承認佐竹家掠奪領主為合法行為，白川家一落千丈的情況已越來越明顯，而佐竹家得到白川家屈服後，便更加肆無忌憚的向白川地區擴展了。

然而，義篤的外向計劃也不是完全一帆風順的，天文十二年（一五四三），北邊的伊達家鬧出父子之爭，義篤協助兒子伊達晴宗對抗父親稙宗時，遭到稙宗陣營的攻擊而大敗，不少重要家臣戰死，致使曾一度意氣風發的佐竹家受到不小的打擊。後來義篤於天文十四年（一五四五）病死後，早已對佐竹家懷恨在心的小峰白川家的當家白川晴綱看準機會，與佐竹南邊的豪族江戶家合作夾擊佐竹家，試圖一口氣迫使義篤兒子義昭將侵吞白川家的全數交回。然而，年紀輕輕的義昭卻出乎意料地擊敗了江戶家的入侵，使得江戶家甘敗下風，白川晴綱無奈之下，只好收兵回師。

受命於危難之間的佐竹義昭再接再厲，承著父親打下的基礎，開始向周邊擴張，並且扶助支持自己的領主，在常陸中北部以及下野東部形成一個勢力圈。此外，為了回應白川家的報復行動，義昭加強對依上保及南鄉的直接管治，派出精銳家臣到當地駐守，斷去了白川重奪故土的念想。還有，義昭也乘著打敗江戶家的機會，將江戶家拉到自己的旗下，再利用江戶家在常陸南部、下總的影響力，順手把自己的威望也滲透到當地去，使在那裡的大掾、小田、真壁、相馬等家都開始注意到佐竹家的存在，更在後來成為佐竹家旗下的反北條聯盟的成員之一。

## 河東之亂

正當北關東地區處於諸家內訌的亂局之際，南方的北條氏綱則繼續與兩上杉家對戰，又將勢力伸向房總半島。不過，處事縝密的氏綱也不忘要為自家的後門做好保安工作。事實上，為了能夠全力在關東爭雄，氏綱明白到身後的今川家的動向及態度十分重要。

雖說自早雲死後，今川家與北條家的關係在氏綱時代仍算不錯，但血緣關係隨著時間世代的推移，只會越來越淡薄，一旦各方敵人趁機群起來犯時，今川家再在背後揷刀的話，氏綱在此前所做的努力便會完全泡湯。看穿了這個隱憂的氏綱在天文四年（一五三五）決定讓長子氏康迎娶今川家的當家兼自己的表甥今川氏輝之妹為妻，便是為了盡可能阻延這個情況發生。

然而，智者千慮，必有一失，氏綱的盤算雖好，但他卻絕沒想到，這樁婚事完成後不久的情勢，卻朝著出人意料的方向發展。今川氏輝參加完氏康與妹妹的婚禮後一個月，便在居館今川館內與自己的弟弟今川彥五郎突然雙雙暴斃，原因不明。當家與其弟突然死亡下造成今川家上下亂成一團，並迅即發展成派系間的權力鬥爭，今川家的家臣分成兩派，各自擁立氏輝剩下的兩個本已出家的弟弟——惠探及承芳（後來的今川義元），繼而演變成軍事衝突（史稱「花藏之亂」）。

對今川家突起異變的氏綱一開始雖然始料不及，但很快便決定要支持承芳，並且迅速獲得了勝利，承芳還俗後成為群龍無首的今川家新當家，也就是後來的「東海道第一武士」今川義元。可是，出乎氏綱意料的是，靠著北條家出手相助而登位的義元卻沒有感恩圖報，反而決定要以「以怨報德」的方式報答氏綱的幫忙。就在義元剛坐上當家之位後，便與自己的母親壽桂尼及重臣商議，以義元迎娶信虎之女為妻的方式，與北方的甲斐國武田信虎聯成姻親。信虎因為一直與山內、扇谷家聯手從後牽制氏綱，致使氏綱數次都陷入四面受敵的局面。所以，義元的決定當然便引起了氏綱極大的憤恨。那麼，為什麼義元要這樣恩將仇報呢？

其實這是因為義元懼怕北條家在東方的勢力日益強大，擔心自己的位子日夜受到北條家的威脅。尤其是義元親眼看到北條家在「花藏之亂」中迅速派兵介入，並且以壓倒性的軍力為自己爭取勝利，這對上述的足利晴氏而言是有利可圖的倚仗，但同樣的情況對於亂中求生的義元來說卻是一個不可不防的隱憂。

惱怒的氏綱決定立即為義元這隻「初生之犢」教授戰國亂世的生存法則，首先立即出兵翻越北條．今川的邊境，大舉入侵駿河國的河東郡（今．靜岡縣東部），又聯絡表面上臣服於今川家的遠江國領主們如井伊家及堀越家等對今川家舉兵起事，務求讓不識抬舉的今川家雞犬不寧。結果，這場稱為「第一次河東之亂」的混亂以氏綱奪下本屬今川家領地的河東郡結束，兩家也為免長期消耗而暫時停戰。

對於氏綱而言，割據河東郡便是要今川家記住北條家時刻在監視今川義元的舉動，防範於未然。不過，氏綱這次先發制人雖然給了今川義元下馬威，但與此同時割據河東郡一事也成為一個後遺症，要由他的兒子氏康來處理。

贏取這場重要的政治勝利後，氏綱再完成了與古河公方家結成姻親，自此東西兩境的安定也大致穩定下來。自成為當家以來，一直為家為國全力奮鬥的氏綱也終於油盡燈枯，天文十年（一五四一）七月，以五十五歲之齡病死於小田原城。在病死之前，一向深謀遠慮的氏綱早已安排好身後事，長子氏康早在氏綱得病以前便陸續接手政務，務求在自己百年之後，一切順利交接。

另一邊的山內、扇谷兩家當然也不會放過氏綱死去的機會進行反攻。早在氏綱死後三個月，扇谷家便趕緊出兵，圖謀一舉奪回被北條家奪走的舊領，但都一一被氏康抵擋下來，沒有成功，情況一直持續到天文十四年（一五四五），扇谷及山內家的反攻都沒有得到什麼效果，反倒是使氏康開始站穩了陣腳，蠶食扇谷家剩餘地盤的也漸漸得到進展。就在這個時候，氏綱生前擔心的情況終於成為事實。

數年前被氏綱狠狠教訓了一頓的今川義元在氏綱死後雖然沒有立即反彈，而是專心的對付領地內潛伏的反對勢力。數年間的隱忍後，義元終於可以騰出手來，跟北條家好好的算帳。義元今次也是做好了部署，除了自己親自出馬攻入早年被氏綱奪走的河東郡吉原城（今．靜岡縣富士宮市）外，還在事前跟附近反北條的扇谷、山內以及武田家做好聯絡，一起聯手向北條家反攻大規模反攻。

更糟糕的是，就連氏康的妹夫古河公方足利晴氏也深深被這次聲勢浩大的「反北條大作戰」撼動，被山內上杉家的當家上杉憲政勸服後，晴氏也在較後的時間加入了包圍陣營。如此一來，北條氏康不僅被大軍圍攻，就連政治上也失去了優勢。很快，呼應今川義元行動的扇谷朝定、山內憲政還有足利晴氏便組織大軍包圍了原屬扇谷家的城池，也是武藏國的軍事重鎮・河越城。

## 河越之戰

面對大軍壓境，東西受敵，氏康在兩難的困境下決定堅守父祖的大戰略方針，將所有精力放在關東戰線上。於是氏康便跟名義上協助今川家的武田家聯絡，要求武田家的當家武田晴信（後來的信玄，以下統一稱為「信玄」）出面調解。為了一舉成功，氏康以退還河東郡予今川義元為條件，換取今川家退出戰線。今川義元方面也留意到武田信玄並無支持今川家對付北條家的意願，加上氏康已經主動退出河東郡，戰爭目標已經達成，於是在同年十月結束軍事行動，回到駿河的今川館。

至於賣了一個順水人情給氏康的武田信玄也在今川軍及北條軍各自退兵後，收兵回甲斐。這三個年齡相若的年輕戰國大名還會在今後的日子裡做出多次較量，容後再談。

雖然把亡父搶來的河東郡丟掉，但氏康卻因此得以及時從西線脫身，將全部精力及力量去對付東線的老對手。回過頭來，氏康首先派人去與立場搖擺的晴氏談判，要求他不要跟扇谷、山內聯手，但當時的晴氏相信這次的投資有利可圖，於是無視了氏康的請求。雖然如此，氏康同時還有另一手的部署。

時間到了第二年的天文十五年（一五四六）三月下旬，氏康在出兵營救河越城的將士前，氏康成功策反了扇谷家的執事太田資時，讓他放棄參與扇谷．山內聯軍的軍事行動，太田家作為扇谷家的主要軍事力量，太田資時的不戰決定，變相使得扇谷家如同紙老虎一樣，不能再起作用。

確認聯軍已是外強中乾後，氏康在四月十八日率兵從小田原城前往河越，並且在二十日夜間成功從後偷襲扇谷、山內上杉家的軍營。當時兩家已對河越城進行近半年的包圍，但一直沒法作出有效的攻擊行動，陣中戰意已日漸低落下突然遭到了北條軍的偷襲，多達三千多人戰死（諸說），其中主導這次包圍戰的扇谷朝定以及他的家臣們也幾乎全數戰死，這是繼第一次國府台之戰後，北條家又一次在一場戰事中全殲敵方總帥及主力的一場戰事，這就是在後世稱頌的「河越之戰」。

扇谷家被北條軍全殲後不久，山內家的軍隊也同時受到北條軍的突襲，山內憲政及重臣們辛苦地從混亂中總算僥倖地退出了戰場。至於本想借機混水摸魚的古河軍則沒有受到北條軍的攻擊，這明顯是因為北條氏康不希望落得一個攻打「主君」的污名。於是，古河公方足利晴氏接到山內、扇谷兩軍敗退消息後，也急忙退出戰場，一直線地逃到古河城，以免被怒不可遏的氏康狙擊。

扇谷朝定為首的扇谷軍全數戰死後，成了無主遊兵的扇谷家殘兵也失去了戰意，各自流竄逃亡，扇谷家的領地也陸續被北條軍接收，最後一個扇谷家的據點武藏松山城也終於在同年底落入北條氏康之手，百多年的關東名門扇谷上杉家便就此滅亡（圖2-7　河越之戰一五四六）。

另一方面，一直在背後支持扇谷家對抗北條氏康的山內憲政退出河越戰場後，立即回到上野的平井城備戰，迎擊即將來犯的北條軍，幸然北條氏康在河越之戰後著意吞併扇谷家的領地，並沒有立即揮兵北上。然而，憲政這個日夜擔憂的惡夢還是在兩年後成為真實了。

## 權威衰落

完成吸納扇谷家領地後，氏康一方面派兵向房總進擊，防止里見家從後擾局，另一方面則終於將兵鋒轉向山內憲政，繼扇谷家後，再將山內家從關

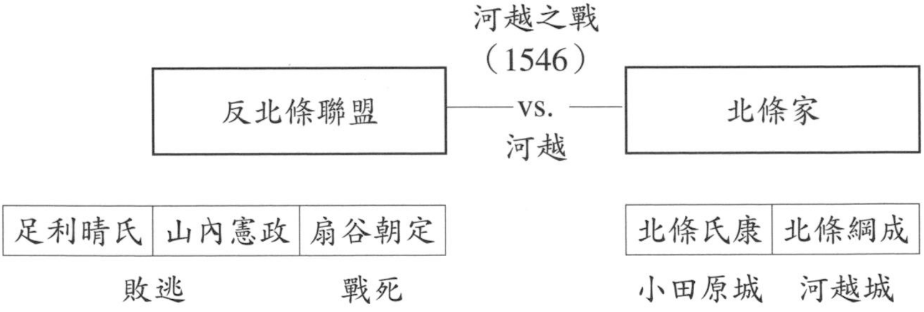


**圖 2-7　河越之戰一五四六**

東地區的地平上掃除殆盡。氏康首先利用外交手段，在天文十七年至十八年（一五四八至一五四九）間逐一誘使武藏北部以至上野（今．群馬縣）裡屬於山內家陣營的領主們倒戈，削弱山內憲政的力量及士氣。眼見時機成熟後，氏康便於天文十九年出兵入侵上野，直指平井城，也就是山內憲政的大本營。不過，氏康這次的攻略只是給憲政一個警示，以及把憲政封鎖在上野內，與此同時，氏康的行動也有利於威嚇仍然支持憲政的上野、武藏領主，使他們放棄支持山內家，不干預北條軍攻打平井城。

接著氏康在天文二十一年（一五五二）迫降了山內家在武藏國最後的據點御獄城，並且迫使城方交出了留在城中的憲政獨子龍若丸。為了根除後患，氏康立即下令處死龍若丸，以達到殺一警百的效果。氏康這個策略也很快收到效果，龍若丸的死訊傳出後，山內家陣營的家臣及領主們就好像失去希望一樣，紛紛捨棄憲政而去，轉投到北條陣營下，並且向憲政發動攻擊。其他仍然支持憲政的山內家家臣也遭到周圍倒戈北條方的領主攻擊，無法給憲政提供支援。

但憲政也絕非就這樣束手無策，早在氏康開始向上野、北武藏展開初步攻擊時，憲政已接受家臣的建議，向北方的越後長尾家尋求支援，甚至提出在不得已的情況下退到越後暫避風頭，再圖東山再起。如今，憲政陣營當日想像的「迫不得已的情況」也終於變成現實，眼見大勢已去下，憲政為免困死在上野，步亡子龍若丸的後塵，於是果斷地率領殘餘兵力到越後妻有庄（今・新潟縣南魚沼市），再到了府中（今・新潟縣上越市）暫留。

雖然憲政已敗逃北遁，但氏康染指上野國的步伐卻一再受阻，殘留在上野負隅頑抗的山內家陣營的領主如廐橋城（今・群馬縣前橋市）的長野家、佐野城（同縣佐野市）的佐野家等在憲政敗走後仍然成功阻擋氏康的攻勢，他們的奮力抵抗將在數年後得到回報。然而，在此之前，他們也只能在各自的城池死守，已經不能阻止氏康一步一步蠶食上野國了。

與此同時，氏康也沒有放過一直左右搖擺的古河公方，就在河越之戰勝利後，氏康向逃回古河的足利晴氏攤牌，狠數晴氏陽奉陰違的行徑，晴氏雖然心有不甘，但面對氏康的責難後，為免古河公方府毀於一旦，於是決定扶植自己的庶子足利藤氏，與他分享權力，以示自己將會退居二線。然而，晴氏這個以退為進的策略並沒有得到氏康的認可。氏康在攻擊山內家的天文二十年，警告古河家不要在背後搞小動作，以免「遭到神罰」外，還強迫晴氏將公方的位子讓給氏康妹妹所生的義氏，然後自行隱退。在氏康眼內已成為無用之物的晴氏在諸方無援的情形下百般無奈，只好答應了氏康的要求。

氏康於是便扶植了自己的外甥義氏成為新的古河公方，同時也否定了早前晴氏扶植的藤氏的地位，將他閒置一邊。結果，古河公方事實上等同被北條家完全控制，另一邊的山內家也抵抗不了北條家的壓迫，關東的「兩管領（山內、北條）」時代也隨之告終，南關東地區形成了古河公方為首，管領北條家為輔的新體制。

自伊勢宗瑞（早雲）與山內、扇谷兩家、關東足利家（鎌倉公方府、古河公方府、小弓公方府）為關東的霸權展開殊死戰以來，經過氏綱的經營及部署，再到氏康消滅扇谷家，趕走山內憲政為止，足足花費了近五十年的光陰，三代人的刻苦經營。如今，雄視關東近二百年的山內家人去城空，扇谷家也已灰飛煙滅，而自一百年前開始矢志成為關東之王、天下之主之日起，關東足利家歷經室町幕府、山內、扇谷上杉家多次打壓剿滅下，都依然能勉強支撐。但諷刺的是，當這些從前的宿敵一個接一個倒下遠去後，古河公方足利家才猛然發現自己已完全暴露在新興的北條家面前，危如累卵，無力對抗。接下來的則是苟安於北條家保護罩下，以維持家名為最大目標。

但是，當時的足利晴氏及藤氏，還有氏康卻料想不到，這個看似已成定局的局面竟然仍有驟變的機會，甚至為大局初定的關東帶來了又一次翻雲覆雨的新刺激。接下來又要將目光轉向西邊的駿河與甲斐，還有北方的越後。

# 甲斐之虎

## 父子內訌

天文十年（一五四一）五月，甲斐國的武田信虎到駿府，造訪自己的女婿今川義元後，準備回國時，在駿甲邊境被兒子晴信派人攔阻，無法回到甲斐，無奈之下只好退回駿府，投靠女婿義元。這場戰國史上有名的無血政變，讓一生過著戎馬羈旅，辛苦統一甲斐，中興武田家的信虎突然被迫永久隱退，消失在歷史舞台之上，卻亦因此打開了戰國時代東國戰局的新一頁，也奠定了日後的關東四強（武田、北條、今川、長尾上杉）鼎立之勢。

九月二十三日，駿河國的戰國大名今川義元寫信給甲斐國的戰國大名武田晴信（信玄）。書信顯示這場政變乃經過晴信及義元兩個當時還年輕的大名聯手的，兩人都同意了一起拉信虎下馬，讓他在駿府安居退休，事後，身為女婿的義元負責岳父的生活所需。

那麼，為什麼信虎會被趕走呢？眾所周知，他在本國甲斐的風評不好，連年征戰雖然壓伏國內群雄，但也使國內上下十分疲憊，而信虎統一甲斐後，依然沒有停止征戰，向信濃派兵，介入關東戰局，這些都被認為是招致群臣支持推倒他的主要原因。

然而，估計羽翼未豐的信玄，以及支持他的武田家臣都明白，要與久經沙場的驍將，一生經歷各種大風大浪的武田信虎為敵，難免又將難得的和平斷送，因此才想出了這場無血政變，奪去了信虎反撲的機會及能力。

當然，要成功還需要另一邊的今川家同意才行，今川義元當時也是通過政變才得以繼位，相比應付老練能打的岳父信虎，與同輩的大舅子合作或許是更好的選擇。而且反過來說，武田家把信虎送到駿河，其實盡顯了誠意，也是一個有利今川家的安排。這是因為只要晴信做出任何不利今川家的事，今川義元大可利用扶持信虎復位的名義，隨時入侵甲斐，姑勿論信虎會否合作，但大義名分永遠都在收留岳父的今川方那邊。

換句話說，武田家為了贏取今川家的支持，把麻煩，也是最大的底牌、人質送給了今川家，這宗交易完全合符了兩家的利益，只要兩家利害一致，那麼各自也可騰出手來應對各自的敵人，今川有北條家和織田家，武田家有諏訪家及信濃國領主。從結果來看，都盡顯了東國兩大青年大名及家臣團在處理上的智慧及穩健。事實也證明，聯手推倒巨人的兩人，在日後都將家族發展到盛極一時，而兩人也在後來沒有對立，直至今川義元在桶狹間戰死為止……。

## 信玄始動

前段提到武田信玄與武田家的重臣們與駿河的今川義元合作，成功以最和平的手段更換了武田家的當家，將為了統一甲斐，連年征服不休的老當家武田信虎趕出了甲斐。不過，出於厭戰求休的夙願最終還是沒法實現。武田家「和平」更換當家的政治事件，很快引起周遭勢力的強烈反應。

在甲斐、南信濃兩國以及東海都讓人聞風喪膽的「猛虎」就這樣黯然下台，然而諷刺的是，為了和平而策劃的政變成功後，和平卻沒有真正到來，反而是連串戰爭的開始。不過，這不是信虎為了復權復仇而起，而是周邊的情勢在信虎下台後急劇轉動所致。

就在信虎被政變推倒前後，新招的女婿諏訪賴重雖然借助岳父的力量鞏固了諏訪郡的統治，但向來有野心的諏訪家庶族，如金刺家和高遠家等不願看到宗家獨大，但又忌於賴重背後有信虎撐腰，不敢輕舉妄動。不過，信虎被推倒下台後，賴重沒有打算為岳父復位而奔走，反而打算趁武田家不穩，與上野的山內上杉家一起瓜分先前與信虎共同打下的小縣郡、佐久郡一帶的征服地。此舉很快引起了武田信玄以及武田家臣的注意，也讓想打倒賴重的諏訪家各個庶家找到了絕好的機會。

武田家為了阻止賴重借機坐大，以及山內上杉家的勢力滲透至南信濃，很快便與反對賴重的諏訪一族取得聯繫，確保武田家侵入諏訪郡時，他們不會為賴重而戰，又承諾戰後會重新分配利益。天文十一年（一五四二）六月，面對武田家與家族庶家內外聯手，諏訪賴重無法抵抗，本想突圍之際，誤信武田家提出和談的提議，被騙到躑躅崎館後，被武田信玄勒令自殺謝罪而亡。諏訪賴重死後，信玄與致力協助武田打倒賴重的諏訪家庶族高遠家瓜分了諏訪宗家的領地，但由於瓜分內容出現不和，高遠家隨即又與武田家爆發爭執，不久被打敗。

經過三年的戰爭後，武田信玄於天文十四年（一五四五）四月成功打倒了頑強抵抗的高遠家，但同時也與支援高遠家的信濃守護小笠原長時（長棟之子）結下新的矛盾。小笠原家在長時的時代已經走向了安定期，但過了不久，南方的武田家火速抬頭，加速了南信濃地區的不穩定局面，也使得身在信濃中部的小笠原家也開始坐立不安。這次信玄消滅諏訪家，以及跟高遠家開戰，都進一步刺激了長時的神經，也喚起了他做為信濃守護的自尊。

其實，高遠家受到武田信玄反擊後，長時已經火速南下支援，希望挽救高遠家，不會被武田家滅亡。當初在小笠原家的支援下，高遠家還的確能頂住了武田軍的攻擊，但到了五月，信玄向今川家求得的援兵到來後，小笠原長時的努力還是白費了，不僅無法抵擋武田家驅逐高遠家，自己的領地邊區也遭到武田軍的破壞，武田家盯上小笠原家也只是時間問題。

不過，武田家在拿下了諏訪家的地盤後，卻轉向到小縣郡（今．長野縣小縣郡）及佐久郡（同縣佐久市），繼續完成信虎的戰略。天文十二年（一五四三），即消滅諏訪賴重後一年，信玄派兵攻入了佐久郡，一舉殲滅了當地其中兩個較有名望的領主大井家及望月家，接著在出兵驅逐諏訪郡高遠家的同時，繼續另外派兵清剿大井家及望月家的餘黨，其間鄰國上野的關東管領上杉憲政也因為擔心武田家會對自己的安全帶來威脅，一度出兵阻撓武田家在佐久郡的行動，但都失敗告終。到了天文十六年（一五四七）夏天時，武田家基本上已把佐久郡以及部分的小縣郡完全據為己有。

## 征服信濃

征服諏訪、佐久及小縣三郡之後，信玄接下來的對手便是較為強大的信濃守護小笠原家以及北信州最強的勢力村上家。當初，信玄揚言要將信濃國的土地分賜給盡忠立功的家臣，以此振奮士氣，但當武田家繼續向北方推進時，面對的困難也越來越明顯（圖2-8　甲信越地圖）。第二年的天文十七年（一五四八）二月，武田軍無畏無懼地向鄰接小縣郡的埴科郡坂木（今．長野縣坂城町）進軍，正面挑戰在當地紮根超過百餘年的村上家。當時

春日山城
越後
越中
善光寺卍
飯山城
川中島
葛尾城
岩櫃城
深志城
上田原
飛驒
上野
內山城
箕輪城
信濃
倉賀野城
上原城
福島城
福與城
松山城
美濃
新府城
武藏
岩村城
大島城
要害城
甲府
川越城
鈴岡城
田野
甲斐
駒場
岩殿城
三河
深澤城
相模
岡崎城
長篠
大宮城
駿河
吉田城
遠江
小田原城
薩
埵
峠
駿府城
三方原
韮山城
伊豆
卦
山
城
高
天
神
城

圖 2-8　甲信越地圖

的武田家萬萬沒有想到，自己的大軍會敗給村上家的當家村上義清，而且還不止一次。

第一次對陣，兩軍在小縣郡上田原（今．長野縣上田市）展開激戰，熟知當地情況的村上家很快便給予未嘗大敗的武田家狠狠的教訓。在這場著名於後世的「上田原之戰」中，武田家重臣板垣信方、甘利虎泰為首的指揮官相繼戰死，就連信玄本人也在戰事中受傷，被迫撤退。

上田原之戰是武田軍自信玄執政以來，第一次遭到重大打擊的敗仗。武田家敗退的消息傳開後，信濃國內心想反抗武田家的領主得到重大鼓舞，紛紛蠢蠢欲動，打算尋找機會，向武田家翻臉和抵抗。為信濃國的反武田領主帶來希望的村上義清也受到這場重要勝利的激勵，立刻聯絡中部的小笠原家等較有能力起兵的領主組成聯軍，意圖一舉將武田家趕出信濃。

守護小笠原長時也得到了鼓勵，在上田原之戰後積極響應村上義清的呼籲，於六月中旬糾集了部分中、北部的領主們乘勝追擊武田信玄，更入侵諏訪郡，引誘當地的領主倒戈對抗武田家。不過，小笠原長時發起的進攻卻遭遇武田軍的偷襲，落得大敗，長時本人僅以身免，逃回領地自守，史稱「鹽尻峠之戰」。可以說，小笠原長時的失敗諷刺地為武田家治癒了「上田原之戰」的痛楚，是戰之後，諏訪郡內的隱藏反抗分子被剔清，武田家在諏訪郡的統治更加穩固，更削弱了小笠原長時的威望，有利武田家接著對中部地區進行攻擊。

天文十九年（一五五〇）夏天，武田家展開了消滅小笠原家的軍事行動。受到鹽尻峠之戰的打擊，小笠原陣營沒法做出有效的防守，武田家攻入筑摩郡（今・長野縣松本市）後，小笠原陣營的領主或投降，或逃走，小笠原長時也在沒有進行積極抵抗下逃出居城，到山區繼續抵抗，同時派人到村上義清的領地求救。村上義清立即做出回應，但始終無法阻止小笠原家的敗勢，義清自己也自身難保，於是也只好讓小笠原長時自行再組織軍隊抵抗。

結果，在信玄軍隊反覆攻打下，以筑摩、安曇兩郡為主的小笠原家領地在兩年內一一被武田家接收，整個信濃國除了西南的木曾郡木曾家外，就只有以村上義清為首的信濃北部的領主應對武田家的來襲。

在上田原之戰慘敗後，武田家對村上家作出了戰略調整，實行孤立戰術，一方面包圍村上家，一方面又拉攏村上家附近的領主倒戈，使村上家孤掌難鳴。天文十九年（一五五〇）七月，信玄攻打小笠原長時之際，同時也開始對村上領的入侵，但在九月下旬的戶石城之戰中，久攻不下的武田軍在撤退時被出城突擊的村上軍猛烈追擊，再次遭到大敗。到了天文二十年，在新加盟的家臣真田幸隆的協助下，戶石城終於被武田家攻陷，成為武田對村上之戰的轉捩點。

天文二十一年（一五五二），信玄驅逐小笠原家後，指示軍隊繼續北上，向村上義清報兩敗之仇。先年進行的孤立戰術也隨著戶石城陷落而陸續收效，在第二年的天文二十二年春夏之間，除了村上家控制的埴科郡一帶，以及最北面的水內郡（今・長野縣飯山市）外，北信濃大部分的領主都選擇投向武田家，以免遭到武田家的侵擾。孤城力守的村上義清也自知無法再堅持下去，於同年四月初逃出主城・葛尾城（今・長野縣埴科郡坂城町），到北方的越後國（今・新潟縣）向當時正在冒起的長尾景虎（後來的上杉謙信）求助。

同一時候，同樣在信濃北部的草間城（今・長野縣中野市）做最後抵抗的小笠原長時也繼續連戰連敗，最終被迫與兒子、一族逃離信濃，輾轉之下於弘治元年（一五五五）到達京都，投靠份屬同族的三好長慶以及將軍足利義輝，更成為義輝的武術指導。

村上、小笠原兩家各自沒落後，信濃北部除了水內郡的高梨家為首的少數領主外，已悉數受到武田家的控制；至於西南的木曾郡在數年後以聯姻的方式，與武田家合作，而與小笠原家有淵源的伊那郡也在天文二十三年被攻破，成為武田家的控制地。因此，武田家自信虎治世晚期開始，用了近十五年時間，終於將信濃國大部分都據為己有，成為東國繼北條家和今川家之外，又一個強大的勢力。然而，村上義清的逃亡卻又為武田家的勝利帶來了一點陰霾，不久後，短暫陶醉在兼併大國成就的武田家便要面對一個前所未有的麻煩對手，他就是越後的上杉謙信。

# 越後之龍

## 兄弟鬩牆

長尾景虎（後來的上杉謙信，以下統一稱謙信）是越後守護代長尾為景的次子，在天文十二年（一五四三），父親為景死後，原本已代父執政的長兄晴景正式繼任為守護代，當時的謙信也已經長大成人，在長兄晴景的安排下，駐守櫔尾城（今．新潟縣長岡市），負責平定越後中部（中越）的反對勢力。自此，謙信便登上歷史舞台。

天文十四年（一五四五），謙信為了輔助多病虛弱的晴景而回到府中（今．新潟縣上越市），鑑於晴景多病，難以治政，而謙信卻年輕力壯，此消彼長之下謙信在長尾家以至越後的領主層中慢慢聚集人氣，受到不少人的期待。當時，謙信同父異母的長兄長尾晴景，引發越後國內外的不穩，於是當時身在古志郡櫔尾城的謙信（當時叫「景虎」）挺身而出，為長兄分憂，討平了反對勢力。不過，後來同父異母的兩兄弟出現鬩牆局面。兄弟二人之間出現矛盾的原因有很多不明之處，一般認為當時越後國內漸漸出現了支持年輕年壯的謙信取代晴景的聲音，正在這個時候，謙信陣營的家臣策動讓徒有主君名義的越後守護上杉定實出面調停兄弟的對立，要求定實勸說晴景將位子交給謙信，讓他來主理國政。

後來，晴景總算同意了定實的提案。至此，謙信便名正言順地在天文十七年（一五四八）底入主春日山城，成為新的越後守護代。謙信接位後不久，便迎來了第一個重大考驗。前面提到關東管領山內憲政自河越之戰後屢屢遭到北條氏康的狙擊。在孤困無助的無奈下，憲政接受家臣的建議，向北方的謙信尋求援助，也就是重施老祖宗的故技，從越後國請出援兵以進行反擊。當然，那時的越後早已不再是上杉家的天下，而是長尾家主導的時代。憲政與謙信之間事實上算起來仍然是有家族仇恨的敵人。不過，現在南面的北條氏康顯然是更大的麻煩，憲政為解決被滅頂的危機，唯有指望謙信能夠念故主之義，出兵幫忙自己。

不過，謙信一開始並沒有很快作出反應，剛好在憲政要求越後國幫忙時，從前幫助謙信上位的守護上杉定實病死，身後沒有子嗣，也就是說越後國失去了名義上的主人，也使得盤踞在廣大狹長的越後國內的大小勢力開始各自打算，而謙信最大的對手便是自己的姐夫，也是盤踞在越後中部最肥沃的上田地區的領主．長尾政景。對謙信來說，解決這個政治真空，壓服潛在的競爭者才是更加迫在眉睫的事，憲政的請求也只能暫放一邊。

謙信在定實死後便向幕府將軍足利義輝報告定實的死訊，當時急需重建的幕府為了拉攏各地豪強支援，對於新崛起的勢力都十分看重，義輝對謙信更似乎是刮目相看，於是乾脆地任命謙信成為越後國的統帥，讓謙信可以直接繼承定實的政治地位。利用幕府的任命，謙信很快便與政景和解，兼且利用這次和解向越後國內的其他勢力展示自己的優勢。

到了天文二十一年（一五五二），越後的大局已大抵安定下來，謙信終於可以回過頭來去照料仍在上野、越後邊境苦等救援的憲政。當時的憲政已經是被北條氏康趕的走投無路，連居城平井城也已經淪陷了。於是，謙信率先派兵經上野國南下至武藏國，抵擋北條軍進一步的侵攻，另一方面，為了盡可能得到最大的政治名分，謙信又再派人向天皇頒授聖旨，授命自己可以出越後，到關東討平北條家。

謙信三番兩次向本來就對當地戰亂無可奈何的幕府及朝廷請求批准，除了是要滿足自己的信條及價值觀外，更重要的便是要以更高的高度為自己的軍事行動賦予無可否定的正當性。謙信深信，幕府的任命以及天皇的聖旨，再配合自己的軍事能力，內外合一，定能發揮最大的效果，更有效地達成目標。

不過，謙信的戰場及對手並不止於關東的北條氏康，另外還有甲斐的武田信玄。自從天文十年（一五四一）信玄趕走父親信虎，受群臣擁護成為新當家後，藉著與駿河的今川義元的結盟，以及北條家忙於與山內、扇谷兩家對戰，暫無後顧之憂的好機會，連連向同是越後南方的信濃國用兵。信玄先是消滅了與自己鬧不和的諏訪賴重（信玄妹夫），接著又在天文十九年（一五五〇）趕走了信濃守護小笠原長時，至此，武田家已經將勢力擴展到信濃越後邊境的不遠處，信濃國能抵抗的，只剩下北信濃的最大領主村上義清，以及北部邊境的高梨政賴了。

村上義清雖然兩度阻擊武田家的入侵，但三年後的天文二十二年（一五五三）八月，義清總究還是抵擋不住信玄的攻擊，兵敗後向謙信請求救兵。對謙信來說，村上家既是與長尾家早有交流的世交，同時村上家戰敗後，難保武田家不會將矛頭指向越後國，而且謙信的大本營春日山城距離信・越國境不到一百公里，一旦武田家吞下信濃國，越後也難以苟安。於是，在全力幫助山內憲政之前，謙信面前又多了一個必須全力應對的難題。

收到村上義清的救助後，謙信很快便作出反應，他在同年九月便派出援兵，聯同村上義清的殘部進行反攻。很快便推進到村上領地附近的川中島一帶與駐在那裡的武田軍進行小規模的戰鬥。雖然，這次的反攻沒有一口氣幫村上義清奪回領地，但這次的援助正為謙信與信玄為信濃國的主導權，拉開了長達十二年，史稱「川中島戰役」的序幕。

## 風雲川中島

川中島是北信濃地區南下南信、甲斐，北上越後的主要交通幹道，而位於當地的佛門名剎善光寺更是重要的物流交易中心及宗教的核心地帶，能集聚財富及人流。換言之，拿下川中島地區便等於拿下了當地的資源，對於一心希望富國強兵的大名來說，當然是垂涎三尺的重要地域。

信玄陣營也很快意識到，即使已拿下大半個信濃國，是不可能在不驚動謙信的情況下，將北信濃以及川中島地區拿下，兩家的對壘至此已是無可避免。信玄方在弘治元年（一五五五）七月徹底打敗村上義清，完全奪取村上領。而村上義清在戰敗之前帶著部分家臣逃到越後，而村上旁邊的高梨政賴也深感唇亡齒寒，索性也到越後求謙信全力出兵救援，打退武田軍。於是，謙信第二次派兵南下川中島，與當地的武田軍對峙。然而，由於信玄採取堅守不出的策略，謙信在無法誘出武田信玄進行決戰下，還是無法分出勝負，兩軍只能僵持對峙，都沒有出戰。終於，信玄向今川義元請求出面斡旋，讓兩軍各自撤兵。

經過兩次的對壘後，雖然仍然受到謙信南下的威脅，但武田信玄控制川中島已是越來越成了定局，相反，謙信則只是出於救援鄰國的名義出兵，重心仍然放在籌備出兵關東上，因此對於信濃的軍事行動，始終未有作出長遠的戰略規劃。受惠於謙信陷入兩面作戰的不安，以逸待勞的信玄便在部署防線，戒備謙信隨時南下的同時，另外抽調兵力去掃蕩信濃國內剩餘下來的反抗勢力。

這個時候的謙信已正式迎接山內憲政到府中來，全力地準備第一次的關東遠征，川中島方面的問題也只能暫且不理。不過，很快信玄又再次給謙信難題，第二次川中島之戰後不久，信玄大抵清除了北信濃內其他較弱的反對勢力，終於將矛頭指向了最後又最棘手的高梨政賴身上。信玄一方面集結兵力，準備向高梨家的主城飯山城（今・長野縣飯山市）出兵，另一方面繼續不忘在增強防守兵力，防範謙信南下。

弘治三年（一五五七）四月，信玄在高梨領附近的連串行動對謙信而言無疑是正面挑釁，實在無法坐視不理的謙信再次在準備征關東的中途，分兵南下阻止信玄北上。這次，務求要一擊必中的謙信糾集了更多的越後領主出兵助戰，然而，另一邊的信玄卻繼續以避重就輕的方式，避免與謙信的兵鋒交戰，使謙信又再一次徒勞無功。最終，信玄這次派人向將軍足利義輝要求調解下，兩方再次決定停戰，謙信的救援作戰再次無功而還。

然而，信玄也並非一味地以退避來應對謙信，為了對抗謙信以朝廷聖旨作為打擊自己吞併信濃的武器，信玄這次也大搞外交戰略，利用金錢攻勢誘使幕府正式任命武田家成為新的信濃守護。這樣一來，在信玄眼裡，有了武家之長的幕府承認作擋箭牌，謙信的「聖旨」名義便顯得黯然失色，雙方現在算是扯平了。

不過，謙信卻不是那麼認為，他仍然相信權威至上的信條，為了打倒信玄及氏康，謙信在進行實際行動前，於永祿二年（一五五九）春天再次緊急上京會見將軍、天皇，以及朝廷的關白近衛前久，利用獻金再次為自己求得幕、朝兩方的認證，以山內憲政、以及信濃領主的保護人的身份出兵關東及信濃，在幕、朝兩方的命令下，兩地的領主都要認可、跟從謙信的行動。

## 南闖關東

永祿二年（一五五九）秋天，謙信獲得了幕府及朝廷雙重保障後，從京都回到越後，到達春日山城（今・新潟縣上越市），謙信決定立即調整戰略方針，鑑於信濃的僵局一時無法改變，謙信決定先出兵關東，將北條家打敗後，再回師對付信玄。為此，謙信在前往關東前，增強了高梨領的防衛，設法防止信玄威脅高梨領的安全，並以當地做為日後與武田家決戰的前線基地（圖2-9　謙信遠征關東）。

另一方面，謙信再次糾集越後的領主準備出兵，以及聯絡身在上野的山內家舊臣前來接應，又派兵到越中，打敗了與信玄聯手的神保長職。

永祿三年（一五六〇）正當謙信如火如荼地準備出兵關東之際，遭受北條氏康壓迫的里見義堯及正木時茂寫信請求謙信火速南下，並承諾會在南方協同作戰。這個請求對謙信而言更是順理成章，出兵關東的時機已然成熟，於是謙信便在同年九月與憲政一同南下上野國沼田城（今・群馬縣沼田市），把當地的北條軍打敗後，再迅速地連下那波（同縣伊

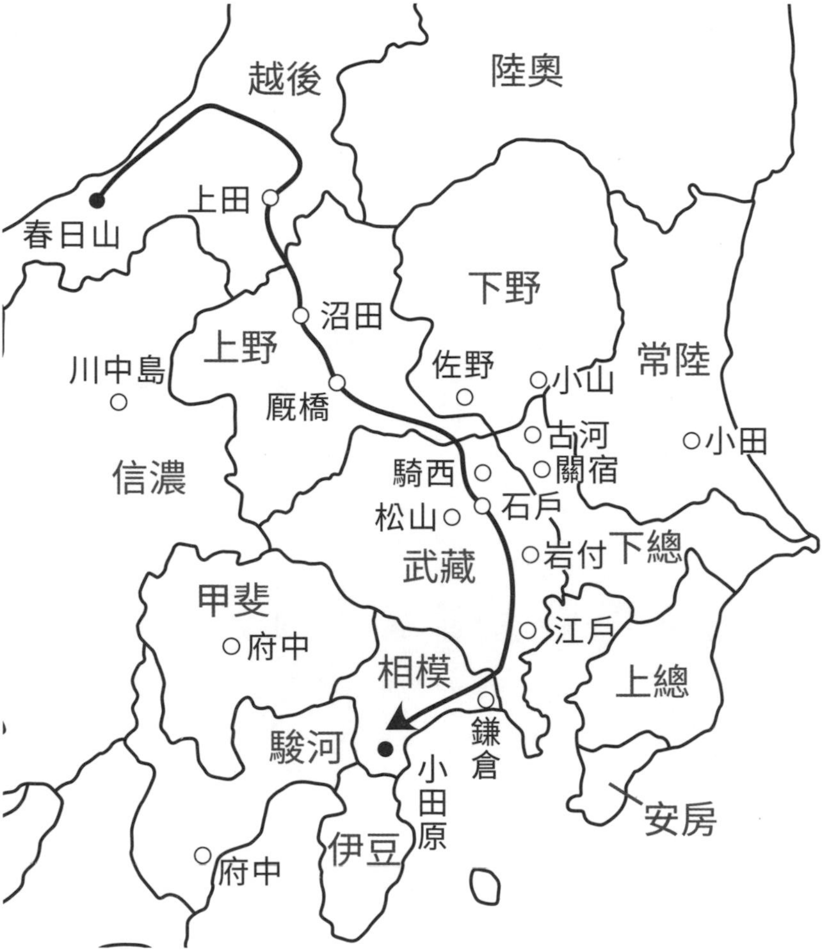

越後
陸奥
上田
春日山
下野
沼田
上野
川中島
佐野
小山
常陸
厩橋
古河
小田
騎西
關宿
信濃
石戶
松山
岩付
下總
武藏
甲斐
江戶
府中
相模
上總
駿河
鎌倉
小田原
安房
伊豆
府中


圖 2-9　謙信遠征關東

勢崎市）、廐橋（同縣前橋市）兩城，直迫上野及武藏邊境，原本已打算向北條家屈服的南關東領主們得到消息後紛紛響應謙信的行動，一個月後，大部分上野、北武藏以及下野的領主都宣布加入謙信．憲政的陣營，對抗北條氏康。

另一邊的北條氏康當時正在包圍里見義堯所在的上總久留里城（今．千葉縣君津市），當他收到消息後深知事態嚴峻，為免與士氣正盛的謙信軍立即對戰，氏康決定先鞏固南武藏各城的守備，同時又向盟友武田信玄要求在信濃展開行動，牽制謙信的後方，另外更向遠在大坂的本願寺顯如要求其動員越中的本願寺門徒與神保長職再次起事，務必要讓謙信無法全心全意繼續南下。然而，謙信的兵鋒並沒有立即停頓下來，很快謙信的大軍攻破了武藏松山城，接著又兵分兩路，一邊向武藏河越城挺進，另一邊則直指北條家的大本營小田原城（今．神奈川縣小田原市）。

永祿四年（一五六一）三月，謙信正要向小田原城發動攻擊時，其他一直在觀望局勢的北、東關東領主，以及本已向氏康屈服的古河公方府都判斷謙信有機會打倒北條氏康，於是立即趕緊表態，加入到謙信陣營。至此，北自常陸、下野，南至下總、安房，關東八國之中，除了北條家固有的相模、伊豆及武藏外，其他五國的領主大多數都成為了反北條陣營的成員。

就在這些領主趕往小田原城外與謙信會合之際，處於極度劣勢的北條氏康決定以靜制動，集中力量死守小田原城，以及維持其他仍在手裡的各城的防衛，動員領民百姓儲糧，又立即集資購入兵器準備做長期的守城戰。另外，氏康又聯絡武田信玄分兵南下助戰，試圖動搖關東聯軍的信心。

為免武田及北條聯手，使戰況陷入僵局，謙信決定先發制人，在三月底向小田原城發動攻擊，放火燒毀城外房屋等，但由於小田原城早已準備就緒，城兵固守不出，關東聯軍並未能一舉攻下。與此同時，分散在小田原城外的聯軍屢屢遭到北條軍以及當地百姓武裝發動的游擊戰偷襲，幾經數日後，士氣開始低落下來。

為了鼓舞士氣，謙信透過古河公方的重臣簗田晴助的斡旋下，勸導山內憲政收謙信為養子，並讓兩人在閏三月於鎌倉鶴岡八幡宮（今·神奈川縣鎌倉市）舉行讓位儀式。事後，謙信為表謝意，答應簗田晴助的請求，救出了被氏康監視的前古河公方晴氏及其子藤氏，讓他們回到古河復位。不過，由於打敗北條家這個最大的任務卻遲遲未能成事，謙信為免久居關東，造成信濃、越後後方空虛，於是在四月下旬，已成為關東管領的謙信在完成恢復古河公方府的工作後，便暫時退兵回師，待解決了武田信玄的威脅後，再次出兵關東。

## 第四次川中島之戰

永祿四年（一五六一）八月，回到越後的謙信馬不停蹄地準備與武田信玄的決戰，這次謙信決定誓與信玄決一勝負，另一邊的武田信玄也做出同樣的打算。兩軍在九月上旬再次在川中島展開對峙，並在同月十日展開有名的「第四次川中島之戰」。

第四次川中島之戰是戰國史上一場著名的，也是最神秘的大戰。眾所周知，上杉謙信與武田信玄在北信濃的川中島地區，總共打過五次戰事，第四次川中島之戰堪稱為最家喻戶曉的大激戰，但是，有關這場戰事的傳說十分多，除了知道是死傷嚴重的激戰外，經過卻是撲朔迷離。

從戰後兩方各自的書信情報來看，武田家對此戰幾乎是隻字不提，這對於史料殘存量十分可觀的武田家來說並不尋常，但考慮到後來的長篠之戰敗北，同樣是感謝狀、慰問信之類十分少來看，看來武田家每當敗戰時，就偏向不做出積極的慰勞工作，因此，我們可以推斷，武田家從行動上是承認了第四次川中島之戰戰敗了。

換言之，武田軍在慘痛代價下還是完成了戰略目標，成功阻止了謙信重奪信濃的計劃。兩軍自此之後，除了三年後一度又再在川中島對峙外，幾乎再沒有在同地區進行具規模的戰事。另一方面，謙信則反而很主動的發出了不少感謝信，著名的那句「汝的奮戰，政虎一生切不可忘記」就是出於這些的感謝信中。不過，從後來的戰局發展，以及川中島地區除了東北方的飯山地域外，完全成了武田家的控制圈的事實而言，謙信的感謝信雖然算是心意到了，但卻不意味著實際的勝利。是次大戰中，上杉軍也不是毫無損失的，謙信在三年後曾經提到「於川中島，手下諸將戰死者眾」，謙信所指的就是第四次川中島之戰。

總而言之，謙信軍在激戰後退出了戰場，而信玄軍雖然損失了武田信繁（信玄胞弟）等數名最高級將領，但仍然成功保住了川中島地區的控制權。此後，謙信也主要以經營關東為基本方針，而賠上胞弟及數名重臣性命的信玄保住了川中島地區以及信濃後，也將目標轉向南方的今川家，可見，第四次川中島之戰致使上杉武田都盡量避免再在川中島碰撞，因此川中島此後也沒再爆發大規模的軍事衝突。但是，這個結果對於其中一方武田家而言影響深遠，因為武田家放棄北上戰略後，在後來轉為主力侵略今川家，觸發了信玄和長子之間的矛盾，成為日後武田家不穩的遠因。

因此，第四次川中島之戰裡，上杉與武田雙方都損失不少，一方大敗，另一方慘勝，再具體一點來評價的話，上杉軍是戰術上的勝利，武田軍是戰略上的勝利。第四次川中島之戰後，信濃的戰事可算是基本結束，但與此同時的關東卻是陰霾難消。自從謙信退回越後後，熬過難關的北條氏康一方面著手恢復被戰火蹂躪的領地，另一方面則趁著謙信在川中島與信玄激戰，著手向倒戈到謙信的關東領主們進行反攻，以求收復失地。然而，當時謙信退回越後時，早已為日後再出關東做好了準備，尤其是派重兵鞏固了對上野國的控制。

對此，氏康及開始接手政務的長子氏政計劃拉扯武田信玄過來，一起對抗謙信，並且在十一月邀請信玄從信濃出兵到接壤的上野西部，兩軍夾擊下上野西部大部分地區都失守，這個結果也撼動了附近的領主們，他們眼見武田與北條聯手反擊後，為了保全領地，又再次倒向北條陣營。雖然，另一邊的謙信很快便做出回應，在永祿五年（一五六二）一度趕走了進駐上野西部的武田及北條軍，但在武田信玄插手干擾下，在圍攻小田原城後所佈置的新格局，包括復興古河公方府的安排也很快被打回原型，謙信辛苦打下的基礎也便失敗了一大半。

# 南爭北鬥

## 三強爭霸

踏入永祿年間（一五五九至一五七〇），先是第四次川中島之戰的打擊，再有盟友今川義元在桶狹間戰死的消息刺激，還有上杉謙信屢次進出關東，與北條氏康展開長期激烈的攻防戰影響，關東以至甲信的情勢都出現了翻天覆地的變化，在這時候最不安心的就是武田信玄以及他的武田家。

雖然在第四次川中島之戰拚死守住來自謙信軍的攻擊，保住了北信濃的大部分控制權，但與上杉家的鬥爭已經浪費了大量人力物力，以及不小的犧牲，顯然繼續向北發展是難上加難，而老對手．上杉謙信在第四次川中島之戰前後，也早已以匡復關東管領山內上杉家的名義，在關東另闢戰場，每次都會經過上野西部來回關東及越後。

考慮到上野西部與信濃東北部連接，不用等到謙信打敗北條氏康，每當謙信通過西上野（今．群馬縣甘樂郡、富岡市、高崎市、前橋市一帶），他在該地的影響力便更加鞏固，間接影響到信濃東部的安全，難保不會再次重燃戰火。再說，上杉謙信的對手北條氏康正是自己當年與今川義元一起結盟的老盟友，在公在私，阻遏謙信南下關東都是百利而無一害，而且十分有現實的需要。

於是，早在永祿三年（一五六〇），即第四次川中島之戰之前，謙信第一次南下關東，攻打小田原城的同一年，信玄便開始策劃入侵西上野。翌年永祿四年（一五六一）六月，從屬山內上杉家的名將長野業政病死於箕輪城（今・群馬縣高崎市），入侵西上野最大的阻礙也適時地消失，信玄可以減少顧忌，從信濃小縣郡入侵西上野。

第四次川中島之戰後，元氣大傷的武田家經過近兩年的休整及佈署後，於永祿六年（一五六三）正式開始入侵作戰，更與同樣準備反攻上杉謙信，入侵上野東部的北條氏康互相呼應，自同年底至翌年永祿七年初春，信玄派兵連下最重要的箕輪城以外的上野國西南的主要要塞，到了永祿八年（一五六五）九月終於也把箕輪城奪下來，入侵西上野的計劃暫時成功完結，只待上杉謙信的回應。可是，這時候的謙信卻受制於老巢越後周邊的形勢影響，對於信玄及氏康的連番挑釁，始終沒法及早行動。

## 越中大亂

進入永祿年間，越中國的戰亂也進入了新階段。與本願寺門徒合作的神保長職與椎名康胤的戰鬥受到西鄰的能登國畠山家內亂的影響，天文十二年（一五四三）以來的和平形同虛設。永祿三年（一五六〇），甲斐國的武田信玄為了牽制上杉謙信在信濃的反攻活動，與越中的神保長職取得聯絡，信玄要求長職出兵向從屬謙信的椎名康胤發動攻勢，迫使謙信出兵越中，減輕信濃戰線的壓力。

同年春，長職向新川郡發動攻擊後，康胤立即請求謙信出兵越中助戰。不久後，謙信便首次領兵攻打越中，解除了椎名康胤的危機。永祿四年（一五六一）閏三月，謙信首次出擊關東後，在鎌倉正式成為了關東管領，又獲得將軍足利義輝賜名，改名「輝虎」。為了要掃除出兵關東的後顧之憂，謙信再次出擊越中國，直指當時趁謙信南下關東，借機再次活躍起來的神保長職。

永祿五年（一五六二）七月，謙信從越後出馬西進，直攻神保長職的主城富山城（今·富山縣富山市），在強大的上杉軍之前，長職無法抵抗，於是退到山中的增山城（今·富山縣礪波市）死守，謙信以為長職已是強弩之末，於是沒有深追，直接回到越後。不料長職在謙信離開越中後，立即再次舉兵，迫使謙信在九月回到越中再次討伐神保軍。

這時的神保軍攻擊凌厲，一度將從屬上杉家的守軍以及椎名康胤迫到困頓之境。謙信趕到後，再次將長職迫回最後的陣地增山城，這次謙信決意要圍攻增山城，迫使神保長職投降。長職無路可退之下，便派人到能登，希望與謙信有交情的能登守護畠山義綱出面斡旋。終於，在義綱的調停下，謙信接受了長職的投降，更讓長職加盟到上杉・畠山陣營之中。

發揮影響力，促成越中和平的畠山義綱當然也有自己的計算，尤其是上杉謙信已經將勢力伸入越中後，與謙信保持合作，以圖能登國的安寧是上上之策，同時利用神保長職投降的機會，也將畠山家的勢力植入越中，防止越中國的本願寺門徒再次對能登國打主意。於是，義綱便將兩名一族子弟分別送到上杉家及神保家當養子，一個便是後來的上條政繁，另一個便是神保氏張。

不過，義綱的如意算盤沒有完全打響。第四次川中島之戰後，謙信的宿敵武田信玄與盟友北條氏康以及大坂的本願寺顯如合作，信玄請求顯如指示加賀、越中的門徒起事，同時再跟氏康一起在上野發動進攻，使謙信在越後東、西疲於奔命，達到包圍、箝制謙信的目標。

為了進一步牽制謙信，信玄在永祿七年（一五六四）伸手進入飛驒國，希望當地的最大勢力之一的江馬時盛轉投自己陣營，與親謙信的三木直賴對抗，增加謙信應付的戰線數量。雖然，結果上招降江馬家的行動並不太成功，但在北陸道佈置「謙信包圍網」的戰略已基本成型。

當時的謙信受到將軍足利義輝於永祿八年（一五六五）被三好家攻殺的刺激，打算應義輝之弟足利義昭的號召，再次出兵上京。但是，信玄及顯如在背後的連番工作下，謙信的大志一直無法實踐。更糟糕的是，到了永祿九年（一五六六），西鄰的盟友能登畠山家再次出現內亂，完全粉碎了謙信的計劃。同年十月，久享太平的義綱與隱退的老父義續一起企圖從把持家政的七重臣手上收回權力，重振當家的權力，最終與重臣們發生了矛盾，在群臣反擊之下，義綱帶著老父義續逃出能登，到了京都避難，自此再沒有踏入能登國半步。重臣們後來便改立了義綱之子義慶為新的主君。

謙信收到畠山家大變的消息後，立即準備出兵協助畠山父子回歸，然而，暗喜能登變局的信玄及顯如當然不會放過這個機會，再給謙信難題。信玄首先策動了原本從屬上杉家的椎名康胤及神保長職之子長住在越中起兵，阻礙謙信進入能登。

一直對抗神保家至今的椎名康胤十分不滿謙信在永祿三年饒恕神保長職，更讓他繼續在越中西部保持勢力的安排。另一方面，長職之子神保長住也不滿父親轉投上杉家的決定，結果，椎名康胤與神保長住在不久之後暗地裡跟謙信的宿敵武田信玄聯絡，希望藉信玄之手，在越中擾亂謙信．義綱主導的體制，現在時機已經到來。

受制於越中國再次起亂，謙信轉為進攻越中，以清理進攻能登國的阻礙。可是，正在這個時候，信玄的下一個安排再次讓謙信進退失據。永祿十一年（一五六八）三月，越後東端的岩船郡村上城主（今・新潟縣村上市）本庄繁長應信玄的引誘，也舉兵宣布反抗謙信。同月底，收到本庄繁長叛亂的消息後，身在越中的謙信馬不停蹄率兵回到越後，準備進攻村上城。謙信被迫撤軍回到越後之下，畠山義綱回歸能登的計劃也最終失敗而回，越中國的上杉勢力也一時處於下風。

## 反守為攻

永祿十一年（一五六八），武田信玄的重重計策下，謙信陷入了東、南、西三方面的包圍，一時處於進退維谷的困境。在自己完美的佈局下，宿敵謙信已經處於最困難的境地，動彈不得。暫時沒有後顧之憂的武田信玄便將矛頭轉向南方的今川家，履行早年與三河的德川家康達成的盟約。

永祿三年（一五六〇）的桶狹間之戰後，今川家慢慢陷入內亂不已的頹勢，一邊與謙信交戰的信玄看在眼裡，開始動起了南下侵佔今川家的野心。今川氏真察覺到之後，秘密與上杉謙信、岳父北條氏康聯絡，以防萬一。氏真這個自衛行動正中了信玄的下懷，他現在可以以氏真暗通自己的宿敵，背棄三國之盟為名，再以領國紛亂，能力不足為藉口，向氏真發動攻擊。加上現在謙信已被封在北陸後，信玄攻打駿河，家康攻打遠江，事成後再在遠江劃界分治的條件，已經十分成熟。

同年底，背負著棄盟罵名的信玄命令出兵南下，一口氣便攻下了今川家的主城今川館（今・靜岡縣靜岡市），迫使今川氏真與其夫人逃到北條家求救。信玄的野心惹來三國同盟的另一個盟友北條氏康勃然大怒，眼下看見自己的女婿及女兒慌忙逃難的慘相，三國同盟已成空談。於是，氏康便主動聯絡受制於信玄的上杉謙信，希望兩家盡快和解，共同對付信玄。

同年六月，兩家通過談判達成和解，而且結成「越相同盟」後，北條氏康與武田信玄的對立已經無可避免，而被封鎖在北陸的謙信也終於得以抽動兵力，一邊向久未平定的越中進軍，一邊靜觀信玄及氏康對打，再做打算。同年四月時，村上城的本庄繁長已經因為沒法得到信玄支援而開城投降，八月，沒有顧忌的謙信火速殺入越中國，攻打背叛的椎名康胤的主城・松倉城（今・富山縣魚津市），又命令飛驒國的江馬時盛及三木良賴出兵北上支援。

椎名康胤據守的松倉城堅固難攻，謙信見一時不能得手，於是將指揮交給了重臣河田長親、村上國清等人，自己率兵回到越後，準備回到關東的主戰場，與氏康一起箝制信玄。元龜元年（一五七〇），謙信從越後出兵上野國（今．群馬縣）迎接北條氏康之子三郎為養子，完成「越相同盟」的手續後，謙信努力維持上野國的控制權，又要想方法安撫曾一起反北條的佐竹、里見等關東領主。

關東的情勢在北條、武田兩家的交戰狀態，更是亂中加亂，謙信於是再次將目光轉回越中，另外又通過村上國清，與南方的德川家康交涉結盟。元龜二年（一五七一）三月，謙信再次揮軍攻打越中國，迫使椎名康胤退到蓮沼（今．富山縣小矢部市），康胤西走之後，謙信軍便連下從屬椎名家的守山城（今．富山縣高岡市）和湯山城（今．富山縣冰見市），進一步向越中、能登國境方面進迫。

謙信派人跟趕走了畠山義綱的畠山家臣交涉，以承認他們擁立的畠山義慶為條件，要求他們服從上杉家，但一時沒有結果。進入元龜二年中，事態又再次對謙信不利。同年十月，盟友北條氏康病死後，其子北條氏政決定重新與武田信玄化敵為友，使謙信再次面對北條及武田的兩方壓力，不得不再率兵到上野戒備。元龜三年（一五七二）五月，一度被謙信壓制的椎名康胤乘謙信兵出關東後，再次起來反抗，又借助信玄及顯如的幫助，等來了加賀國的門徒大舉進入越中後，一舉反守為攻，圍攻了謙信留下的河田長親、鯵坂長實等人駐守的城池，又分兵佔領了位於越中國中央的富山城，幾有反敗為勝的氣勢。

當時的京都，越前朝倉義景、淺井長政以及本願寺顯如聯手包圍佔據京畿的織田信長以及將軍足利義昭，在同仇敵愾之下，原本的世仇本願寺與朝倉家也化敵為友，因此，一直被朝倉家打壓的加賀門徒得以空群出動，協助椎名康胤反攻。眼見越中國的戰況又再反覆，謙信於八月再次進入越中國新庄城（今．富山縣富山市），與富山城的椎名．門徒聯軍對峙。

經過五個月的對抗，門徒雖然力保不失，但由於同時間又要響應宗主本願寺顯如與織田信長戰鬥的指令，富山城的門徒不得不分兵離開越中，轉到近江支援。兵力半減之下，富山城的守軍被迫開城撤退，轉為確保西越中不受上杉軍的攻打。然而，謙信這次決意要斬草除根，一直向越中、能登國境推進。

謙信再次出兵越中後，武田信玄極力要求加賀門徒繼續牽制，以便自己可以出兵上京，與各個反信長勢力合力，一同擊敗信長。與此同時，與信玄結盟的織田信長對信玄已經準備跟自己敵對一事毫不知情下，在元龜三年底通過德川家康與上杉謙信商討同盟，一起對抗加賀門徒及本願寺。

同年十月，決意西上的武田信玄南下進攻德川家康，使織田信長大為震驚，盛怒之餘急求謙信一起共擊信玄。可是，決心先徹底平定越中的謙信依然將精力放在打擊椎名康胤的事上，沒有理會信長的請求。

天正元年（一五七三）正月，抵擋不住謙信攻擊的椎名康胤終於向謙信投降，越中國內的加賀門徒也被迫退回加賀。同年四月，武田信玄在侵略德川領的遠江國途中發病，於撤退回國的途中，在信濃國駒場（今·信濃國飯田市）病死。接著，信長在七月趕走了與信玄、義景、顯如聯手的足利義昭，再在八月至九月一口氣滅亡了朝倉家及淺井家，瞬間扭轉頹勢。

越前國受到織田家攻打後，越中、加賀的門徒也大受打擊，謙信借助這個機會繼續平定越中，除了與加賀國接壤的礪波郡南部外，越中大部分的地區陸續被謙信平定。信長消滅了朝倉、淺井兩家，再驅逐了足利義昭後，接下來便與本願寺對抗；加上武田信玄也已經撒手人寰，中央地區的政治版圖已經出現巨大變化。情勢急轉之下，原本的同盟者謙信與信長進入天正時代也將慢慢走向微妙不安的狀態……。

第三章

# 西國風雲

中——激盪

在十六世紀初期，在西國你爭我奪的兩位老英雄之中，有匡輔將軍復位之功的大內義興已經死去，另一位大器晚成、亂中稱霸的尼子經久也已經到了垂暮之年了。進入大永、天文、永祿年間（一五二一至一五六九）近五十年裡，西國裡的第二世代登場。接替英雄前輩在山陰、山陽地區馳騁的便是經久之孫・尼子晴久，以及出身自山間地區的中級領主毛利元就。

晴久不負祖父的重託，一舉壯大了尼子家的版圖，成為了地區內人人敬畏的「八國太守」，而他的老對手，被後世稱為「西國智將」的毛利元就將在西國地區捲起千層浪，其規模及破壞力都遠遠超過前人，更後無來者。他將面前的敵人一一打敗，將毛利家族的輝煌照耀到整個山陰、山陽地區，區內領主無不畏之懼之。

然而，正當毛利元就打算將勢力伸進西鄰的九州時，卻終於遇到了前所未有的抵抗。九州北部最強的家族大友家拚命阻止元就的入侵，終於兩家爆發了震盪北九州的連場大戰，堪稱戰國時代西日本最激烈的攻防戰。最終究竟誰勝誰負呢？

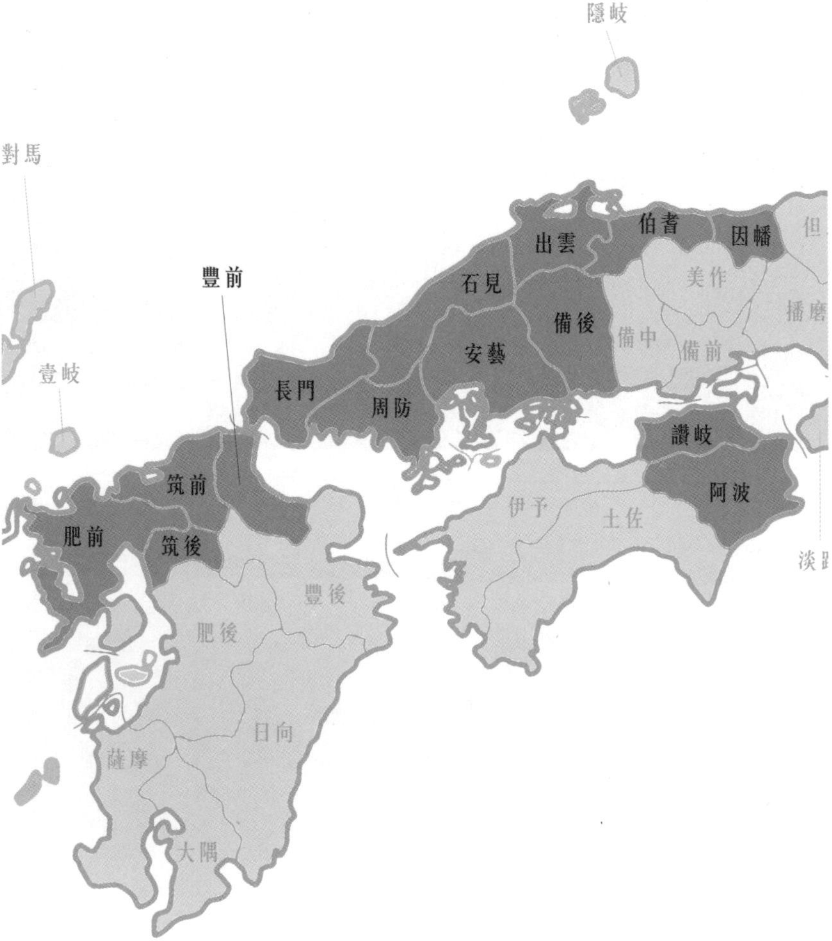
隱岐
對馬
壹岐
豐前
出雲
伯耆
因幡
美作
石見
備後
備中
備前
安藝
長門
周防
讚岐
阿波
筑前
伊予
土佐
肥前
筑後
豐後
肥後
日向
薩摩
大隅

## 西國風雲區域地圖

## 不世出的謀將

### 血戰鏡山

大內家與安藝武田家圍繞著嚴島灣的爭奪戰到了大永三年（一五二三），已經陷入了僵持的局面。大內家面對武田家的反抗顯得有點焦頭爛額，一時無法克服，這便導致了本就被迫跟隨大內義興出征京都，怨聲載道的國人領主以為看到了一個轉機，紛紛對戰事改抱觀望態度。就在此時，出雲的尼子經久則十分積極地利用這個機會擴展了勢力。經久首先藉大內義興忙於嚴島的戰事，從背後出兵入侵與出雲南部接壤的安藝國高田郡（今·廣島縣安藝高田市），企圖穩住了早年拉攏好的備後國局面，一舉將出雲、安藝及備後北部山區連成一起（圖 2-10　西日本形勢圖）。

這時候，經久便派手下聯絡了盤踞在安藝國中北部的毛利家。當時的毛利家正值當家毛利興元因為酗酒而死，幼子幸松丸接任當家，並由叔父毛利元就為首的家臣輔政。面對氣勢一時無兩的尼子家南下，大內家既處於多事之秋，鞭長莫及，毛利家於是決定倒向尼

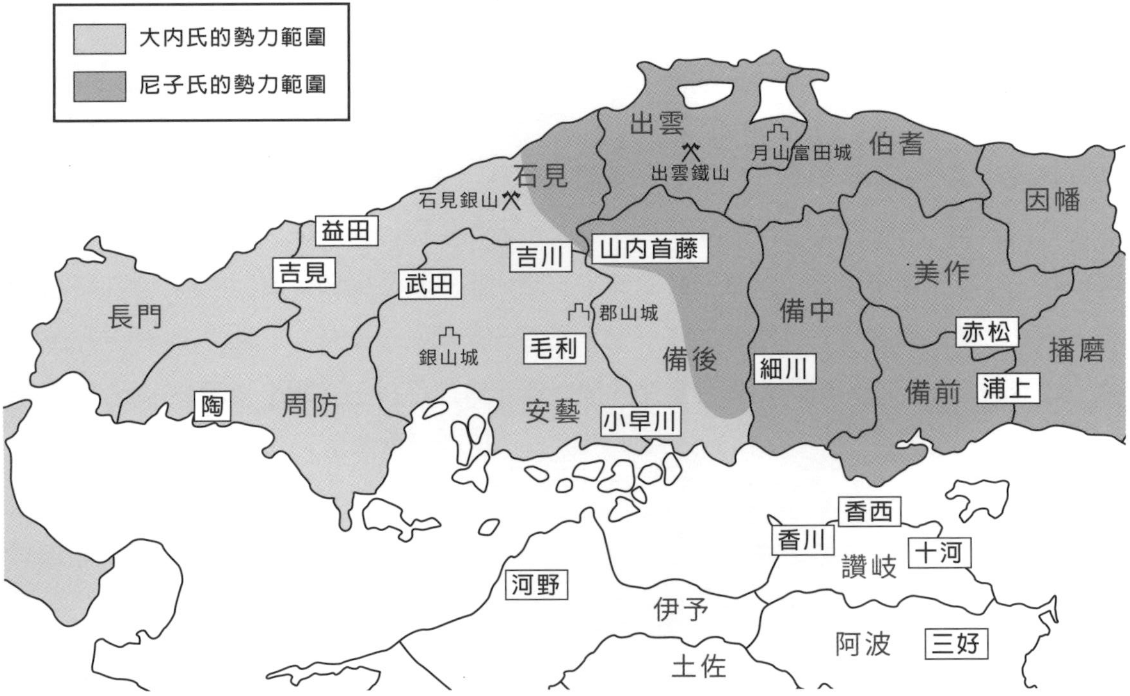
大內氏的勢力範圍
尼子氏的勢力範圍
出雲
出雲鐵山
月山富田城
伯耆
石見
石見銀山
因幡
益田
吉見
吉川
山內首藤
武田
長門
美作
郡山城
備中
赤松
播磨
銀山城
毛利
備後
細川
陶
周防
安藝
小早川
備前
浦上
香西
香川
讚岐
十河
河野
伊予
阿波
三好
土佐

圖 2-10　西日本形勢圖

子家，並且接受尼子經久的要求，率先攻打大內家控制，位於安藝中部的重要要塞鏡山城（今廣島縣東廣島市西條）。

位於東西條的鏡山城屬於來往山陽道東、西部的交通要點，並且貫通南北，南出瀨戶內海，北指安藝山區，直進出雲，古來便是當地的重要據點。只要打下鏡山城，山區到鏡山城為止的眾多國人領主都會聞風喪膽，造成連鎖反應。經久大舉南下便直指鏡山城，可見他的戰略目標絕不止於奪取藝、備山區而已。

不過，既然鏡山城極具戰略意義，負責守衛的城將藏田房信也是經驗老將，只要戰事拖延日久，大內家也將派來援軍，於是戰事便取決於尼子軍能否速戰速決。結果上鏡山城的確在毛利家的協助下，被尼子軍攻陷，但由於目前有關鏡山城之戰的記載大多倚靠毛利家相關的軍記小說，當中的經過又大多偏向毛利元就，戰事的來龍去脈已是謎團處處。

不論如何，尼子經久成功拿下鏡山城後，迅即使安藝國中、東部，以至瀨戶內海沿岸的國人領主紛紛轉向，大內家長年的經營幾有毀於一旦之險。不僅如此，經久為了分散大內家的注意力，另派一支小隊進攻出雲國西面的石見國那賀郡（今．島根縣西部）。

正當尼子經久有一舉反壓大內義興之勢時，問題卻總是準時地發生。幫助經久打下鏡山城的毛利家在戰後不久面臨年幼當家幸松丸夭折的打擊，突然陷入群龍無首的局面。當時毛利家內部分裂成兩派，俱為前當家興元的弟弟：毛利元就及毛利（相合）元綱。經久為了保證剛打下的地盤得以穩定，決定支持意欲借助尼子家奪權的元綱派。

然而，元綱派倒向尼子家後，反而嚇壞了毛利家的成員。由於尼子家的根據地離毛利家的老巢吉田郡山城不遠，如果讓尼子家坐大，勢必會損害毛利家的利益及獨立性，而且當時的毛利家也不乏與大內家有各種利益關係的人，元綱派得勢也將等於自損利益。於是，毛利家眾臣及親族便決定擁立毛利元就做新的當家，不過，為免刺激尼子經久，毛利家做足準備，在事前恭恭敬敬地向經久報告，最終也得到了經久的認可。

大永三年上半年被尼子經久橫掃後，大內義興終於決定在下半年進行反擊，在這之前義興一口氣派大軍壓境，試圖一舉解決負隅頑抗的武田家及友田家。為此，義興還特意向剛和解的大友家借水軍，從水路牽制武田・友田兩家的水軍。然而，武田、友田聯軍始終拚死抵抗，加上要防備經久再次乘虛而入，大內家的反擊沒法發揮的淋漓盡致，最終戰事拖到第二年大永四年（一五二四）的十月，義興藉助石見的有力國人吉見賴興做中間人，最終達成和解。

海邊的「毒瘤」暫時壓下來後，義興下一個目標便是毛利家。

上面提到毛利家熬過了內訌後，雖然回到了大內家的懷抱，但是安藝國的地盤也是因為毛利家投敵，才會落入尼子家的手上。然而，畢竟是盤踞當地數百年的老名族，大內義興決定將計就計，再次利用毛利家作為反擊的尖兵，當時毛利元就剛繼位不久，曾有一絲希望與之對抗的弟弟毛利元綱還不死心，試圖串通有意協助的尼子經久翻盤，卻最終兵敗被殺。對於元就而言，尼子家已是靠不住的鄰居，弟弟元綱的死也正好落得了得罪尼子家的結果，元就也只能倒回到大內義興之下自保。

具有戰略眼光的義興，眼見毛利元就的情況，立即伸出友誼之手，積極拉攏元就回到自己陣營，並且把原本屬於武田家的部分領地分配給元就，當中便包括鄰近瀨戶內海灣岸的領地，使原本只是山區領主的毛利家獲得了「出海」的機會，而從結果來說，義興的厚禮卻諷刺地為毛利家奠定日後霸業的開端。

大內義興與毛利元就各取所需，皆大歡喜後，自然便要辦正事了。在毛利家積極配合下，大內家聯同小早川家、多賀谷家等親大內的領主幫助下，在大永五年（一五二五）開始重新奪回安藝國的控制權，將一度倒向尼子家的諸家領主一一降服，並且大大地削弱了偏安一隅的武田家的勢力，使它只能守城不出。

兩年後，主戰場轉到幾年前被尼子家拿下的備後北部。當時尼子家正打算以長期包圍的戰略，逼使曾經合作的山內家投降，由於山內家在備後北部及出雲、因幡南部一帶有著影響力，使它完全脫離大內家的勢力圈，也意味著該地區的勢力均衡隨即改變，因此大內家立即派最強的老將陶興房（陶晴賢之父）及委託毛利元就一同會師，阻止經久的計劃。由於兩軍都志在必得，最終戰事陷入膠著狀態，乘著隆冬到來，各自班師撤退。

## 崛起與背叛

這時候，大內家便迎來了一個重大轉折，老英雄大內義興在第二年（享祿元年，一五二八）底病死，由長子大內義隆繼承父志。隨著叱吒日本的大內家英雄與世長辭，不僅是大內家以及中國地區，他的死去也暗地裡影響了今後日本戰國的走向。

雖然義興病死，但不代表尼子家便佔到便宜。畢竟這邊的老英雄尼子經久也年事已高，早過花甲之齡，到了考慮後事及繼任人問題的時候了。然而，膝下原本悉心培養的長子政久早早戰死，三子興久後來又叛逆被殺（後述），只剩下了一個兒子國久以及長孫尼子晴久（原名「詮久」，以下統一為「晴久」）。於是經久決定由尚屬年少的長孫晴久繼位，並由兒子國久輔政，以備自己百年之後，政事可以安全過渡，然而這一措施最終也成為了尼子家又一次內亂的根源⋯⋯。

尼子、大內都實現了世代交替，兩家的政事諸事還在交接當中，而當時夾在兩大強豪之間的毛利元就也羽翼漸豐，靠著大內義興晚年的積極提拔和支持，熬過兄弟相殘的毛利元就便在不刺激大內家的情況下慢慢擴展地盤，在大內義興病死數月後，元就在享祿二年（一五二九）初夏，藉機討滅了曾一度倒向尼子家的安藝高橋家。高橋家的地盤位於安藝最北端，與毛利家地盤距離不遠之餘，在石見、出雲及安藝三國連接的山區有不小的影響力，高橋家又將族女嫁給了元就兄長．興元當正室，也藉此曾對毛利家指手劃腳。因此，元就此舉在一定意義上是「公報私仇」，順便將勢力一舉擴展到安藝國北端。

結果，如元就所願，高橋家迅速戰敗，高橋家的地盤大半成為了元就的囊中物，毛利家完全併吞了高橋家地盤之後，借機再拉攏了附近的名族如宍道家和熊谷家等，至此，毛利家在元就的戰略下，一舉晉身成為大內家底下，勢力及至安藝、石見、備後的一大力量。

眼見元就在南方順手牽羊，尼子家並不想坐以待斃，冷眼旁觀，然而當時年邁的經久和年輕的晴久祖孫二人先是在進攻東部的伯耆、因幡、但馬，但在元就攻滅高橋家的同一年，即享祿二年（一五二九）時遇到在當地還有點實力的守護山名祐豐強力抵抗，與此同時，尼子家內部也正在醞釀一個重大事件，那就是經久三子鹽冶興久的作亂。

興久作為經久的三子，早年便被經久安排過繼到出雲的名族鹽冶家。前段提到，鹽冶家一開始的勢力比尼子家有過之而無不及，興久過繼到那裡只是兩家避免兩敗俱傷的一種政治交易及妥協，鹽冶家的勢力沒有被消滅。

在元就急速在安藝北部大興風浪的時候，有說指興久貪圖領地，想向老父要求擴大自己地盤被拒，也有說法認為興久是想借機取代侄兒晴久，自成為王。無論如何，他終於在天文元年（一五三二）糾合出雲國內近半曾經臣服尼子家的有力領主一起舉兵響應。為免引發連鎖反應，經久決定鎮壓之餘，也透過毛利元就向大內義隆要求協助，事實上就是提醒大內家不要借機趁火打劫，大內家當時也忙著繼續進軍九州及棒打武田家，對尼子家內亂自是求之不得，最終也就沒有插手過問。元就也藉著這時機賣個順水人情給尼子家，換取了與尼子家修好的機會，為此，尼子晴久更與元就結拜為兄弟，象徵著兩家暫時的友好關係。

結果，沒有大內家推波助瀾下，興久之亂很快便被壓了下來，成為一場雷聲大雨點小的叛變。不過，這次叛亂引發出雲國內領主對尼子家的信心動搖，即使平定了叛亂，尼子家也必須暫停擴張步伐，以安定內部為首要，這也間接給予元就自由活動的機會。

然而，尼子家給予元就擴大地盤的空檔也不過一兩年，平定鹽冶興久之亂一年後，已成年的晴久也開始站穩陣腳，借助叔父・尼子國久的軍事才能，以及大內家轉向九州的有利條件下，東進大計重開。在短短數年間，尼子家的兵鋒橫掃伯耆、因幡（皆為今・鳥取縣）、備後北部、備中北部（皆為今・岡山縣）以至但馬及南方的播磨國（今・兵庫縣南部），更一度與當時控制畿內的細川晴元有所接觸，撼動了幕府以及京畿的勢力。

## 三強鼎立

時間進入天文初年（一五三〇年代），西中國地區的兩大巨頭大內家及尼子家完成了世代交接，也為免兩敗俱傷，選擇各自為戰，避免與對方直接硬碰，而在這短暫的休戰狀態下，毛利元就獨佔紅利，獲得了逐步成長的難得機會。在這個客觀情況下，地區止一步一步地發展成三強鼎立的局面。不過，這個狀態終將在兩家各自的戰場失去動力，以及出現新的利益瓜葛後出現轉折。大內義興死後，繼位的義隆決定將主要的力量集中在九州上，尤其當多次被義興打敗的少貳家又再死灰復燃時，義隆決定要一次過斬草除根。

不過，這個新任當家的舉措卻使得原本跟大內義興關係不錯的大友義鑑十分擔憂。大友家雖然與大內家在義興晚年關係轉好，但畢竟兩家在九州有著不可妥協的利益衝突，如今年少氣盛的義隆將兵鋒帶回到九州，而且銳意要消滅少貳家這個屏障時，大友家也無法繼續沉默。結果，二十年前的局面重演，大內家與大友家在肥前及豐前再起戰幔，但同樣是老劇本，兩家都沒法消滅對方，最終斷斷續續的對戰到天文四年（一五三五）時，兩家又再次停戰，九州戰場也暫且冷卻下來。

正所謂此消彼長，同時間尼子家一路向東的戰略相對較為順利，兵鋒達至播磨後，尼子家的威名已直達京畿地區，另一方面，數年前的鹽冶興久之亂的餘黨也悉數被滅，鹽冶興久本人也在天文三年（一五三四）自殺身亡，尼子家反利用平定鹽冶興久之亂，製造出東進的契機。與大內義隆不同，東進之舉中有所斬獲的尼子家終於決定回過頭來，為靜默一時的西部戰線帶來火花。

尼子晴久雖然沿著日本海一路東進，但與此同時也注意到毛利元就在備後、石見的影響力與日俱增。當初晴久與元就結拜為兄弟也不過是為了平定興久之亂，現在亂事已息，友好關係在現實利益面前總是一個脆弱的承諾。與此同時，當時的西中國地區也剛好迎來了一個重大的經濟事件，也就是石見銀山成功開山，大量產銀成為現實。這個現成的寶藏自然成為了周圍有心人的焦點。乘著東進的勢頭，尼子晴久很快便騰出手來，撲去銀山。天文六年（一五三七），尼子軍驅逐了守衛銀山一帶的大內軍，自此，爭奪銀山利權成為大內及尼子兩家戰爭的另一個主軸。

另一方面，尼子與大內在安藝國的對戰也重新開始，尼子晴久決定改為積極南下，向安藝、備後、備中推進，直出瀨戶內海，事成的話，尼子家的領地將橫跨日本海以及瀨戶內海，對老對手大內家形成前所未有的威脅。在這之前，首當其衝的便是羽翼漸豐的毛利元就。在上述的歷史發展中，元就利用他的判斷在大內及尼子之間游走，左右逢源，總算撈取到絕處逢生的機會。然而，站在尼子晴久的角度而言，元就之舉與跳樑小丑無異，與昔日的大內義興不同，雄心勃勃的晴久不打算利用毛利家完成霸業，而是更進取的將擋在中間的毛利家蕩平，掃除心腹大患。

為此，晴久在天文九年（一五四〇）九月，命令叔父尼子國久先率領大軍（一說三萬）南下，火速包圍了元就的主城吉田郡山城。另一邊的大內義隆為了穩住安藝的勢力平衡，立即派出手下最強最可信賴的老臣陶興房等人，以及要求安藝國內服從大內家號令的領主們都火速出兵支援，務必要保住毛利元就這個有用的棋子。

元就一方也不只是坐等各路友軍來救，元就也早早下令領內的領民在各地實施游擊戰，在任何可行的角落攪亂尼子軍的軍心及注意力，繼而在九月二十六日的前哨戰中成功讓尼子家損兵折將，無功而退，迫使尼子軍只能作長期包圍，再求戰機。然而，從各方趕來的大內陣營的援軍在十二月趕到郡山城下後，形勢一轉，原本打算守株待兔的尼子軍突然處於下風，被迫與毛利守軍及大內援軍來一次對決。翌年的天文十年（一五四一）一月十三日的遭遇戰中，尼子家再次損兵折將，而且傷亡不少，無奈之下，總帥尼子晴久下令撤退，隨即遇到了報仇心切的毛利軍追擊，再次遭受打擊。

最終，晴久雖然有驚無險地回到出雲，但自此戰以後，尼子家對毛利家的優勢也開始逆轉，遭遇滑鐵盧的晴久也因為此戰之敗，暫時失去了安藝、備後國人的信任，他們聽見尼子軍敗於郡山城後，隨即又倒向大內家陣營。這些中小領主就像隨風擺動的柳葉一樣，他們的向背往往在豪強對決後出現極大的改變，他們的存在及生存法則也在此後戰國歷史裡的各個關鍵時刻，成為一個不可忽視的因素。

吉田郡山城之戰的勝利十分關鍵，它的重要性在於，不僅毛利元就及毛利家死裡逃生，奠定日後稱霸的機會，更重要也更直接的是：第一，尼子家一敗，西中國地區的勢力平衡也迎來了巨大改變。戰後不久，原本與尼子南北呼應，拼死對抗大內家的武田家及友田家也受到敗戰影響被順手消滅，安藝國內的尼子派幾乎被消滅殆盡。第二，此戰死守並且帶領大內家陣營獲得對決勝利的毛利家獲得了大內義隆的嘉許，得到了廣島灣一帶的控制權，以及盤踞在那裡，原屬武田家手下的河內水軍眾，自此，原本長居山區內陸的毛利家終於發展成海陸兩端兼備的領主，得到了可以直接參與瀨戶內海的水運交易的港口，這些都是日後毛利家發展所必須的先決條件。諷刺的是，這些不僅是毛利家自己努力贏來，也是大內家信任攏絡下的恩惠，而在無情的戰國裡，恩惠卻不一定以恩惠來回報……。

更諷刺的是，這次勝利雖然為毛利家及大內家帶來了直接快速的利潤及好處，但接下來卻是一場災難。

## 遠征悲劇

吉田郡山城之戰勝利後的同一年底，西中國地區再次迎來一個重大的轉變。尼子家的老英雄，也是西中國地區的風雲人物尼子經久駕鶴西去，享年八十四歲。這樣一來，西中國地區「祖父世代」的兩大英雄都先後謝幕，接下來西中國地區便迎來了第二階段，也就是大內、尼子以及毛利三家的鼎立局面。

雖然經久在前幾年已將家業完全交給了孫兒尼子晴久，但老英雄在地區的威名猶存，如今老人一去，剛逢敗績的尼子家可謂再受打擊，勢力也持續陷入頹勢。看到死對頭出現不穩，大內家便打算乘勝追擊，壓迫尼子家，最好一舉滅之，對承繼偉大父親衣缽的大內義隆來說，沒有比這更能寬慰偉大父親在天之靈的成就。

於是在天文十一年（一五四二）六月，這次輪到大內義隆發動大軍從山口出發，配合毛利家在內的各地友軍一起劍指出雲的月山富田城，幾有四面圍城之勢。大軍用了三個月的時間，將沿途的主要要塞大致拿下後，到了九月終於殺到月山富田城前。然而，人類總是重複犯錯，這次威風八面的大內義隆來到了月山富田城後，礙於城池險要難攻，跟晴久當日強攻吉田郡山城一樣屢屢受挫，沒法找到突破口。最終，戰事拖長半年仍然無法打開局面，被拉隊成軍的各路諸侯也心生厭戰情緒，加上擔心自己領地是否安全，都紛紛表露退兵的要求。牽頭的大內義隆也心感眾怒難犯，於是打算退兵。

誰知就在這時候，聯軍中的安藝吉川家、備後的山名家在大軍決定撤退前夕突然倒戈，大軍為免出現亂事，各路部隊自行撤隊，這反而幫助出城反擊的尼子軍更容易來個各個擊破。帶頭來攻的大內軍當然成為被狙擊的對象，更不幸的是大內義隆寵愛的養子晴持坐船撤退時，船隻遇險沉沒，晴持意外溺斃，大內義隆也自身難保，只好先行逃回山口。另外，毛利元就也率兵抄山路回到吉田郡山城，其間為免被各地村落裡打算捧打落水狗的村民抄劫，毛利軍分散逃亡，不少人因而死在路上，其他諸侯也有不少遭遇險情，例如後來會提到的沼田小早川家的當家小早川正平便死在尼子家的追擊之中。

義隆這次的慘敗遠比尼子晴久敗於郡山城有過之而無不及，當日意氣風發的大內義隆也在面對生死關頭後喪失了昔日的豪情壯志，自此不復言兵，為日後發生的更大災難埋下了伏線。另一方面，尼子家雖然逃過了這次大軍壓境之虞，然而，聯同上一次的吉田郡山城之戰的教訓，晴久明白到西進與大內、毛利為敵將事倍功半，甚至得不償失，於是晴久吸取教訓後，重推數年前的東進戰略，往大內家影響力較弱的伯耆、但馬、備後等中、東部地區挺進。

## 毛利兩川

元就在吉田郡山城之戰，以及出雲遠征戰中都能夠成功逃出鬼門關。然而，他安全回到吉田郡山城後，也沒有很多時間來慶幸自己大難不死，尼子晴久轉變戰略後首當其衝的就是他自己以及安藝國、備後國的領主們。出雲遠征的一年後，晴久重新出發，打算借幫助該地倒戈到自己旗下的山名家對抗大內及毛利，從而奪回備後國的控制權。然而自吉田郡山城之戰後，備後國的形勢已變，在鄰國的毛利元就也是實力日強，這次的爭奪戰也更加難打。兩家圍繞著山名家的拉鋸戰一打便拖了近五年，由最初短兵相接，到後來變成冷眼對峙，雙方始終沒法立即找到突破口，只好就這樣僵持下去（圖2-11 毛利家系）。

在這個時候，尼子晴久沒有止住腳步，改為用軟實力，向室町幕府大搞外交工作，贏取政治本錢，這方面後面再談。另一方面，元就在僵局下比晴久更是積極的做動作。出雲遠征之前，大內家自從義興晚年開始，對毛利元就可說是十分信任，後來義隆還讓元就的長子隆元成為自己的養女婿。出雲遠征後的義隆心灰意冷，義隆除了一貫派員到安藝、備後執行防衛工作，更進一步倚重元就來協防。為此，義隆以及大內家內部也願意容許元就獲得更多的力量。

圖2-11 毛利家系

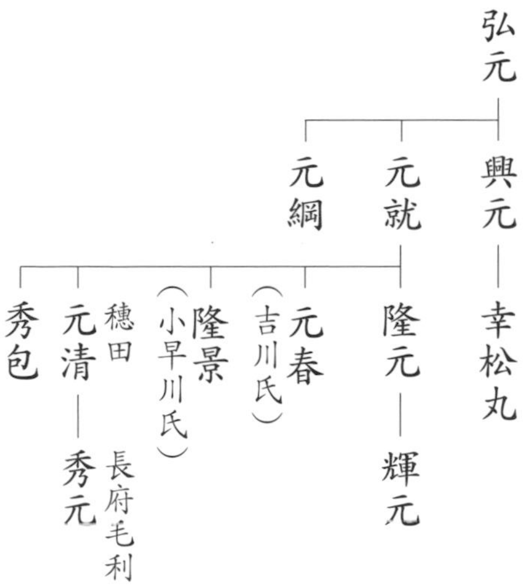

元就於是利用這個機會，先是看準了安藝國南部的有力領主——竹原小早川家以及沼田小早川家，兩家份屬同支，也是上百年的老名族，領地臨近瀨戶內海，靠著內海的物流運輸及水上押運等事業來營生，又與當時活躍於瀨戶內海的眾多水軍有著緊密關係。顯而易見，元就看準的就是小早川家靠海維生的實力，上面提到元就在吉田郡山城之戰後已經得到了廣島灣一帶的港口領地，現在再間接地把東面的小早川家領地拉到自己的勢力範圍後，毛利家在瀨戶內海貿易圈中的地位將會大大的提升。如今在元就面前便有千載難逢的機會。

首先，元就趁竹原小早川家的當家小早川興景病死，把三子隆景送去當養子，繼承了竹原小早川家。後來再讓隆景迎娶了沼田小早川家的前當家小早川正平的女兒。正平在出雲遠征的撤退戰中戰死異鄉，除了一個女兒外，他唯一的兒子小早川繁平又天生失明，沒法擔當帶領家族的大任；於是元就便看準了這個時機，通過隆景過繼，一口氣把兩個小早川家收到自己控制之中；而對於兩個小早川家而言，當家或死，或有殘障，又沒有合適的繼任人，而在當時毛利家已一躍成為安藝國最強的勢力，而且還有背後的大內家撐腰，正所謂「背靠大樹好乘涼」，兩個小早川家的主要家臣在現實面前，都願意依附毛利家這棵新生的大樹，雙方情投意合，兩家合作的「生意」也算是談成了。

獲得了兩個小早川家的加盟後，元就接下來便把目光轉向北方的吉川家。吉川家跟小早川家一樣也是數百年以前便紮根在安藝國北部的老名族，受到地理位置影響，領地又鄰近石見及出雲之地，他們跟毛利家一樣，一直苦於在大內及尼子兩家豪強之間掙扎求存，必要時左右逢源也是無可奈何。數年前大內義隆遠征出雲後，吉川家便跟山名家先後倒戈相向，間接導致了大內家為首的各家聯軍狼狽不堪。義隆回到山口後，其中一個報復的對象便是吉川家。同年八月，義隆下令把吉川家的領地沒收，並交給毛利元就管理。吉川家的家臣面對滅頂之災，決定先請求毛利元就出面斡旋，保住領地，後來又將跟尼子家暗通的責任都推到當家吉川興經身上，以保全家上下的安泰。

面對吉川家的請求，元就決定來個順水人情之餘，還跟吉川家的家臣協商罷黜興經的安排，並且接受了吉川家臣的提議，讓自己的次子元春入主吉川家。最後雙方達成了共識，元就以保護興經的性命為條件，讓元春在完成興經的交接安排後正式入主吉川家。對於吉川家來說，抱緊毛利元就這個如日中天的新星，是最可能避免進一步得罪大內家的一個合理選擇。對於元就來說，南部的小早川家，北邊的吉川家盡收手中後，毛利家已經脫胎換骨，成長為一個北達石見、出雲邊界，南望瀨戶內海的強大勢力，與數年前在吉田郡山城中困窘苦鬥的時候不能同日而語。當毛利家整體實力已經冠絕安藝國，影響力倍增後，元就下一步要做的就是「安內強幹」的政策。

## 肅清隱患

在完成拉攏小早川及吉川兩家加入自己旗下後，實力倍增的元就在天文十七年（一五四八）成功協助大內家將備後山名家打敗，成功穩住了備後國北部的控制，及後一年（一五四九）為了免除後患，元就又分別命人殺害了自己曾經保證其生命安全的吉川興經，以及沼田小早川家內，反對三子隆景成為女婿兼新當家的反對派，完全確保兩家真正牢牢納入了自己的控制範圍內，雖然幾年內在外成功併合有力領主到自己旗下，但其實毛利當時實際上是「外強中乾」，內部問題還是堆積如山。

當中，最大的隱憂便是家臣中勢力不下於元就的井上元兼及其黨羽。井上家早年便與毛利家世代交好，名為家臣，但實際上始終是與毛利家同等實力的領主，在地位上平分秋色。當年兄長毛利興元及侄兒幸松丸先後病死後，元就曾借助井上家的支持，獲得其他家臣推舉，才壓倒了弟弟元綱接掌政權，井上家的擁立之功眾人皆知。井上元兼還獨自跟大內家有密切的聯繫，因此，元兼為首的井上一族在毛利家有著不可忽視的力量，也因此在毛利家內有點橫行霸道，目中無人，影響到當家元就的地位及威望。

另一方面，元就靠著自身的才幹一步一步壯大毛利家，他已經不再是當日靠家臣團推戴的當家，跟家臣團的力的關係也逐漸改變。正所謂「一山不能藏二虎」，要樹立權威，除了在外努力擴大家族的生存空間外，在內也得做點政治工作，元就的如日中天恰恰破壞了當初群臣拱護的格局，對本來權傾家內的井上家也產生威脅，於是兩方都開始為了保護自己的利益，展開暗自的較勁。

然而，隨著元就成功將兩個兒子送進實力不俗的吉川家及小早川家，又已經成為了大內家之下領導安藝、備後諸領主的盟主，底子也夠硬了，是時候回過頭來向井上家攤牌，一口氣地建立鞏固的統治地位，以除後患。

天文十九年（一五五〇）七月，兩家的冷戰已到了要終結的時候，元就率先發難，將井上元兼及他的家族共三十多人一舉襲殺，事後再發佈了井上元兼及他的家族的種種橫行霸道的罪狀，以證明自己的行動不是私怨，而是為家內各人抱不平，作為一家之主作出的決斷。

事後，元就和長子隆元命令家臣等人交出誓書，以表明各人支持元就父子擊殺井上一黨，以及對父子宣誓效忠，家中要事皆聽從父子的命令。這樣一來，原本只是領主聯盟盟主的元就及他的繼承人隆元透過這次政治事件，成功確立了更高的地位及權威，然而，肅清井上黨並不代表父子兩人便一勞永逸，家臣們也只是礙於形勢而妥協，日後統御家臣的問題將成為元就及隆元，以及後來的毛利輝元一直頭痛的課題。

# 風聲鶴唳

## 暴風雨前

正當元就正在為自己的權位及家族安定狠下決心的時候，另一邊的大內家也正出現暗潮洶湧。自從天文十年（一五四一）出雲遠征的慘痛失敗後，野心勃勃的大內義隆對於擴張戰爭便失去了興趣，一般認為這是因為他在那場戰事中失去了心愛的養子大內晴持，自己也差點掉了性命，於是成為了他此後的陰影，導致他不復言勇，轉為通過父祖時代積累而來的京都人脈，在根據地．山口搞起京都文化熱潮，又邀請了在京都生活艱難的公家貴族們來山口作客，傳播沈澱數百年的京都文化。

一般的說法指，隨著義隆重視文治，多於武功，原本為義隆賣命奮鬥的武功派家臣對義隆轉變作風感到失望，加上義隆放棄武力擴張後，重用了家內的文官相良武任，疏遠了昔用受寵的武功派，於是招致了武功派中的重臣．陶隆房（後來在大寧寺之變後出家，改稱「晴賢入道全薑」，以下統稱為「晴賢」）的強烈不滿。為後來著名的「大寧寺之變」埋下了伏線。

不少熟知日本戰國史的讀者也會知道，天文二十年（一五五一）發生的大內家大寧寺之變，可說是左右了西日本地區的其中一場政治事件。事變導致西日本最強之一的的戰國大名大內氏完全走向衰退，使新興的毛利家取而代之，成為戰國後期的西日本的最大領主，直至關原之戰。

政變事件的經過大概如下：陶聯合了其他大內家的重臣內藤、杉、弘中等人準備舉兵。當時陶等人有不穩之舉的謠傳已在山口傳開。正所謂「空穴來風，未必無因」，這在日本的中世時代也是一樣的。那時候的日本人相信謠言其實就是證據的一種，有這種說法也必須小心對待。

當這個消息越傳越大後，天文十九年（一五五〇）九月，義隆都取消了例年既定的參拜神社活動，這讓陶方也緊張起來，兩個月後陶晴賢便離開山口，回到自己的領地自守。在那個時代的武士倫理裡，家臣與主君告假，不待在主君的身邊就是有不滿之意，屬於一種抗議及反抗。所以，大內君臣之間的冷戰已經完全表面化，這種情況還一直持續到第二年的天文二十年（一五五一）八月。

天文二十年初，深感情況不妙的大內義隆已提早向友好的「跟班」毛利元就和隆元父子打了招呼，要求萬一有事，要快快率兵來救。但在這之前，另一邊的陶晴賢也已經向安藝的毛利家、吉川家等招手，要求他們支持己方的叛變（圖2-12　大寧寺之變）。

義隆這個求救信暴露了當時他即使已經知道有危險，但自己在家內已經孤立無援，只能找外援。而陶晴賢對元就父子發出邀請信當然是希望跟隨大內家的領主們支持自己的行動，並且找出反對自己行動的不穩份子，予以提早打擊。

結果，在爭取外部支持的角力中，晴賢一方表面上獲得了勝利，在八月底起兵為止，幾乎沒有人理會義隆的求救，包括了毛利元就。不過，後來的事實證明，這是毛利元就扮演「螳螂捕蟬，黃雀在後」裡的黃雀，元就既不阻止晴賢等人之餘，還在一定程度上配合了晴賢的行動，待政變後大內家千瘡百孔的時候，再轉過頭來大小通吃。

八月二十日，陶軍先與毛利軍控制了嚴島及廣島灣一帶的制海權，二十八日，陶晴賢眼見勢在必行，終於率兵襲擊山口。叛軍到達山口進行了掃蕩後，部分軍隊繼續追殺義隆一行人，而剩下來的軍隊及山口的居民趁著兵荒馬亂也立即化為暴徒，在山口市內大肆搶掠，西日本最大的文化大都市山口頓時陷入無政府狀態。

另一邊的義隆早在叛軍來到之前便帶著妻兒逃跑，當中還包括後來收養的小兒子．義尊。但到了長門國深川（今．山口縣長門市）的大寧寺時，義隆等人還是被叛軍追上，最終義隆在無奈之下被要求自殺。原本到此為止，已經達成了晴賢等人的最大目的，因為他們當初並沒有打算奪取大內家，自立為王，而是除去義隆這個不合格的主君後，另立他的

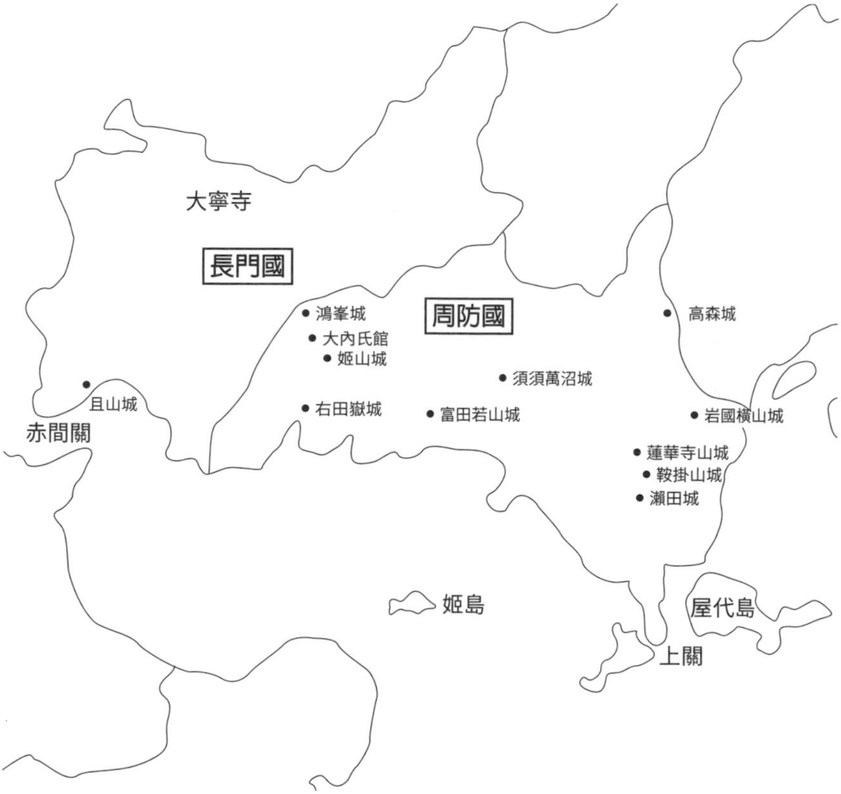
大寧寺
長門國
周防國
鴻峯城
大內氏館
姬山城
高森城
須須萬沼城
且山城
赤間關
右田嶽城
富田若山城
岩國横山城
蓮華寺山城
鞍掛山城
瀬田城
姬島
屋代島
上關

圖 2-12　大寧寺之變

小兒子義尊為君，實際聯手把持國政便可。

然而，義隆自殺後，留在大寧寺內的義尊被叛軍抓獲後，也慘遭痛手，這是意外還是叛軍在最後改變主意，已經無法考證，總之，大內義隆以及義尊的死去象徵著陶晴賢的叛變成功，這也將改變了西日本地區的政治格局。

## 血的教訓

這裡稍稍總結一下這場政變。通觀整個日本的武士時代，主君與家臣之間出現磨擦，甚至兵戎相見是絕不少見的。重點是為什麼會導致大寧寺之變發生，換句話說，就是為什麼陶晴賢等人會發動政變。說起來，本書也在不同章節提到，大內家當家與重臣們出現對立在大內家的歷史中不是少見的。義隆之父義興便已經曾經遇到過好幾次，只是義隆沒辦法逃過這一劫。

不可否認大寧寺之變中陶晴賢的確擔任最重要的角色，但政變裡陶晴賢的情況比較複雜。在後世的著作《大內義隆記》中曾經提到，年輕時的晴賢對大內家忠心不二，他甚至不許自己孩子在睡覺時，雙腳朝向大內家居館的方向。這是不是真的當然已經無從考證，但明顯在後世人眼中，陶晴賢由忠變叛是存在一段轉折，並非「天生的奸臣」。

另外，除了主角陶晴賢之外，內藤、弘中、杉三家為首的大內家重臣大多參與並支持政變，換言之，大寧寺之變的本質並非陶晴賢個人的野心，或者怨恨而起。那麼，上面說義隆因為重用相良武任，招致失寵的陶晴賢等人記恨又是否合理呢？

相良武任的確是引起義隆與重臣們鬧不和的原因，為此，武任先後三次被迫離開大內家，後來卻又回來了。而大寧寺之變時，武任早已藉機遠逃，陶晴賢等人還是瞄準了主君義隆的性命，可見，武任個人的問題或許是表面上的其中一個成因，但實際上政變的本質卻是針對義隆本人。

其實武任三走三歸的原因，自然與義隆的意願有莫大關係，即使面對群臣的強烈不滿，義隆仍然照樣重用武任，可以想像武任只是一個幌子，主君義隆與重臣們之間存在政治對立，才是問題的根結，最後重臣們以發動大寧寺之變作為解決方法。

這裡便要說說大內家的政治問題。大內家的政治統治制度雖然稱得上是發展較早，而且相對領先於其他西國大名，但深入一看，其實存在一個致命的漏洞。由於大內家領土大，單靠當家一人是無法統治的，於是便需要一族重臣作為地方的行政官（「守護代」等）代為管理，再利用封建的主從關係，加強與這些重臣的關係。

經過多代的發展，各「守護代」在大內各地分國的代理管治已經慢慢紮根，與地方的武士家族及有力土豪結合，慢慢就形成了國中之國，當中以周防國富田若山為根據地的陶家，統治程度便算是大內家中其中一個最為成熟的，已經儼如一個戰國大名家內的戰國大名一樣。

另一方面，大內家當家作為「大老闆」，利用官位作為權威的依據之餘，管制重臣以及對外政策也是維持自身威權的一個重要關鍵。前者大內家很早便實行官僚體制，當家與近臣和一眾重臣的合議體制，在一定程度上維持了脆弱的平衡。但是，當重臣們聯手出擊時，當家的實力便會被壓倒。其實，跟陶晴賢聯手的重臣之間，早已有多世代的聯姻關係，當中內藤家便與陶晴賢與毛利元就有姻親關係，這些關係隨時成為向主君索命的尖刀，義隆在內重用武任，在外追求高官位及代表權威的京都文化，都可以理解為尋求更高的政治權威，而不只是純粹的沈迷遊樂。

所以，換個角度來說，遠征尼子家失敗後，大內義隆不復言兵，而且改取溫和的外交政策，也並不能只以戰敗留下心理陰影去理解，因為義隆對於九州的戰場沒有絲毫閃失及放鬆，外征的失敗及改取守勢也沒有拿去大內家的活力。不過，隨著戰線集中，最受影響的就是發展剛在中途，需要大內家猛力地繼續發展，以換取武勳，繼而滋潤自己領地的重臣們，當義隆為了保險起見，放棄了無止境的擴張時，便等於與這些靠戰爭壯大漁利的重臣們的理想背道而馳，他們便因此反噬到大內家本身了。

大寧寺之變塵埃落定後，陶晴賢等人從豐後大友家裡迎來了與大內家有親戚關係的大友八郎（宗麟弟弟）來繼承大內家當家之位，改名大內義長。顯然參與了叛變的各方勢力在失去了義尊後，必須保住各方的勢力均衡，以免演變成更大的內戰。從大友家找來的人選，既已是成年，而且本身又是大友家當家的親弟弟，這樣既可以向最主要的敵人之一大友家表達善意，使大友家不會輕易地藉著大內家內亂方定而趁虛而入。另一方面，從大友家迎來新當家也有利於重臣們因為忌憚大友家的威脅，而不敢輕舉妄動，可以說這是一個在鋼絲上勉強保持平衡的苦肉策。

可是，後面我們便會看到，大內家內部在事變不久後還是發生內訌，再過四年後（天文二十四年，一五五五）與毛利元就爆發嚴島之戰，陶晴賢戰死，大內家慘敗，兩年後的弘治三年（一五五七）大內義長也在長門且山兵敗自殺後，二百餘年間雄霸天下的武士名門大內家便滅亡於毛利家之手。

如早前分析毛利元就的內容所示，當時的毛利家的問題也不比大內家的輕，只是在決斷力及執行力上，毛利元就有著十分高的水準，而且毛利家當時還在發展途上，問題並不像大內家那樣，是結構性的歷史問題。

然而，雖然大內家這棵大樹正一步一步走向風雨飄搖的絕境，但論實力，毛利家要一舉取代大內家還是為時尚早。老練的毛利元就當然明白這個道理，所以元就當初在面對大內義隆及陶晴賢兩方的求助時，毅然與家臣、兒子們決定表面中立，實際上則是容許晴賢起事，而且在背後作了不少配合，上面提到在事變前夕與陶軍一起出兵控制了嚴島便是一例。

當義隆死在大寧寺的消息傳開後，元就則繼續他與晴賢的合作。首先元就攻滅了親義隆的該國領主平賀家，並且通過擁扶平賀家另一支的子孫平賀廣相成為當家，換取他加盟到「毛利集團」的旗下。與此同時，元就再分派部隊收服了另一個親義隆的領主阿曾沼家，也成功將此家收為己用。

這樣一來，除了部分領土外，元就利用大寧寺之變收獲之利不少，因為幾乎整個安藝國的領主都因此成為了他旗下的從屬。接下來的目標就是東面的鄰國的備後國。那裡，元就又要面對他的老對手・尼子晴久。在此之前，首先交代一下尼子晴久的動向。

## 八國太守

我們提到出雲遠征到大寧寺之變前，尼子晴久的主要戰略目標都集中在東面，最遠把兵鋒直達播磨國。當時的東出戰略上，沿線的各國領主大多是風中垂柳，對尼子家來勢洶洶，大多是選擇從屬保命，以求活路。接下來，我們來看看晴久是怎樣向山陽、山陰地區東部進軍的。

其實早在晴久祖父・經久的時代，即平定了出雲後的永正、大永年間（一五一〇至一五二〇年代），經久利用東鄰的伯耆國守護・伯耆山名的家族內訌之隙，進犯伯耆國，用了十年時間終於基本上拿下了伯耆西部（今・烏取縣中部）的地區，使當地的領主臣服或逃亡。到了晴久繼位後，大約在天文元年（一五三二）前後，已經開始向伯耆東部，以及進出更東的因幡。當地的南條家、小鴨家等都一一拜倒在尼子晴久軍門之前。後來，晴久再用了五年時間，終於在天文五年（一五三六）征服了美作，連同先前祖父・經久征服的備中國（今・岡山縣西部），從兩方向入侵備前國（今・岡山縣東部）及播磨國。

然而，畢竟因為伯耆、但馬、備中等國在當時還沒有強大的勢力跟尼子家發起挑戰，所以才讓尼子家可以予取予奪，情況到了美作國和播磨國就完全不同了，因為那兩國乃屬於早在南北朝便在該地繁衍的武門名家・赤松家的地盤。先前提到晴久足足用了五年才拿下美作國，便足以證明美作以南的情況與山陰道的因幡、伯耆的情況不同。

播磨國長年都是京都西部邊陲的重要之國，在京都的長期大亂中也一直扮演著重要的角色，當時播磨的最強勢力・守護赤松家雖然也受到京都大亂的影響，國內出現各種混亂及對立，面對來勢洶洶的尼子軍時，一時間沒法作出具威脅的反抗，反而因為分裂、對立的關係，一部分勢力倒向了晴久陣營，以求保住自身的利益，更使守護・赤松家一時逃到淡路島避難。即使如此，晴久也要經過約四年的反覆入侵，才基本上把播磨國拉到自己的旗下。

但是，赤松家畢竟曾是長年在京畿亂局中打滾拚鬥的老勢力，天文十年（一五四一）的安藝郡山城的敗戰後，晴久在東中國地區的攻勢有所減弱，那時候的赤松家當家赤松晴政也趁機呼籲美作、備中等地曾倒向尼子家的領主倒戈。同一時間，大內家也向抵抗尼子晴久的東部領主們伸手，打算組織一個反尼子聯盟，可是當出雲遠征失敗後，大內家也自身難保，整個反尼子聯盟最終也徒具形式。

在這樣的此起彼落下，晴久再次踏上東出之路，這次晴久採取軟硬兼施的方式，除了再次收服一度倒戈的備後、伯耆、美作等地的領主外，面對赤松晴政則避免武力對抗，而是利用赤松晴政與重臣浦上宗景的對立（後述），轉為與赤松晴政在天文十七年（一五四八）聯手，反過來再攻備前及南美作地區。

在此之前，熬過了大內義隆發動的出雲遠征，使大內義隆不復言兵後，尼子晴久為了挽回戰前的頹勢，決定重新征服山陽、山陰東部諸國，收復失地。在天文十二年（一五四三）年重新入侵伯耆東部，再次迫使當地的代表領主南條家重新臣服。

然而，晴久再次出征並非只一味的窮兵黷武，讓霸業重新出發的同時，晴久除了軍力外，還利用外交手段，為自己的軍事行動冠上「合理」的理由。在收復伯耆國的同年，尼子晴久要求幕府任命自己為伯耆及因幡兩國的守護。但是，光有名份是沒有意義的，為了要讓遲早得來的官名更有意義，利用軍事征服將理想化為現實是最好的手段。就在晴久向幕府的任命下達後的天文十二年底左右，晴久下令尼子軍第二次向因幡國進軍。

當時的因幡守護．因幡山名家無力抵抗之下，很快便向晴久屈服。為表征服成功，晴久更以賜名的方式，讓因幡山名家的當家山名誠通改名為「山名久通」，直到天文十四年（一五四八）左右，晴久正式對外宣布「因幡一國平定」。晴久的第二次東進使山陰、山陽地區東部各國都留下了尼子家的足印，尼子晴久的影響力也遠超了祖父經久。

可是，當晴久的兵鋒再次向東部推進，自然會再次觸動反對勢力的神經。尤其是這次晴久是以徹底迫降各地勢力為目的，而不只是耀威揚威地過境，作表面上的征服而已。所以，當尼子軍迫使因幡山名家屈服後，同族兼鄰國的但馬山名家當家．山名祐豐，也就是各支山名家的宗家深感事態嚴重，於是決定反客為主，向因幡國出兵，誓要讓倒向尼子家的同族山名久通「迷途知返」。經過兩年的對戰，山名祐豐成功趕走了山名久通，讓自己的弟弟山名豐定入主因幡國，可說是從晴久手上奪回了因幡國的控制權。

即使如此，晴久接下來沒有繼續向東擴張，反而是轉過頭來集中精力去鞏固自己在尼子家的絕對權威。從天文十六年（一五四七）開始，尼子晴久與既是自己的親叔父，也是岳父的尼子國久（尼子經久次子）出現戰略上的分歧，兩人的關係日漸緊張。到了六年後的天文二十三年（一五五四）十一月，晴久終於親手肅清了國久所率領的「新宮黨」力量，將大權集於自身。尼子國久率領的新宮黨一直是尼子家對外用兵時的尖兵，國久也是尼子家領兵的頭號將帥。然而，立功卓著的新宮黨與主君．尼子晴久之間的權力矛盾也隨之增大。最終，尼子晴久決定鐵腕除去新宮黨，為自己以及年幼的長子．尼子義久掃除後患。

新宮黨肅清事件絲毫沒有影響到尼子晴久繼續強化尼子家影響力的步伐，在完成清除新宮黨這個隱患後，晴久將兵鋒轉到西邊的石見國（今．島根縣西部），目標只有一個，就是要從大內家手上奪取石見銀山的控制權。石見銀山在這之前的天文二年（一五三三）因為從朝鮮王朝導入了最先導的採礦方法，銀的產量暴增，成為了南邊防長大內家愛不惜手的搖錢樹。

晴久肅清新宮黨之前的天文二十年（一五五一），控制銀山的大內家爆發了大內義隆與陶晴賢的君臣對決。大內義隆被殺的結果導致大內家內部以及周邊領主陷入混亂之中，弒君的疏晴賢忙於對付反抗的勢力，如吉見正賴，以及後來宣戰的毛利元就，根本無暇顧及銀山的安全，於是晴久看準了這個難得的機會，揮軍向石見挺進，很快便將原本臣服大內家的石見小笠原家、福屋家等一一招到自己旗下，終於成功控制了銀山。

尼子晴久如此破竹之勢引起了遠在京都的幕府留意及期待，當時的將軍足利義輝（當時名叫「義藤」，本書統一為「義輝」）作為一個有心有作為的將軍，極希望各方有力大名拱衛搖搖欲墜的幕府，於是主動向如日中天的晴久招手，於天文二十一年（一五五二）春天授予他因幡、伯耆、備前、美作、備後、備中六國的守護之位，再加上原本尼子家手握的出雲、隱岐兩國守護職，尼子晴久一人身兼中國地區八國的守護，將尼子家的隆盛推向最高峰。雖然因幡國事實上是得而復失，但在晴久存世期間，山陰．山陽八國地區除了但馬山名家仍作抵抗外，大多已經以尼子晴久馬首是瞻，加上與將軍義輝的關係，晴久的勢威甚至使當時坐鎮京畿的三好長慶也感到隱隱的威脅。

當然，守護加身並不代表所有不服尼子家的領主都會立即放棄抵抗，守護職本身是榮譽，不是十分有用的武器，說到底，還是要底子夠硬才能稱得上名實相符的「八國太守」。而就在這個時候，給隆盛至極的尼子家作出挑釁的，就是同樣正在起飛的毛利元就。

## 備後與嚴島

隨著大寧寺之變發生並結束，毛利元就與尼子晴久也各自從中漁利，但分餅總有大打出手的一天，兩家也終於為了屬於勢力邊界的備後國的主導權而大打出手。這是十多年前的吉田郡山城之戰後兩家的再一次交鋒。

首先主動發動攻擊的是元就，他雄霸安藝國之後，便想到了要穩住東鄰的備後國，尤其是備後北部（今．廣島縣庄原市）以及東部地帶（今．同縣福山市），北備後與毛利家的根據地吉田相隔不遠，當前的戰略目標是為了確保一日大內家再生變故時，後方的尼子家不會輕易從出雲及備後兩方面入侵毛利家及安藝國，否則將大大損害安藝國盟主的威名，重複尼子及大內兩家之前的教訓。

至於備後東部的戰略地位也很重要，短期上是毛利家併吞備後國的主要抵抗區域，其次打敗那裡的尼子陣營領主，可為日後進出東中國地區打開缺口。天文二十一年（一五五二）七月，也就是尼子晴久受封六國太守後三個月，元就便揮軍攻打東備後，並且成功掃蕩了那裡的親尼子勢力。

接著在翌年天文二十二年（一五五三），元就再出兵攻入備後西北部（今．廣島縣三次市），用了一年時間連下數個重要軍事據點，而且成功招攬一直拚命抵抗尼子家打擊的山內家。山內家成為「毛利集團」旗下的新成員，顯然是出於在大內家衰退後，利用毛利家來制衡尼子家的戰略需要，算是兩害中取其輕。無論如何，元就攻略備後中，尼子家沒有給予及時的回應，最終是等同讓元就達成戰略目標，備後國內的尼子勢力也因此被一掃而空，成為毛利家的新勢力範圍。

不過，這個情況對於當時主打東部經營的尼子家而言，損失雖有，但仍不算十分大的打擊。另一方面，元就的奮進也同時引起了昔日的盟友陶晴賢的警覺。兩方在大寧寺之變中各取所需，但到了雙方的實力越來越接近時，各取所需的算盤顯然已不再合理，轉過頭來便是「一山不容二虎」的局面。

眼看毛利元就日漸強大，陶晴賢當時卻在忙著處理大寧寺之變後的收拾工作，讓亂後的大內家回到「正軌」。然而，當日一起起事的大內家臣在亂後即使試圖通過迎來大友家的子弟擔任當家，藉以保持權力平衡，但結果卻是不如人意，陶家跟同為大內重臣的杉重矩之間很快便鬧出矛盾（後述）。另一方面，晴賢又跟新主君大內義長出現嫌隙，這場因叛亂而締結的主從關係說到底都是沒有感情基礎的買賣，兩方之間的猜疑也是自然而然的。

除了內憂外，外患也陸續出現，天文二十二年（一五五三）初秋，大內義隆的妹夫，石見國有力領主吉見正賴在大寧寺之變後以不服從新政權為由，舉兵反抗。為了穩住剛成立的新政權，同時考慮到吉見家領地便在山口北方不遠處，在軍事上也極具威脅，陶晴賢必須予以打擊，來保住政權的穩定。然而，吉見家作為石見國南部的有力領主，也絕非省油的燈。於是，晴賢請求元就親自出兵支援，這個要求背後也是晴賢想藉此牽制毛利家在備後的擴張。

雖然毛利家在實力上已冠絕安藝、備後兩國，但政治上毛利家仍然是屬於從屬大內家麾下的領主而已，因此大部分的軍事擴張即使是名義上，也還是需要大內家在背後支持。然而，如今大內義隆在晴賢及元就等人聯手下被害，大內家已今非昔比，晴賢方當然還是希望格局不變，在毛利家還有利用價值時繼續最大限度地利用，當毛利家有機會成為脫韁野馬，不受控制時，便需要及時打擊，前提是時機及實力是否拿捏得當。

早在攻打吉見家之前，晴賢已感到毛利家的擴張開始不受控，於是立即派重臣江良房榮到安藝進駐重鎮旗返城及鏡山城，以免情況不可控制，然而，派重臣到安藝要地駐守的用意十分明顯，這也使早有考慮自立的毛利家更加明確去意，這次晴賢請求毛利元就率兵支援也不過是試探毛利家的態度。

但是，晴賢的來求卻一舉引發了毛利家內部強烈的反陶聲音，尤其是以長子兼當家毛利隆元為首的家臣極力反對元就繼續與晴賢的合作，認為兩方是時候要分道揚鑣，意味著兩家的合作關係已經走到盡頭了。

另一邊的晴賢也沒有坐以待斃，除了派人請求援兵外，晴賢也開始了外交策反的工作，試圖將元就收降的安藝國領主招到自己的旗下，削弱毛利家的實力。然而，人算不如天算的是，前面提到的平賀廣相在收到陶晴賢的招攬後，不僅沒有回應，反而把晴賢誘降的書信直接交給了毛利家，以示自己重視與毛利家的關係。終於，晴賢的一連串的危機管理失誤終於導致兩家關係完全決裂。接下來，兩方對決也只是時間問題而已。

天文二十三年（一五五四）五月，毛利元就及隆元宣佈與大內家絕交，意味著自方要脫離大內家自立，並且把這個決定通報給所有自己旗下的領主知道，接著毛利軍便開始逐一攻擊在安藝國境內大內家扼守的要害，之後更有入侵周防國東部（今·山口縣岩國市），似有跟吉見正賴來一個北、東夾擊之勢。

面對毛利家突然變臉，而且迅速動作起來，晴賢除了憤怒外，也不得不派兵到周防國的邊界堵截，然而在同年六月的折敷田之戰中大內方大敗，毛利軍繼續深入的危機已迫在眉睫，幸好領國內的地方武裝抵抗，以及晴賢方在當時成功拉攏了安藝國的部分中級規模的水軍，成功在背後拉扯元就的後腿。

另一邊，晴賢明白到必須盡快了結與吉見家的戰事，然後才能回師與元就決一死戰。同時間的元就也沒有閒著，除了在周防、安藝邊界用兵外，也派人到九州引誘當地反大內家的領主們起事，進一步分散大內家的注意力。還有，為了確保自己能牢牢地掌握瀨戶內海的控制權，方便日後與晴賢對決，於是將自己的外孫女嫁給了內海最大的水軍之一——來島水軍的領袖來島通康，使他們日後為毛利家走動，此舉將在日後成為左右中國地區大局的一步重要棋子。

雖然犯下不少失誤，但晴賢也在與元就真正對決之前，繼續從外交上試圖圍堵毛利家，同年五月初跟吉見家停戰的晴賢便已經想到要跟昔日的大敵尼子晴久聯手箝制毛利家。雖然兩家深仇大恨，互不相讓，但都眼見到毛利家這個第三勢力的崛起正一步步影響到自己的利益，哪怕是一時的合作，眼前的威脅還是更現實的問題。晴賢與吉見家停戰後，仍然繼續與尼子晴久的交涉，另一方面則開始率軍，準備與元就決一高下。

弘治元年（一五五五）初，陶晴賢便率領陸海兩地大軍直撲安藝國，直指嚴島及廣島灣一帶的毛利方地盤。與此同時，又聯絡忠於自己的安藝白井水軍從海路對灣岸邊進行掃蕩。面對陶軍殺氣騰騰的來襲，安藝國內的領主，尤其是廣島灣附近的領主都出現動搖，但被毛利元就及時平定。元就估計兩軍最終會在嚴島一帶進行決戰，於是便派員到嚴島修建宮尾城（今・廣島縣廿日市市宮島）；另一邊的晴賢卻因為在進軍路線上與家臣及僚將有分歧，結果將最熟知毛利元就的重臣江良房榮殺害，傳說指他與元就暗通而被殺，但沒有證明。

如元就想定一樣，晴賢的戰略便是打算拿下嚴島後，再在廣島灣附近與元就決戰。於是晴賢便在九月二十一日，親率主力猛攻剛修好的宮尾城。

得知陶軍來襲後，元就也親率大軍到達嚴島的對岸，等待決戰的時機，同時派人向孫女婿來島通康請求派出水軍支援，但通康卻一時沒有動靜。

到了九月二十八日，來島水軍終於趕到，原本只能隔岸觀火的毛利軍終於取得了主動權，於是元就利用當天的大雨掩護，利用水軍的幫助在二十九日夜晚偷偷渡海，到達了嚴島的西岸，並且在深夜從後方接近陶軍本營（圖2-13　嚴島之戰圖）。

三十日清晨，毛利軍立即向陶軍實施突襲，陶軍大為驚慌，在「沒發一箭」的情況下迅速崩盤，由於島外已有來島水軍包圍，陶晴賢為首的將領在沒有後路的絕境下最終幾乎

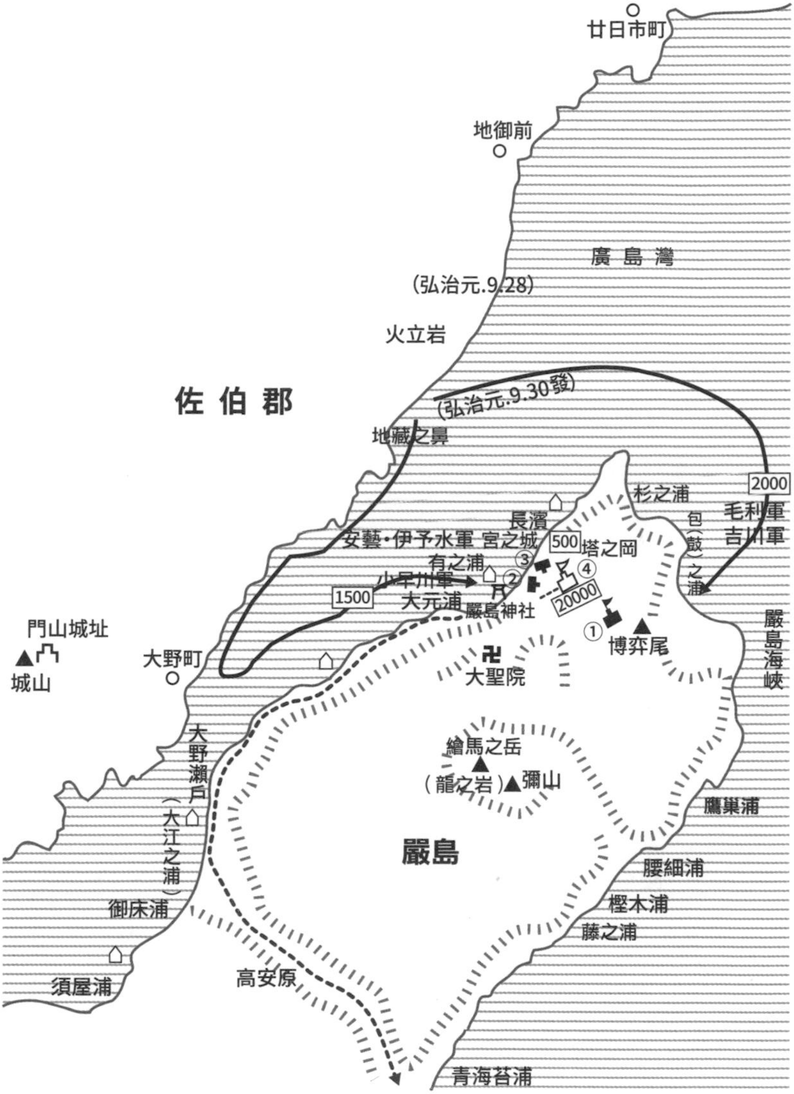

廿日市町
地御前
廣島灣
(弘治元.9.28)
火立岩
佐伯郡
(弘治元.9.30發)
地藏之鼻
2000
毛利軍
吉川軍
杉之浦
長濱
安藝・伊予水軍
宮之城
500
塔之岡
包(鼓)之浦
有之浦
③
②
④
小早川軍
1500
大元浦
嚴島神社
20000
①
博弈尾
嚴島海峽
門山城址
城山
大野町
大聖院
大野瀨戶
(大江之浦)
繪馬之岳
(龍之岩)
彌山
鷹巢浦
嚴島
腰細浦
御床浦
樫木浦
藤之浦
須屋浦
高安原
青海苔浦


圖 2-13　嚴島之戰圖

全數戰死。至此，戰國史上其中一場最著名的突襲戰——嚴島之戰便以毛利軍大獲全勝的結果告終，陶晴賢等主要幹員悉數戰死下，大內家更是人才凋零，相反毛利家在戰後則是乘勝追擊，接著入侵周防國，一舉直指大內家的腹地。

# 對決北九州

## 名門滅亡

常言道「勝利容易沖昏頭腦」。尼子家的吉田郡山城之戰以及大內家的出雲遠征的大敗歷歷在目，元就乘風破浪地攻入周防國後，很快便發現該國玖珂郡當地的地方武裝早已為了自保而奮勇抵抗，一度讓入侵的毛利軍寸步難行。毛利軍不得已之下只好作固本的打算，放棄快速鯨吞的入侵，而是一步一步的滲透及打擊戰略。雖然這樣前後花費了毛利軍近三年時間才完全征服大內家領地，但卻成功地以穩紮穩打的方式鞏固了新征服地的支配，掃清大部分潛在的反抗。

同年冬，成功進入周防國內陸的都濃郡須須萬地區（今・山口縣周南市）後，毛利軍再次遇到強力抵抗，最終又再花了數月的時間利用包圍斷援的方法迫使了敵方投降。

然而，自此毛利軍向長門國及山口進軍的大門已開，第二年的弘治二年（一五五六）毛利軍攻下周防國最後的重鎮，也是陶晴賢的根據地富田若山城。至此，大內方已無法作出有效的抵抗，大內義長與擁護至堅的家臣內藤隆世決定逃到長門國長府且山城作最後的抵抗，另一方面向胞兄大友義鎮請求支援，可能的話從海路退到九州另圖再起。

然而，這些打算都已在元就方的估計之中，利用絕對的水軍優勢，毛利軍已率先堵塞關門海峽，防止了大內義長逃出生天的可能。毛利家勝利在望之時，卻因為追擊深入，從周防西部到長門一帶的地下武裝都在沿途作游擊戰，或者盤據各處山頭，準備見機偷襲毛利軍後方，斷其後路。與此同時，深入導致兵力越來越不足，毛利軍的士氣在勝利在望之前卻越來越低下，上述提到的大內、尼子兩家的夢魘似乎又要在毛利家身上重演，毛利家究竟以什麼姿態殺進周防、長門兩國，又有沒有接管大內家領國的能力，將成為毛利家在當地會否最終人財兩失的關鍵。

幸然，經過長時間的圍困後，毛利軍在四月二日發動最後的攻擊，成功一舉殲滅了大內義長，元就等人終於可以安心凱旋回到安藝。然而，戰後處理如有效治理舊大內家的龐大領地，以及應對潛伏防長兩國的舊大內家家臣的零星反抗，都是毛利家要面對的真正考驗。事實證明，併吞大內家帶來的除了勝利及歷史性的大躍進外，也同時要面對「大內家的幽靈」。

元就、隆元回到安藝後不久，防長兩國便相繼爆發武裝起事，深感事態嚴重下，隆元作為毛利家的當家決定親自逐一討平新地盤的亂事，終於在同年年底，地方反亂才得以平息。不過，接下來的問題不僅是如何吞下大內家龐大的遺產，更棘手的還在後頭，那就是如何「繼承」大內家的「負資產」——與豐後大友家的恩怨情仇。

## 二階崩變

時間稍微撥回到天文十九年（一五五〇）二月某夜，在豐後國府內（今・大分縣大分市）居館的二樓寢室內，大友義鑑、他的後妻以及三子突然遭到一群家臣的襲擊。後妻和幼子，以及另外行刺的家臣當場死亡，義鑑也身負重傷，兩日後傷重不治。這場被後世稱為「二階崩變」的暗殺行動撲朔迷離，幾乎沒有任何史料去說明事情的來龍去脈，唯一肯定的是事變後大友家的一名重臣入田氏父子緊急逃亡到肥後阿蘇家。入田家似乎與事變有直接的聯繫，但由於不久後父子兩人亦在該處被阿蘇家殺害，整場事變的原因經過除了來自江戶時代軍記小說疑信參半的記述外，便已無跡可尋。其中一個獲史學家接受的說法是，事變後逃亡的入田家在大友家的後繼人問題上與義鑑有對立。

不論如何，義鑑在二階崩變中遇刺死去是不變的事實，義鑑夫妻及幼子遇害時，長子義鎮與次男晴英分別住在別處，因而沒有受到牽連。義鑑死後的位子也由長子義鎮在倉皇中走馬上任，他就是後來鼎鼎大名的「天主教大名」大友宗麟（以下統一稱為「宗麟」）。

雖然義鑑死後，最大嫌疑人入田父子出逃不久便被正法，但這並不意味著宗麟繼位便可以高枕無憂。他第一個遭遇的挑戰來自他那位曾與亡父對立的叔叔重治。收到義鑑遭到不測的消息後，一直流落在肥前國（今．長崎縣）的重治便打算趁火打劫，重新奪回自己的地位。這次的復仇戰一開始便來勢洶洶，幾乎把十多年前曾經一起呼應大內家號召反抗大友的肥後、筑後兩國的部分領主，再加上一向左右逢源的相良、名和等諸家都鼓動了起來。面對叔叔的強勢反擊，十九歲的宗麟由於年少無經驗，只能仰仗亡父留下來的重臣們代為處理，幸然大友家的鎮壓部隊很快便出動進行對抗，兩方在筑後國南部進行了數場較量後，大友軍慢慢握住了優勢。然而，一直沒有主動出擊的相良、名和兩家仍然在背後間暗中支持著重治，使得他能夠且退且戰，將戰事拖長達三個月之久。

然而，隨著大友家增強支援後，重治的反抗也終於走向尾聲，最後仍然想逃到相良家的八代城（今．熊本縣八代市）再尋找重新振作的機會，但宗麟及大友家沒有給他這個機會，很快大友家便向相良家施壓，要求他們交出重治，最後為免大友家的怒火波及自己，相良家說服重治主動投降。不久後，重治在被帶回大友家的途中在豐後國境附近被命令自裁謝罪，至此，二階崩變引發的餘波也至此暫時得到鎮靜。

雖然成功解決了叔父菊池重治的反叛，但剛接任的大友宗麟卻毫無停下來喘息的時間，因為下一個難題很快便已經迎面撲來。就在平定叔父叛亂的差不多時間，上百年以來一直與大友家拚的你死我活的死敵大內家傳出了大內義隆與重臣陶晴賢到了水火不容的消息。

前章中已經提到，陶晴賢為首的大內重臣一同決定打倒大內義隆後，很快便改變原有方針，改為從家族死敵大友家裡迎來宗麟的弟弟晴英（義長）來接任大內家當家，以換取大友家不要插手政變計劃。可是，政變成功後出現的問題卻不是來自大友家，而是來自重臣們之間的猜忌矛盾。

其中，最大的矛盾來自於陶晴賢與分掌大內家在豐前領地政務的守護代杉重矩之間。杉重矩本來沒有立即支持陶晴賢等人的政變計劃，甚至早在這之前已向大內義隆進言要提防陶等人的不穩舉動。然而，當時的義隆還沒有意識到問題的嚴重性，於是感到失望的重矩決定轉為支持晴賢的計劃。不過，對晴賢等人來說，重矩之前對義隆的忠告險些使計劃泡湯，加上他在義隆的信任下，早已在豐前紮根，形成不可低估的勢力，留下這個不可信任的人在領地絕對不是晴賢等人願意看到的。於是，晴賢等人計劃在政變成功後，下一步便要除去重矩。天文二十二年（一五五三）九月，陶等人派兵突擊杉重矩，並且迫使他自裁了斷。

除去了杉重矩這個心腹隱患後不久，陶晴賢等人又再受到打擊。痛恨陶等人發動政變的吉見正賴在津和野舉兵，不久後毛利元就宣言與大內家斷交。這些接二連三的麻煩使政變後的大內家無法專心佈置在北九州的統治方針，加上最有力的杉重矩也已經敗死，北九州的大內家勢力圈頓然群龍無首。於是，每當大內家無暇西顧，便會勇敢站起來報仇的少貳家殘黨也二話不說的再次呼應「傳統」，二十多年前少貳資元被大內義隆迫死在多久城（今・佐賀縣多久市），他的遺子少貳冬尚成功死裡逃生，這次眼見大內家已亂成一團，便糾合了肥前國的盟友領主們再舉反旗。他們首先的目標就是攻擊並打敗了原本是少貳家家臣，後來轉投大內家的龍造寺隆信。

可是，這次少貳陣營再一次被命運之神玩弄，因為他們很快便遇到下一個強大的攔路虎——大友宗麟。跟少貳冬尚一樣，宗麟也對大內家混亂樂此不疲。當日宗麟答應送出弟弟去當大內家的新當家，其實就是期待著日後可以換取到爭奪北九州地盤創造有利條件。如今陶晴賢打敗了杉重矩，意外地為大友家除去了收奪豐前的最大障礙，吉見正賴與毛利元就的反大內行動更是幫助宗麟將大內家的注意力完全拉扯出北九州，正是大友家全力吞下大內家在當地地盤的絕好時機。

既然如此，宗麟及大友家自然不能再容許早已是久延殘喘的少貳冬尚出來搗亂了。這時候被少貳冬尚打跑的龍造寺隆信也十分識時務地向大友家請求支援，這正好給予了大友家期待已久的機會。然而，自以為奇貨可居的宗麟斷沒有想到在不久的將來，這位跟他年齡相若，現在仍然無法完全自立，需要他出手幫助的青年武將會成長為一名破壞他九州霸業的眼中釘。

現在的隆信仍然未成氣候，宗麟及大友家便利用這個機會動員筑後及肥前兩國聽從大友家指令的領主們去支援他，而且還再次打敗了少貳陣營，將昔日父祖的盟友少貳家打進地獄的深淵。當然，順水人情不能白送，宗麟很快便轉過頭來要求龍造寺家及他的黨羽改為投向大友家的旗下，另外，在天文二十三年（一五五四），宗麟向幕府宣稱少貳家已經名存實亡，利用金錢攻勢要求幕府任命自己取代少貳家，成為新的肥前守護。

就這樣，大友家在宗麟及重臣們的連串策劃下，一度成功地「繼承」了大內家在北肥前的地盤。下一步，宗麟便瞄準了更難但更重要的豐前及筑前兩國。弘治元年（一五五五）秋天，大友軍席捲筑前國，一度被大友家打敗的少貳冬尚繼續拚命抵抗，大友軍一時無法如願以償。同一時間，大友家的部分重臣也因為不滿在擴展地盤的過程中，利益分配不均引發權力鬥爭，並且引發了一連串的小型內訌，宗麟也因此離開父祖長年居住的府內，另外在臼杵丹生島新建居館，以免禍事臨身。

雖然如此，大友家在豐前國的擴張相對比較順利，在大內家完全滅亡前的弘治三年裡，幾乎拿下了豐前國內大內家的地盤。但另一方面，隨著大內家的勢力逐漸消滅殆盡，一直受到兩家左掠右奪的北九州領主們也利用這段政治真空的短暫空間，謀求自立的可能。其中以秋月家、筑紫家、宗像家等為首的領主在筑前國發起的對抗尤其激烈，相反從前一直作為反抗主體的少貳家則慢慢失去了主導地位。

有見及此，大友家決定拼全力奪下筑前國，同樣是弘治三年七月左右，大友家的猛將如戶次鑑連（後來的立花道雪）、高橋鑑種等傾巢而出，一口氣連敗秋月及筑紫兩家勢力，筑前及豐前兩國盡收手中似乎是不遠的事實。然而，「勝利容易沖昏頭腦」的大道理再次化為鐵鎚，給大友家一個當頭棒喝。雖然打敗了少貳、秋月、筑紫等勢力，但沒有果斷地斬草除根，這個輕忽錯誤將成為他們後來的重大缺失。

另外，當時宗麟及大友家也萬萬沒有想到，在他們打敗了少貳家後不久爆發的嚴島之戰中，西國最強猛將陶晴賢會一夜斃命，他們也更加想不到，奇蹟般全殲大內軍的毛利元就也正好在大友家殺敗秋月、筑紫等筑前國的反抗勢力時，已一步一步地向西邊併吞大內家在本州西端的剩餘領地。

更糟糕的是，秋月、筑紫為首的餘黨為了收復失地，紛紛逃到元就腳下求援。這絕妙地為早已對九州的舊大內家地盤倍感興趣的元就提供了最佳的動手機會。不過，大友家與毛利家正面交鋒之前，還有一個小關卡要清理，那就是同樣長期受到大內家影響的石見國的歸屬問題。

# 播備風雨

## 名家浮萍

播磨國（今・兵庫縣南部）赤松家於南北朝時代已經揚名，當時的中興之祖・赤松則村（圓心入道）跟隨室町幕府初代將軍足利尊氏，為建立北朝及幕府立下諸多功勞，他的善戰及貢獻為赤松家換來繁榮的機會，在室町幕府創立後旋即被任命為播磨國及備前國守護（後來再加美作國），兼幕府負責京都及山城國（今・京都府南部以及京都全市）治安、警察工作的「侍所」長官。後來，赤松家也與一色家、山名家、京極家輪任「侍所」之職，晉身為室町幕府的常在閣員之一。

受惠於手握顯職，赤松家以及其家族在管國繁衍，又分立出諸多分家，使播磨國儼如赤松家獨唱的天地。然而，一族分立的情況也使各家手握一定的自主權，加上後來幕府為了防止各閣員在管國權力過大，都積極利用離間、分治的方式，拉攏庶族與幕府建立有別於宗家的主從關係。

當然，在幕府的支持下，只要不出亂子的話，幕府還是會支持擔當幕職的宗家，防止庶族恃寵而驕。幕府在這種玩弄平衡的馭臣藝術一直到六代將軍．足利義教為止都十分順利。到了義教的治位，信奉強人政治、萬人必須臣服的高壓統治下，使幕閣與將軍的關係一直處於緊張的狀態。義教利用將軍職權，肆意干涉閣員以至諸侯們的內政，讓潛藏的不滿慢慢到了臨界點。終於，在嘉吉元年（一四四一）七月，其中一個受苦於將軍擅權的赤松家藉機刺殺了將軍義教洩恨，史稱「嘉吉之亂」。

這個室町幕府史上唯一一次公然弒君的事件爆出後，赤松家成為了人人喊打的「反逆之臣」，幕府派兵報復下，赤松家一度沒落，同格的山名家因為先鋒平逆有功，獲得了赤松家一直統治的播磨國、備前國及美作國，完全取代了赤松家的地位。

不過，後來赤松家因為尋獲從皇宮中被盜走的三件神器（「禁闕之變」），獲得幕府恢復其地位，但是被山名家奪去的播磨國、備前國及美作國三國的守護職卻一直無法收回，成為兩家後來對立，以及在應仁文明之亂激烈對戰的導火線。

這場歷時十年，卻不了了之的京都戰亂沒有為山名及赤松兩家的世仇帶來解決的結果，反而兩家的對抗到了戰後越演越烈。赤松家與山名家在因幡、伯耆、美作、備前、但馬等地展開多場較量，面對勢力猶存的山名軍，赤松軍除了靠後述的重臣浦上則宗努力周旋外，基本上沒法獲得實際的成果，一直處於守勢。

在文明十五年（一四八三）的真弓峠之戰中，當家赤松政則帶領的赤松軍被山名家偷襲而大敗，差一點賠上了自身的性命。此次大敗，使政則被赤松家臣視為無能的當家，以浦上、小寺等為首的家臣更一度決議要向幕府申請廢黜政則的當家之位，另立「器量之人」來領導家族。幸好有當時的幕府將軍・足利義政及義尚出面斡旋，政則才保住了當家的位置，與群臣和解。主從暫時和解後，文明十八年（一四八六）的英賀之戰及書寫山之戰中連敗山名軍，成功將山名家的力量完全驅逐出播磨、備前及美作，結束了近六年的抗爭，赤松家迎來了近五十年來首次的光榮日子。

文明十八年的大勝利後，吐氣揚眉的政則不忘要重整他的統治，也記住了當日打算唾棄他的重臣們，於是他銳意扶植了在上述的英賀之戰及書寫山之戰中都有不錯表現及貢獻的別所家，使此家逐漸成為播磨國東部的強大勢力，以為抗衡那些桀驁不馴的重臣們。然而，政則這個感恩圖報的決定卻播下了日後赤松家以及播、備、作三國混亂不堪的種子。

明應五年（一四九六）閏二月，一生顛簸的赤松政則病逝，由於他沒有子嗣，所以在赤松家支族以及五家重臣（浦上、別所、小寺、藥師寺、龍野）的商議下，由赤松家的分家・七條赤松家的義村迎娶政則之女，以婿養子的身份繼任成為宗家的新當家，獲得幕府的批准。不過，當時的義村仍然是一個少年，少不更事，幼主的繼位意味著需要家臣的輔政，才能保證政道順利，可是，當時的赤松家卻是往權臣爭權的最壞方向發展。

## 權臣冒起

由於臨近京畿，自室町時代中期開始，播磨國雖由赤松家擔任守護，但幕府有意扶植赤松家的重臣，以箝制赤松家。上述的權力鬥爭是由五重臣之一，東播磨守護代．別所則治，與赤松家的另一重臣，在西播磨穩有一定影響力的浦上則宗擔任主角，並一直持續到文龜二年（一五〇二），其中一方的浦上則宗病死為止。在這場長達七年的對立期間，鄰國的備前也出現不穩。

明應六年（一四九七），備前國的守護代松田家眼看赤松家出現兩派爭執，便想趁機自立吞併了備前國為自己的地盤。松田家禍發西端，地盤集中在西播磨以及備前東部的浦上家與別所則治對立的同時，也不得不分派兵力到備前國平亂，然而松田家一直抵抗，平亂並不順利，甚至被松田家追打。到了後來文龜二年（一五〇二），浦上則宗病死後，松田家看準機會，繼續追打浦上家，更將東備前、西播磨境內的中小領主捲入其中，包括後述的宇喜多家。總之，政則死後爆發的外憂及內鬥使故主屍骨未寒的赤松家更添幾分荒亂。

就在這個時候，由五重臣把持政務的赤松家卻出現了轉機。文龜二年（一五〇二），除了上述的浦上則宗外，五重臣之一的龍野（赤松）政秀也病故，這使得五家互相牽制的格局始現崩塌的兆頭。在這個時候挺身而出的，是故主赤松政則的未亡人洞松院尼（「洞松院尼」為政則死後出家的尼號）。

洞松院尼是「怪傑」管領細川政元胞姊，傳說相貌不揚，被京人笑稱其長相如「鬼瓦」。不過，後來的發展顯示，洞松院尼乃極為聰敏果斷的女中豪傑，她與本妻病故的赤松政則的婚姻雖然只是基於赤松與細川兩家的合作關係而締結的，但嫁入赤松家後，洞松院尼一直在背後支持夫君。到夫君病故後，權臣們的權鬥越發激烈的重要關頭，洞松院尼為了夫家挺身而出，親身輔助年幼的女婿．赤松義村。

洞松院尼利用身為弟弟．管領細川政元的政治影響力，為自己及赤松義村撐腰，震懾住早有意自立的權臣們，即使弟弟政元在永正四年（一五〇七）遇刺被殺，也絲毫不影響到洞松院尼的政治地位，在她的保全下，義村順利長大成人，可以開始自行理政。

義村長大後，展示了強烈的執政意欲，一步一步將赤松家撥亂反正，重回正軌。然而，新主君的熱忱的反面，便是收縮了權臣們的權限，以及利益，自然招致了早已各懷鬼胎的權臣們不安。當中，赤松家的一族赤松播磨守，以及上述的浦上則宗之子．浦上村宗先後起兵反抗。

同一時間，京畿地區又爆發了兩個將軍——足利義稙與足利義澄為正名而引發的戰爭，義村以及洞松院尼一開始支持義澄，當義澄不久後兵敗逃亡後，洞松院尼運用她的政治地位及睿智，說服了義稙放過赤松家，又促進了女婿義村與將軍義稙改善關係。以上可見，赤松家風聲鶴唳之時，可以說是靠洞松院尼這位女中豪傑力挽狂瀾，使赤松家稍為安定下來。

不過，洞松院尼保護下的赤松義村並沒有岳母那般的高明手腕，當政後義村便跟洞松院尼鬧不和，他與重臣們、支族之間的矛盾，以及重臣與重臣之間的鬥爭幾乎在同期間內斷斷續續地發生，使赤松家一直處於不穩的狀態。永正十六年（一五一九），五重臣之中的浦上村宗與小寺則職出現矛盾，義村在唆使下決定支持小寺家，更親自出動大軍，前往三石城（今．岡山縣備前市）討伐浦上村宗，以及他的黨羽。可是，在浦上村宗陣營努力抵抗下，義村三番四次攻打也無法成功，反而兵力逐漸被削弱耗盡。義村無謀的行為招致家內的重臣以及一直保護他的洞松院尼都大失所望，決定改為支持浦上村宗，又迫使義村退位換人，以免赤松家走向四分五裂。

被推倒的義村依然不願接受被唾棄的事實，在退位後的大永元年（一五二一）再次決定要奪回一切，偷偷跑到與浦上家不和的小寺家的居城御著城（今．兵庫縣姬路市）與小寺家一起起兵，誓要打倒浦上村宗。但是，這次的行動在一個月內便告失敗，義村與小寺家的軍隊迅即被浦上村宗軍打敗，義村的黨羽也被迫逃亡到附近的淡路島，等待機會反撲，而義村本人被移送到一所寺廟軟禁，八個月後的九月十七日晚上突然遭到浦上村宗派出的刺客殺害。

赤松義村被臣下派人殺死，成為了戰國時代「(下克上) 以下犯上」的最典型、最血腥的例子之一。雖然義村在位時不算有作為，但諷刺的是，他的慘死卻為播磨和備前兩國帶來更加混亂的局面。

## 得不償失

殺害義村後，背上弒君罵名的浦上村宗立即在同年底擁立了義村之子・赤村晴政（初名政村）為新當家，但數月後，晴政便逃到義村舊臣所在的淡路，與一直與浦上家不和的小寺家、東播磨守護代別所家一起，跟鄰國但馬國（今・兵庫縣中部）守護山名誠豐聯手，以為義村報仇的名義，反攻浦上村宗。山名家在應仁文明之亂前與赤松家爭奪播磨守護之位，這次出兵顯然就是乘著赤松家混亂不堪，以助戰為名，收回「管國」為實。

然而，當上弒君之臣的村宗也早有準備，他透過支持自己的家內棟樑・洞松院尼向她的養甥子，當時的管領細川高國（細川政元養子）救助。在姑母的請求下，高國很快便派出軍隊幫助浦上村宗協防。不過，面對諸方圍攻，單憑村宗單方面抵抗，始終是孤掌難鳴，於是村宗想出先跟份屬同僚的小寺家及別所家議和，以把趁機來襲的山名誠豐趕走為優先課題。

考慮到山名誠豐好歹是一國諸侯，自己卻連守護代也算不上，在軍力、政治力量上都無法與誠豐對抗，絞盡腦汁之下，村宗想到以大量金錢要求幕府賜予代表著准守護地位的兩個寶貝——白傘袋和毛氈鞍覆——的使用權，由於名義上的守護赤松晴政仍在，村宗的目標只是盡量在政治上拉高自己的身份，以及利用幕府批准賜予這個殊榮的事情，向赤松家各派展示軟實力，好讓各派願意暫時支持自己趕走山名誠豐。

奇蹟地，村宗這個牽強的計策收到效果，赤松家各派願意暫時放下對抗姿態，一致地合力趕走外敵。翌年大永三年（一五二三）的書寫山之戰中，得到支持的村宗果真成功打敗了山名誠豐，將山名軍趕出播磨。雖然外患暫除，但更大的危機卻在等著村宗去應對。當時的京畿正值兩個管領——細川高國及細川晴元為了爭奪管領正統而爆發戰鬥，幕府的政治鬥爭對播磨國來說，當然無可避免的受到影響。尤其是山名家這個外患已除後，原本的對立自然而然的繼續持續下去，為此，浦上村宗支持幫助自己的細川高國，別所、小寺以及赤松晴政等「反浦上」派則支持細川晴元。就這樣，赤松家的權力鬥爭與中央幕府的權力鬥爭緊緊的綁在一起。

可惜，這次村宗終於押錯了寶，他支持的高國因為在大永六年（一五二六）誤殺重臣香西元盛，引起其他家臣的忿怒，間接助長了晴元派的氣勢。大永七年（一五二七）在京郊敗陣後，帶著將軍義晴逃亡到近江。敗北使高國勢力一時陷入低潮，播磨國內的高國派浦上村宗也當然受到了影響。高國敗逃的消息傳出後，反浦上的各家立即奮起，打算藉機推倒村宗，不過，那時候的反浦上派內部也矛盾處處，播磨國內已經陷入完全分裂的狀態。村宗唯一慶幸的是勸服了晴政回到自己的三石城，解除對立，但這在不久後便成為了村宗的奪命索。

三年前敗逃近江的細川高國為了挽回頹勢，微服到西國各地招兵買馬，要求諸侯們出兵，輾轉來到了浦上村宗的三石城。趁著反對勢力無法一致對付自己，村宗明白到，只有高國重新當權，才能真正從根本上打敗那些借細川晴元來對抗自己的反對派。於是，他抓住了這次機會，親自帶兵幫助高國東山再起。

享祿三年（一五三〇）八月，高國與帶上赤松晴政的村宗率軍合力東上，反攻京都。到了翌年享祿四年（一五三一）夏天，聯軍已攻到河內天王寺（今・大阪府大阪市），與晴元軍對峙。正當兩軍僵持不下時，與村宗一起的晴政率領赤松家的軍隊突然倒戈，突襲村宗的本營，其他在村宗軍營附近的赤松家臣也陸續倒戈，一起攻擊村宗軍，村宗最終死在亂軍之中，而他的盟友細川高國雖然勉強逃亡，但很快被晴元軍捕獲，不久反被勒令自殺謝罪。

這場史稱「大物崩之變」的混亂，可說是一口氣葬送了浦上村宗及細川高國的野心，村宗的敗亡對於赤松家來說，雖是擺脫了浦上家的控制，但卻不代表赤松家從此可以安心重建。村宗死後，其子・浦上政宗因為沒有從軍上京，在父親敗死後，由遺臣擁立成為浦上家的新當家，在三石城糾集浦上家的勢力為父報仇。十月，赤松晴政意氣風發地回到播磨時，等著他便是浦上政宗的哀兵，晴政不敵敗逃到明石（今・兵庫縣神戶市）。

晴政就在還沒來得及慶祝除去權臣，迅即敗給了權臣的遺兒。這次的敗北注定了播磨國將一直持續分裂，不久後更引來了更大的麻煩。出雲的戰國大名尼子晴久在同一時間開展了「東進政策」，銳意向出雲國以東的山陰道諸國發動猛攻。連下伯耆、因幡、備中北部後，於天文元年（一五三二），晴久的兵鋒已經來到播磨北鄰的美作國（今・岡山縣北部），經過五年左右的用兵，迫使了美作國的領主一一臣服到尼子家的軍旗下。同時間的播磨，政宗與晴政在天文五年（一五三六）暫時停戰，以便各自應對這個強大的敵人。

## 強敵來襲

天文七年（一五三八）七月，尼子大軍甫到達播磨邊境，播磨國內的領主，如小寺家、明石家等前仆後繼的向尼子晴久投誠，尼子晴久的大軍的攻擊力和影響力遠超了赤松晴政及浦上政宗的想像。晴政與浦上政宗也被迫一起逃到淡路島暫避風芒，播磨國內只有東部的別所家曾積極地抵抗尼子家，不過最後也選擇屈服，就這樣，幾乎整個播磨國都拜倒在尼子晴久的軍威之下。

幸然，就在尼子晴久耀武揚威的時候，背後的安藝國毛利元就因為在大內與尼子之間左右逢源，對尼子晴久的霸業構成嚴重的威脅，為了根除隱患，尼子晴久在征服播磨兩年後的天文九年（一五四〇）調撥大軍強攻元就的吉田郡山城（今．廣島縣安藝高田市）。

尼子軍的攻略重心轉到安藝後，一度風聲鶴唳的播磨國也得以暫時重回正軌。一時逃到淡路的赤松晴政及浦上政宗在阿波三好家的幫助下，也終於回到了播磨。一度與尼子晴久合作的小寺、明石等領主立即識趣地回到赤松家的懷抱，晴政及政宗在戰後選擇暫時放下成見，一起重整國內的政局，尤其是重建赤松家作為播磨國守護的權威。經過十年的努力，播磨國的赤松晴政為主，浦上政宗為輔的體制下，獲得了一段難得的小康狀態，赤松家的權威也陸續得到了恢復。可是，十年後，噩夢又再次破壞了這段難得的安寧。

天文二十一年（一五五二），幕府將軍足利義輝突然批准尼子晴久兼任因幡、伯耆、備前、美作、備後、備中六國的守護。美作及備前兩國本是赤松家兼任守護的，義輝以六國守護之職為禮，爭取強者尼子晴久擁護幕府。雖然只是名譽性質的贈送，但對於雄心勃勃的尼子晴久來說，這次幕府的好意相送，正正給他回歸東部的最好藉口（圖2-14　尼子晴久勢力圈）。

對快要完成重建的赤松晴政而言，這當然便是晴天霹靂的政治敗北，而更糟糕的是這

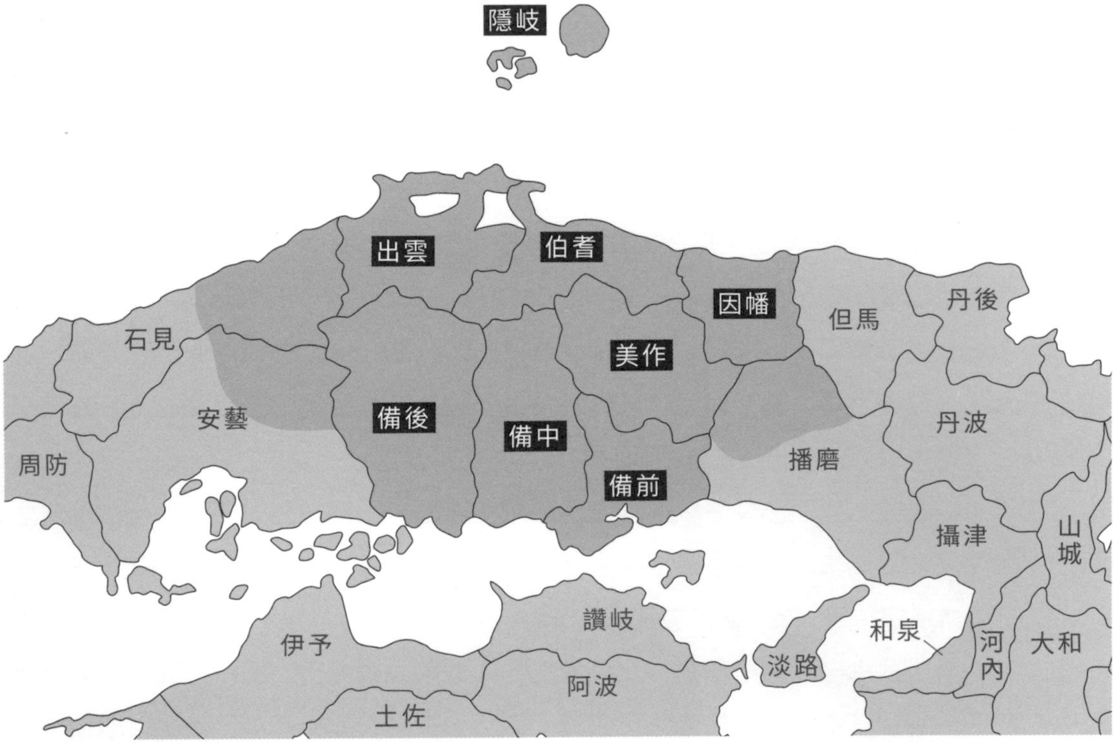


圖 2-14　尼子晴久勢力圈

時候的播磨接連出現兩場重大的內訌。首先是浦上政宗因為與弟弟浦上宗景不和，突然與再次東來的尼子晴久，以及備前國的領主松田家等聯手，對抗自己的弟弟以及主君赤松晴政。為了抗衡政宗與晴久聯手，浦上宗景向尼子晴久的敵人毛利元就求助，而赤松晴政則向當時控制京畿的霸主．三好長慶求援，希望當時手握京畿諸國控制權的三好長慶能出兵對抗尼子晴久。

對元就來說，當時正跟陶晴賢和大內家全面決戰，這時如果尼子晴久在備前、備中及播磨打穩陣腳的話，將對毛利家形成兩方面的包圍，在毛利家的背後構成重大的威脅。所以，積極幫助浦上宗景自然是理所當然的戰略需要。

另一方面，對長慶來說，將軍義輝積極向尼子晴久示好，以求京外的強大勢力支持幕府，與三好長慶抗衡的用心可謂路人皆見，換言之，對於赤松晴政與三好長慶而言，在對抗尼子晴久的問題上雙方的利害是一致的。

以上可見，浦上兄弟禍起蕭牆不僅如此，浦上兄弟內訌後，接著赤松晴政也與自己的長子義祐爆出矛盾，晴政更被義祐偷襲得手，被迫逃到附近的龍野重整旗鼓。為了進行對抗，晴政與浦上宗景，以及宗景仰仗的毛利元就聯手，而赤松義祐則向三好長慶求助。

浦上兄弟、赤松父子的內訌將十年前締造的安寧完全化為烏有，不僅引致播磨國的又一次分裂，而且更進一步地將播磨國牽扯到周邊的大勢力博奕之中，使外部勢力進一步介入播磨以及周邊地區。

不過，這些介入播磨的外部勢力也隨後出現極大的變化，永祿三年（一五六〇）雄心壯志的尼子晴久病死，浦上政宗失去了支援；而同樣捲入浦上兄弟、赤松父子內訌的三好長慶也在永祿七年（一五六四）黯然逝世。

外圍環境出現變化下，播磨、備前的形勢也隨之出現連鎖反應。永祿七年（一五六四），失去尼子晴久作靠山的浦上政宗被弟弟浦上宗景陣營打敗而亡；而被兒子趕走，晚節不保的赤松晴政也在永祿八年（一五六五）正月病逝。失勢的父親死去後，赤松義祐便與曾一度支持亡父晴政的浦上宗景聯手，肅清殘留的晴政陣營勢力。

至於浦上宗景，兄長浦上政宗敗死之後，又因為毛利元就在尼子晴久病死後越來越強大的關係，斷然改變了西邊倚賴毛利元就的方針，改為跟當時和毛利元就於北九州展開殊死戰的大友宗麟，以及在瀨戶內海與毛利水軍對峙的阿波三好家合作；結成「毛利包圍網」。

即使如此，播磨國的內戰狀態仍然一直持續到後來織田信長與毛利輝元較勁為止。無論如何，在短短的十數年間，以赤松家為中心的播磨、備前、美作三國受內亂影響出現了天翻地覆的轉變，但諷刺的是，這場一連串亂上加亂，亂中生亂的內鬥，最後卻沒有產生出勝利者，所有參與的勢力最後都全盤皆輸……。

# 讚岐風暴

## 阿波尖兵

戰國時代以前的讚岐國是管領細川家兼任守護，底下則由該國的有力武士家族香川家擔任守護代（副官）。由於守護是管領，意味著香川家才是真正管理讚岐國的統治者，並且獲得細川家的信任。在戰國時代前，香川家在讚岐國西部（今・香川縣丸龜市至觀音寺市一帶）擁有不可動搖的根基，這個背景和實力也使香川家成為戰國時代讚岐國戰亂的其中一個主角。

可是，在戰國時代最初期（詳見上冊第一章和中冊第一章），管領細川政元被暗殺後，引發細川家內部的權力鬥爭，鄰國阿波國（今・德島縣）的守護細川家（管領家的一族）家臣三好家在這場內訌中嶄露頭角，成為了左右勝敗的重要角色。

另一邊的讚岐國受到細川家內訌的影響，讚岐國內也出現分裂對立的局面。其中，讚岐國東部寒川郡晝寢城主（今・香川縣讚岐市）寒川家在永正九年（一五一二），與細川家家臣出身、份屬鄰邦的安富家、讚岐西部的香川家和中部的阿野郡（同縣坂出市）的香西家等領主一起依附大內義興，脫離了細川家的控制，但不久後的大永三年（一五二三），寒川家與安富家又因為邊界糾紛，自相殘殺，另一方面，寒川家又與該國十河家出現對立，不過十河家得到阿波三好家的支援，隨即攻入寒川郡大肆破壞。

為免阿波三好家的勢力繼續滲透，香川家和香西家急忙向大內義興請求支援，不久後，大內家的援軍與香川、香西兩家的軍隊趕到寒川郡解圍，阿波三好家被迫撤兵。雖然如此，隨著京畿地區的戰況出現重大改變，三好家的影響力也逐步上升，加上大內家集中精力在九州及山陰地區，根本無法再兼顧四國的局勢，於是上述讚岐領主聯手抵抗三好家的情況暫成絕響，很快讚岐國便進入三好家的時代。

大永七年（一五二七）三好家的三好元長因為與主君．管領細川晴元對立，在河內國被支援晴元的本願寺教徒軍圍攻，兵敗自殺。其子三好長慶僥倖逃回阿波，經過近十年的韜光養晦，長慶在天文八年（一五三九）成功靠著為主君細川晴元擺脫危機，得以重回歷史舞台。十年後的天文十八年（一五四九），三好長慶羽翼已豐，終於與有亡父之仇的細川晴元翻臉，更將晴元，以及將軍足利義輝趕出京畿，自己成為了手握京畿的霸者，直至永祿七年（一五六四）病死為止。

早在長慶重回京畿之前，他已經安排自己的親兄弟分別掌控畿內的外圍地區；二弟三好義賢（實休）留在阿波，表面上扶助原本的主君阿波守護細川家，實則上是將其當作傀儡，自己以輔助之名，行統治之實。三弟安宅冬康則入主淡路國（今．兵庫縣淡路島）的安宅家，控制活躍於當地的安宅水軍，至於讚岐國則交給了么弟．一存。一存入主了讚岐國東部的一個有力家族．十河家，與西讚岐的香川家抗衡，支援長兄的京畿霸業。

讚岐國方面，入主十河家的十河一存在天文元年（一五三二）左右也盯上了寒川家，與安富家聯手，想將寒川郡奪過來後，打通讚岐東部通過往京畿的海運航線。不過，十河一存與安富家的合作只是一時的權宜之計，很快一存利用寒川家和安富家在天文十年（一五四一）再起爭戰的機會，來一個黃雀在後，用了兩年多的時間，一口氣迫降了寒川家及安西家，將寒川郡大部分地區拿到手，也迫使了兩家向三好家屈服。

事隔十二年後的天文二十二年（一五五三），主宰阿波國，同時也是長兄三好長慶手下第一重臣的三好實休為了加強對東瀨戶內海讚岐段的控制，與弟弟十河一存一起向還沒染指的讚岐西部進軍，要求香川家及香西家立即臣服。在三好家的強大壓迫下，香西家很快表示屈服，而守護代出身，又坐擁西部的香川家不願妥協，立即透過家在安藝國的同族遠親．安藝香川家向當時崛起的毛利元就，以及鄰國伊予國的河野家求助，但毛利家及河野家都各有內憂外患，沒法向讚岐派兵。

另一方面，為免毛利和河野兩家前來干預，也為了盡快完成戰略目標，三好實休在永祿元年（一五五八）夏天召集阿波及讚岐東部的領主一起出兵，向香川家控制的那珂郡（今・香川縣丸龜市、善通寺市）進發，更直接攻打香川家的主城天霧城（同縣善通寺市）。天霧城是讚岐西部難攻不落見稱的山城，即使實休率大軍來到，也沒有打算強攻。經過一番遊說下，終於迫使香川家當家・香川之景同意服從三好家，讚岐國的大小領主基本上都悉數加入到三好家旗下。

不過，三好實休為兄長・長慶拿下讚岐後，便與么弟十河一存到畿內幫助兄長掃蕩反對三好家的勢力，更帶領了剛服從的讚岐國領主，如香川、安富、香川等家的軍隊一起為三好家奮戰。然而，在這個時候十河一存在永祿四年（一五六一）病死，三好實休也在永祿五年（一五六二）的久米田之戰中戰死。一時之間，聯手掌控讚岐、阿波的兩大三好家重臣雙雙離開人世，使三好家在四國的支配出現巨大的裂縫。加上最核心的人物三好長慶也緊接在永祿七年（一五六四）病死後，三好家的威勢也終於到了由盛轉衰的階段。

## 內海對峙

十河一存及三好實休死後，由實休兩名的兒子十河存保（叔父・一存的養子）及三好長治繼承衣缽，分掌東西讚岐，十河存保掌管讚岐東部，讚岐西部則是三好長治，並由重臣篠原長房輔助。不過，由於三好長治年輕，十河存保也長期在畿內轉戰，讚岐國內的支配全由篠原長房把持。長房利用這個機會，在元龜元年（一五七〇）藉機與國內的領主安富家結親，接著又以三好長治的名義，迫使寒川家再次割讓領地給三好家，實則上便是自己佔有，以便穩住三好家在讚岐的控制權。不過，這一連串的行動在三好長治眼裡，卻是長房正在試圖架空自己，取代主家自立的叛逆行徑。不久後，長治與篠原長房之間便出現了矛盾，加速了三好家的沒落。

正當三好長治與篠原長房的矛盾加深之際，外部的環境變化暫緩了情況惡化，長慶病死後三好家爆發內訌（三好三人眾對松永久秀），使三好家陷入弱勢。不久後在永祿十一年（一五六八），織田信長成功護送新幕府將軍足利義昭入京，又打敗三好家，繼而控制京畿。不過，三好家的宗家三好義繼及三好三人眾仍然與織田信長、足利義昭周旋，在阿波的三好長治、篠原長房及十河存保率領阿波及讚岐的領主支援拚命與信長周旋的三好家。

另一方面，元龜二年（一五七二），備前的浦上宗景為了對抗消滅了大內、尼子兩家，在山陰山陽地區日益強大的毛利元就，與九州的大友宗麟、出雲的尼子勝久合作圍堵毛利家，為了箝制毛利家的水軍力量，宗景便找上了三好家加入對抗毛利的行列。考慮到毛利元就當時也應關係良好的織田信長及足利義昭的要求，利用水軍壓制三好家，對三好家來說，與宗景的利害一致。

老謀深算的毛利元就察覺到包圍網的存在後，於元龜二年（一五七一）三月，與能島村上水軍合作進攻備前國的交通要道幸山城（今・岡山縣總社市）。不過，與毛利家合作的能島村上武吉卻陽奉陰違，背後與大友宗麟、浦上宗景暗通款曲，使毛利家不得不小心進軍。到了五月，篠原長房派遣的阿波・讚岐聯軍來到備前，與浦上軍一起跟毛利軍對峙近一個月，一直沒有分出勝負。六月，毛利元就在吉田郡山城病死前後，毛利軍與阿、讚聯軍在兒島（今・岡山縣岡山市）、本太（岡山縣倉敷市）爆發了較大規模的戰鬥，毛利軍成功擊退了聯軍，使其暫時退回四國，但阿、讚聯軍仍然與浦上、大友一起圍堵毛利家。

不過，到了翌年元龜三年（一五七二），從屬浦上家的宇喜多直家私自與毛利家議和，使包圍網東部出現了巨大缺口。另一方面，京都的足利義昭在翌年元龜三年與織田信長關係轉趨緊張後，向各地諸侯呼籲起兵圍堵信長，三好家與松永久秀、毛利輝元等諸侯先後響應下，三好與毛利之間的敵對關係也暫時解除，剩下孤立無援的浦上宗景與毛利輝元及宇喜多直家對峙。

京都的義昭與信長決裂後，三好義繼以及三好家各將本有捲土重來的機會，篠原長房及三好長治也立即出兵到河內，與本願寺顯如及足利義昭等一起圍攻織田信長。不過，就在這個時候，阿波的三好長治對篠原長房潛藏良久的猜忌就在這時候突然爆發。天正元年（一五七三），長治突然與十河存保等率軍包圍了長房的居城上櫻城，交涉失敗後，篠原長房與長子篠原長重被迫自殺，阿波三好家的內亂就在瞬間發生，以及結束。

不過，篠原長房被殺的後果卻遠超三好長治的想像。首先，負責壓制讚岐的重臣篠原長房死去後，香川家、香西家以及寒川家眼看著三好家亂成一團，立即在天正二年（一五七四）先後表態脫離阿波三好家的統治，三好長治派大軍前去討伐，但卻無法打敗三家。反之，到了翌年天正三年（一五七五），趁著三好長治全力圍攻寒川家，香川及香西兩家圍攻屬於三好陣營的多度郡金倉城（今・香川縣多度津町），三好家的援軍無法趕來之下，金倉城失守陷落，意味著阿波三好家的勢力已經被趕出讚岐中部至西部。

同年九月，一直久攻不下的寒川城依然在堅守，三好軍無計可施之餘，突然收到統一土佐國的長宗我部元親正在入侵阿波國的消息。為保老家安全，三好長治及十河存保只好撤退救家。然而，除了長宗我部元就的來襲外，織田信長也在計劃完全消滅三好家勢力，又與長宗我部元親聯手，讓他與三好家激戰，坐享其成。讚岐國的領主為了永久排除三好家勢力捲土重來的機會，紛紛投向信長的懷抱，自此，三好家在讚岐國只剩下最東端的大內郡（今・香川縣東讚岐市），三好家在四國東部（阿波、讚岐）的風光歲月已經成為回憶（詳見下冊・西國風雲—下—裂變）。

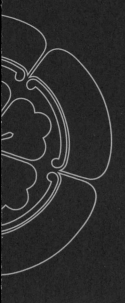

第四章

# 湖海浪濤

下——變奏

在室町時代時，京畿、關東之間的日本中部東海道、東山道地區已經由大大小小，各具規模的大領主分治割據，他們本來在室町幕府體制下還算相安無事，但當京都、關東先後發生大亂之時，處於戰亂外圍的他們終於也受到戰亂橫流影響，先後陷入內亂漩渦之中。他們摩拳擦掌，各自在亂世中尋找自己的富國強兵護家之路。

各自併合周邊的勢力之後，具有實力的幾個主流大家開始與其他勢力相當的大勢力展開交鋒。其中，實力最強的越前朝倉家、近江六角家、駿河今川家、美濃齋藤家，以及尾張織田家五家為首的勢力乃這個時代該地區的主角，而近江淺井家和三河松平家這兩顆新星則仍然在努力迎頭趕上。

在著名的織田信長橫空出世之前，孕育他的這片大地究竟是一個怎樣的狀態，為什麼信長能夠在不久後站出來，成為這個地區的最後勝利者？

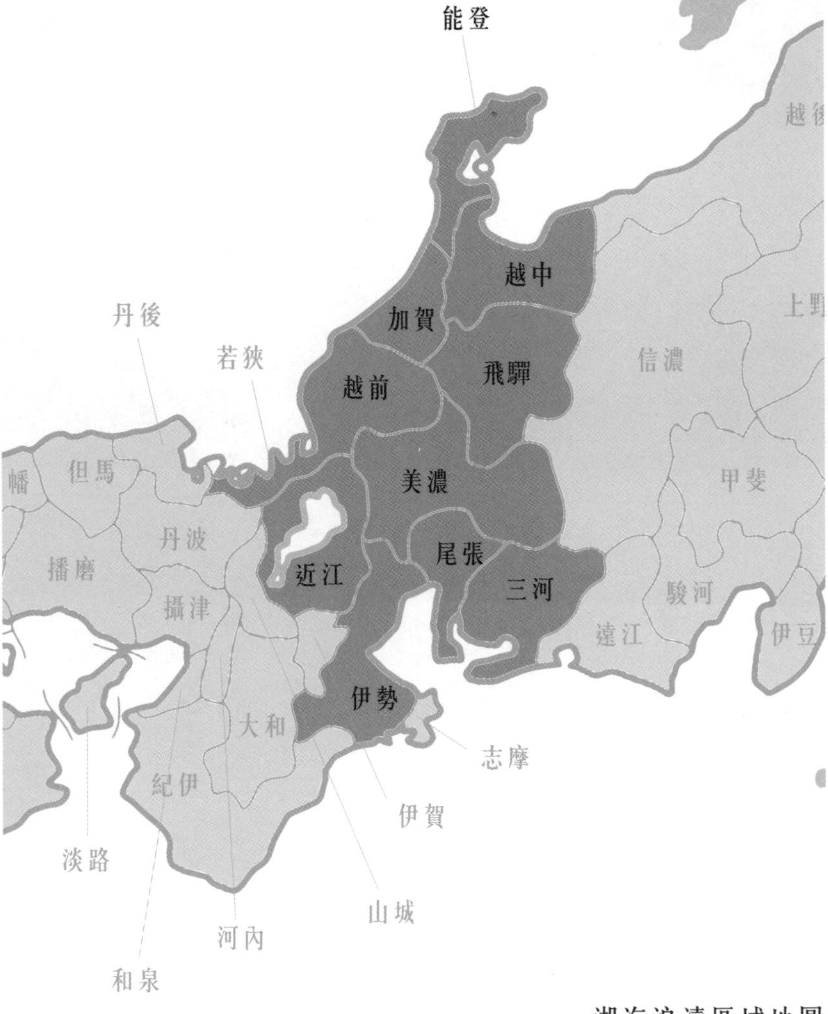
能登
越後
越中
加賀
上野
丹後
若狹
飛驒
信濃
越前
幡
但馬
美濃
甲斐
丹波
播磨
近江
尾張
三河
駿河
攝津
遠江
伊豆
伊勢
大和
志摩
紀伊
伊賀
淡路
山城
河內
和泉

湖海浪濤區域地圖

# 越前浮華

## 勵精圖治

永正九年（一五一二）三月，父親朝倉貞景因為在打獵途中急病而死，兒子孝景（死後法名「宗淳」，為了與同名的曾祖父英林孝景區分，以下稱他為宗淳孝景）立即繼承當家之位。孝景繼位時的朝倉家在先代的英林孝景、氏景、貞景三代的經營下，已經順利拿下了越前國（今・福井縣）的控制權，到了第四世代的宗淳孝景時，儼然成為坐鎮京都近畿北方的一個強大的勢力（圖2-15　朝倉家系）。

永正十三年（一五一六），為了重振幕府的權威，拉攏強大的新興勢力支持，時任幕府將軍的足利義稙看中了年輕的朝倉孝景手握北國的強兵，於是特賜榮譽，准許孝景使用象徵一國守護地位的三大神器中的「白傘袋」、「毛氈鞍覆」。雖然義稙還沒批准使用「塗輿」（可以使用塗輿〔轎的一種〕出入的特權），但以朝倉家三代以來都沒享有過如此高的格式而言，將軍義稙事實上已經正式承認了孝景以及朝倉家取代原本的斯波家，成為越前

圖2-15 朝倉家系

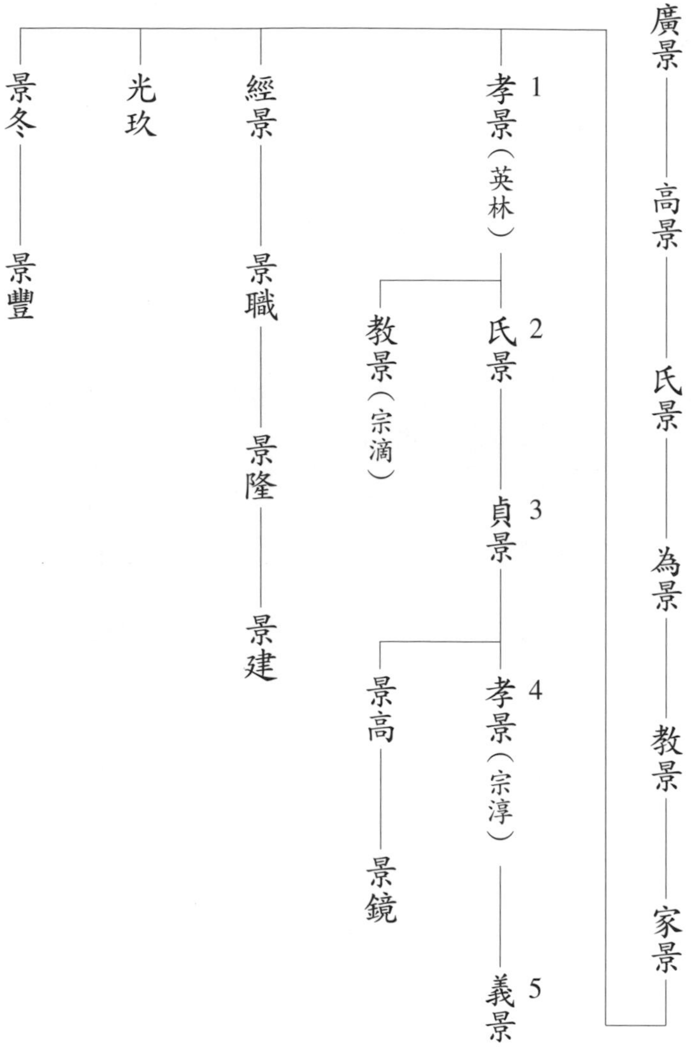
廣景
高景
氏景
為景
教景
家景
1 孝景（英林）
2 氏景
教景（宗滴）
3 貞景
4 孝景（宗淳）
景高
景鏡
5 義景
經景
景職
景隆
景建
光玖
景冬
景豐

國的支配者。

在外交上迅速取得重大突破的同時，孝景治世下的朝倉家也運用兵力，積極介入周邊地區的紛爭，盡顯影響力。永正十四年（一五一七），西鄰的若狹（今・福井縣西部）守護武田家因為重臣逸見家叛亂，通過幕府請求朝倉孝景出兵支援，接著次年的永正十五年（一五一八），南鄰美濃國守護土岐家與守護代齋藤家同樣爆發政治鬥爭，落敗的齋藤利良及土岐政賴逃亡到越前求助。孝景看在姻親之誼的份上，迅速出兵翻過越前・美濃的國境，協助兩人奪回美濃的控制權。

到了大永五年（一五二五），越前南部的北近江京極家發生內訌，新崛起的淺井亮政聯同其他領主壓倒了另一個京極家重臣淺見家，與京極家素來有怨的南近江六角定賴藉著這個機會，挫一挫氣勢正盛的淺井亮政，以防萬一。於是，定賴便聯絡宗淳孝景，從南、北兩路入侵北近江。孝景也為了避免南端的北近江出現小霸，以及念在與六角家的交情，以平息京極家內亂的名義，派出家中的頭號將帥兼叔祖父・朝倉教景（宗滴）率兵南下，直指亮政的居城・小谷城。

宗淳孝景在近國的影響力已經到了近鄰無人不知的地步，尋求強大勢力支持的幕府當然不會怠慢，自上次的恩賜後，這次取代先前的足利義稙，成為新將軍的足利義晴繼續「抱大腿」、「送特典」。大永七年（一五二七），將軍足利義晴的長子義輝出生，宗淳孝景搶在管領細川晴元以及後述的若狹守護武田元光等近鄰的諸侯之前，第一個上獻賀錢，讓喜得麟兒的將軍義晴大為高興。翌年大永八年（一五二八），在上次的「白傘袋」、「毛氈鞍覆」之上，義晴再加封宗淳孝景為幕府將軍的「御供眾」（可以陪伴將軍出入的資格），接著在天文四年（一五三五）再特准宗淳孝景可以使用塗輿出入，這樣一來，連同上次的「白傘袋」、「毛氈鞍覆」，孝景終於集齊象徵一國守護地位的三大神器，名正言順的成為越前國的守護。不僅如此，到了三年後的天文七年（一五三八），宗淳孝景再獲將軍義晴晉升為將軍的「御相伴眾」（陪伴將軍出席宴會、出外的資格，地位比「御供眾」高一等，僅次於管領），榮譽上已經與幕府中最強大的守護同格。

對宗淳孝景來說，幕府三番四次授予的榮譽當然要派上用場，才不至於變成虛榮，很快他便利用朝倉家身份升格的方便，繼續加強對外鄰的干預。天文四年至七年（一五三五至一五三八），西鄰的若狹國武田家連年出現叛亂。尤其是天文七年（一五三八）的內亂中，武田家的重臣粟屋元隆意圖另立當家，與其他反武田家的力量一起引誘朝倉家出兵，對武田家實行內外夾攻。

宗淳孝景之妻乃當時武田家當家武田元光之妹，大有藉口向若狹擴展影響力，甚至將武田家控制在手中。不過，武田元光為了阻止宗淳孝景介入內亂，一方面請幕府出面禁止，另一方面又聯絡素來與朝倉家不和的加賀本願寺門徒，要求他們在朝倉家有意南下時，立即從北面的加賀入侵，以作牽制之用。結果，粟屋元信的叛亂失敗，朝倉孝景也接受了幕府勸阻，放棄入侵若狹。

雖然如此，宗淳孝景以及他的朝倉家也不是毫無煩惱及難題，最頭痛的便是北鄰的加賀國本願寺激進派門徒一直尋找入侵越前，成為朝倉家一直的心腹大患。自上次永正三年（一五〇六）的九頭龍川之戰的勝利以後，朝倉家與加賀門徒兩方都保持克制，沒有再起干戈，但也意味著沒有將問題徹底解決。

就在這個時候，宗淳孝景與庶兄朝倉景高因為權力分配問題出現不和，景高逃到若狹武田家，企圖與武田元光及加賀門徒聯手反攻越前，對弟弟展開報復。可是，當景高與加賀門徒的宗主本願寺證如要求合作，更承諾事成後，會將越前國內的其中三郡贈送給本願寺酬謝，但是本願寺證如為免得罪朝倉家，拒絕了景高的要求。

不久後，武田元光為免將景高留在身邊，給予宗淳孝景有藉口入侵，最終迫使景高離開若狹，劃清界線。自此，景高沒落，逃到西國，下落不明。不過，他的遺兒朝倉景鏡沒有受到株連，後來獲得了宗淳孝景的重用及栽培。可是，這個好意到了後來卻成為了朝倉家滅頂的伏線。

平步青雲

景高之亂得以化險為夷，朝倉家終於保住了難得的安寧，十年後的天文十七年（一五四八）三月，宗淳孝景前往居城一乘谷城附近的足羽郡波着寺（今．福井縣福井市）參拜途中急病去世，享年五十六歲。宗淳孝景的基業便由他的兒子朝倉義景（初名「延景」）來繼承。

創造家史未有過的強盛及繁榮的宗淳孝景急病而死，義景繼位時不過十六歲，還沒完全具備執政的經驗及能力。不過，早在年少的時候，這位朝倉家的世子已經受惠於家族與幕府及朝廷有密切關係，很早便獲得了榮晉。上面提到天文七年（一五三八）將軍義晴晉升義景的父親．宗淳孝景為「御相伴眾」，為免謝意，宗淳孝景特意與年僅六歲的義景一起上表向將軍義晴，以及世子義輝獻金回謝，目的就是要將義景介紹給幕府，讓義景正式進入最高的政治舞台。

天文十七年（一五四八），義景繼續獲得幕府批准世襲為御相伴眾，四年後的天文二十一年（一五五二），獲新將軍足利義輝賜「義」字，更獲授家族史上最高的官位「左衛門督」，突顯了義輝想進一步加深與朝倉家關係的意圖。事實上，在當時的習慣而言，將軍向大名賜名並不少見，但是一般是賜名字中的下名（如「義輝」中的「輝」），但義景獲得了代表將軍足利家代代通用的「義」字作為賜名，意義之大不言而喻。至於「左衛門督」，雖然只是虛名虛位，但在朝倉家的歷史，以至從前的主君斯波家都沒有得到那麼高的官位，換句話說，當年的獻金之緣，間接促成了義輝與義景的情誼，亡父宗淳孝景的深謀遠慮終於初見成果了。

剛繼位便一帆風順的義景面前，其實也有很多隱憂及問題有待解決。其中首先浮上檯面的便是懸而未決的加賀本願寺門徒的問題。亡父・宗淳孝景時代大抵沒有出現了太大的摩擦，可說是處於絕交絕緣的狀態。到了義景上台後，起初也承襲亡父的路線，沒有對加賀做出大動作。

可是，到了弘治元年（一五五五），外圍狀況的變化促使了朝倉義景打破了這個多年的寂靜。前年越後國的上杉謙信（當時叫「長尾景虎」）與甲斐國的武田信玄（當時叫「武田晴信」）在信濃國北部的川中島（今・長野縣長野市）為著信濃的控制權問題而大打出手，即「五次川中島之戰」。信玄聯絡了與長尾家有仇怨的加賀、越中的本願寺門徒從後騷擾，牽制謙信南下。有見及此，謙信聯絡了早在祖父長尾能景時代便有交情的朝倉家出兵北上加賀，反制門徒的行動。

除了考慮到與長尾家的交情外，朝倉義景自即位以後，除了處理國內內政外，還沒有對外用兵，加強自己的威望，一直是朝倉家隱患的加賀門徒正好是其中一個合適的切口，於是義景及朝倉家決定藉此出兵，於同年七月由老將朝倉教景（宗滴）領軍北上，一口氣連下加賀國南部江沼郡（今．石川縣加賀市）內由門徒控制的五個城池，接著於八月繼續北上，成功打敗了加賀門徒眾的主力。

不過，就在這個時候，統帥朝倉宗滴卻在陣中倒下，回到越前後一命嗚呼，一代名將就此撒手人寰，享年七十九歲。宗滴死去後，進攻加賀的步伐暫時停止月餘後，十月份義景再度下令出擊，與稍得時間重整的加賀門徒再次在加賀國內對戰，在一進一退的攻防戰下，日本海以及北陸道的交通、物流都因此受阻，使京畿等各國大受影響，於是將軍足利義輝在翌年弘治二年（一五五六）春天居中斡旋，要求兩方停止混戰，但卻被務求立威的朝倉義景拒絕。

然而，戰況始終沒有特大的進展，雙方開始出現了厭戰情緒，但又需要下台階，就在這個時候，將軍義輝再次要求雙方停戰，同時又找來了與朝倉家有交情的南近江六角家加入斡旋工作。終於，盡了謙信的道義，面子也賺夠的義景於十一月底與加賀門徒的宗主本願寺顯如（證如之子）達成停戰協議，結束了歷時兩年多的北上作戰。

加賀侵攻雖然是為了立威，以及外交而展開的，但為此而痛失了家族最高資格的老將宗滴卻是一次大失算。對於陣腳剛穩的義景來說，失去了這位重要的曾叔祖父坐鎮，意味著他要獨力地繼續建立自己的威信，鎮住家中的同族及老臣。再者，謙信與信玄之間的對立持續下，義景受謙信之請，去牽制加賀、越中的門徒，防止他們受信玄的鼓動，跑到越後鬧事，這也成為了義景的一個外交日常課題。

為了解決內外相交的課題，義景在數年後的永祿四年（一五六一）四月於居城一乘谷城北部的坂井郡棗庄（今・福井縣坂井市）舉行大規模的「犬追物」，即捕獵犬隻的活動，號稱連家臣、從夫走卒等，動員近一萬人。舉行是次「犬追物」的用意，其實就是借活動進行一次軍事檢閱活動，以及向北部邊界的加賀示威，震懾加賀門徒不要輕舉妄動，間接牽制住加賀以及越中的門徒。

接著在隔年永祿五年（一五六二）秋天，京都大覺寺座主・義俊（關白近衛尚通之子、連歌能手）與一群京都貴族從京都來到北陸外遊，義景借著接待義俊一行人之便，在一乘谷城附近的阿波賀舉行宴會，讓家臣、親族一同參與，彰顯自己與京都達貴的關係，以及擅於文化的軟實力。

對外方面，義景又積極干預西鄰若狹國武田家的連年內亂。自弘治二年（一五五六），也就是義景出兵攻打加賀之時，若狹守護武田家因為連年奉幕府之命出兵，打擊反抗將軍及三好長慶的前管領細川晴元，導致信豐（武田元光之子）與兒子武田義統因為爭奪當家之位鬧出矛盾，最後引發若狹國的大亂，武田家的家臣也因此分裂成信豐、義統兩派，互不相讓。永祿元年（一五五八），父親信豐落敗出逃近江，投靠六角家，而信豐陣營的家臣與一直在若狹西端的大飯郡（今・福井縣高濱町）的反武田家勢力，還有盤踞在旁邊丹後國、丹波國（今・京都府北部）的三好長慶重臣松永長賴聯手，一舉借機進行反攻，打倒武田義統。

面對情況緊急，義統尋求義景出兵幫助驅逐國內敵人。永祿四年（一五六一）八月，即舉行「犬追物」後四個月，義景答應義統的請求，出兵進入若狹協助平亂。雖然初時打退了反武田勢力的入侵，壓制住了反抗，但由於武田家當時已經四分五裂，無辦法自力收拾殘局，變相要倚靠朝倉家屢次出兵協助平亂。雖然四年後永祿八年（一五六五），三好長慶的重臣松永長賴於丹波國戰死，對若狹國的壓力一掃而空，但是武田義統手下的家臣已經對武田家毫不留戀。

加上武田義統在六年後的永祿十年（一五六七）秋天病死後，武田家終究是回天乏術，家內重臣已經各自為政，對義統的遺兒武田元明不屑一顧，於是，義景再次在永祿十一年緊急出兵，將元明接到越前照顧，武田家在若狹的統治也暫時告一段落。

在這前後，永祿七年（一五六四）七月，控制京畿近國的三好長慶病死，永祿八年（一五六五）五月，京都的幕府將軍足利義輝被害怕幕府重新振作的三好長慶遺之臣三好三人眾及松永久秀聯手暗殺。處於一片混亂之中的京都正在醞釀新的變局，就在這時候，一個將為朝倉家帶來機遇及難題的不速之客正向越前國靠近。

## 同床異夢

這時候，正值若狹武田家的內訌慌亂不已之際，朝倉義景繼續信守與謙信的約定，同時也是為了平定加賀，朝倉家與加賀門徒的對決再次重燃。永祿七年（一五六四）八月，義景派遣堂兄弟朝倉景鏡（景高之子）為總帥，配上遠親兼有力武臣朝倉景隆、侄子朝倉景垙為副將，率領大軍攻入加賀。起初一切順利，加賀門徒已在崩潰邊緣，但就在這時候，侄子景垙因為統率的問題憤而自殺，導致朝倉軍一時軍心不穩，迫使攻勢一時受挫。

為免功敗垂成，義景於九月破例親自掛帥出征，一直攻入江沼郡、石川郡交界（今・石川縣小松市）後，在大聖寺城（今・石川縣加賀市）配置前線守衛兵力，便回到一乘谷城。

翌年永祿八年（一五六五）二月，義景再次配合謙信打算從越後進攻越中、加賀的計劃，再次準備動員，但由於謙信當時受到關東的戰況告急影響，最終西行作戰被迫取消，朝倉義景也只加強了大聖寺城的守備，沒有再行出動，轉為西向支援若狹武田家。

不過，加賀門徒一直處於被動之時，永祿十年（一五六七）三月，負責戍守越前北部邊境的坂井郡守將堀江景忠因為權力鬥爭失敗，主動接受本願寺顯如的引誘，起兵劍指朝倉義景。漁翁得利的加賀門徒立即借機南下，與景忠率領的反叛軍一同深入坂井郡境內。義景在十月立即組織鎮壓，在這緊張關頭，十一月，從京都逃出，經若狹國來到越前國，投靠義景的將軍義輝之弟．足利義昭為了賣人情給義景，主動出面調停兩方的戰事，於十一月成功迫令加賀門徒軍退回加賀。

不過，翌年永祿十一年三月至十二年三月（一五六八至一五六九）的一年間，雙方仍然出現小規模的衝突，直到永祿十二年四月，朝倉軍完全將堀江景忠及加賀門徒趕回加賀後，足利義昭再運用影響力，幫助義景與本願寺顯如以及加賀門徒的領導層進行最終的三方和談，義景之女嫁給本願寺顯如之子．教如為妻，結成姻親，而自朝倉貞景以來禁止、打壓本願寺派的指令也隨之解禁，本願寺派的教坊及僧徒可以回到越前，在朝倉家的管理下重新布教。

足利義昭在兄長義輝被暗殺後，被松永久秀幽禁在大和國興福寺（今．奈良縣奈良市），永祿八年（一五六五）七月底在甲賀郡（今．滋賀縣甲賀市）的領主和田惟政的幫助下成功逃脫，開始向包括朝倉義景、織田信長、齋藤義棟以及上杉謙信等天下群雄廣發英雄帖，要求立即出兵為亡兄報仇，共倒三好家，再擁扶自己成為新將軍。

只是，各方諸侯都忙於國內的征戰，除了信長及義棟曾答應會盡快相助外，其他諸侯都有心無力。在義昭無奈苦等之時，視義昭為麻煩根源的三好家請動了近江的六角家出兵進入甲賀，試圖抓拿義昭。幸然義昭早一步得知消息，帶著少數家臣於永祿九年（一五六六）年北上若狹，投靠了一直忠於幕府的武田義統。

早已因為內訌而自身難保的義統當然無法滿足義昭的願望，這時候跟朝倉家早有交情的舅祖父大覺寺義俊向義昭建議改為聯絡越前的朝倉義景，再讓義景安排義昭一行人送到越後，投靠上杉謙信。就在這個時候，義景剛好派兵攻入若狹為義統平亂，於是也順便向義昭伸出了希望之手，將他接離若狹，安置在敦賀（今．福井縣敦賀市）。由於當時朝倉家與若狹、加賀都有戰事纏身，根本無法安排義昭一行人出行，於是待了一年左右後，如上述般，義昭在永祿十一年（一五六八）決定親手打開困局，兩次為朝倉家向本願寺顯如提出停戰和解的命令，間接促成了在永祿十二年的和解。

當時已三十二歲的義昭由於一直屬於僧籍，還沒完成成人禮，進入一乘谷城後才正式還俗，改名義昭（原名「義秋」）。在義昭進入一乘谷城後，義景於永祿十一年五月以將軍來訪的格式，為義昭舉行盛大的宴會，「預祝」他成為新將軍。當然，這都是義景順便利用這機會來提高自己的權威及地位的演出而已。經過接近三天三夜的盛大接待後，義昭與義景正式確立主從關係，更給予朝倉家的重臣朝倉景恆加冠進爵，下一步就是討論義昭的將來。是按原定的計劃放義昭到越後，還是自己承擔實現義昭回京即位的最大責任呢？當義景為此苦惱之時，連續出現了兩件震撼事件，使整個問題一下子出現翻天覆地的變化。

其一是義昭的計劃已經有所變動，因為當時越前的鄰國美濃國，織田信長已經打敗了齋藤義棟，更控制了大半個美濃國，實力大增後，向義昭一行人表示是時候兌現多年前的承諾。另一邊的本命上杉謙信則深陷關東戰亂以及家臣謀叛的泥沼當中，在短時間內根本無法出兵幫助義昭。在慎重衡量後，義昭正開始考慮投靠信長的可行性。

只是，即使信長拿下了美濃國，但要上京仍然需要擺平上京必經的南近江六角家，以及南方的伊勢北部（今．三重縣桑名市、四日市市），換句話說，信長雖然實力有所增長，但仍然與上京有一些距離。相反，義景身處的朝倉家在地理上更近京都，而且在途中沒有能阻擋行軍的勢力，可以說是成功率比信長更大的。這也是義昭沒有一下子便離開的原因。

然而，義昭對義景的期待終究還是被另一件震撼事件粉碎。在永祿十一年六月，義景七歲的長子阿君丸突然夭折而死（一說被毒殺），同時，義景手下兩大重臣，管理北方大野郡的朝倉景鏡和管理西部敦賀郡的朝倉景恆自義昭來到越前起，便一直爭奪朝倉家第二位置而暗鬥內爭不斷，平衡緩解兩人的對立早已讓義景疲憊不堪，現在再加上愛子突然夭折的重大打擊，義景也沒法再壓住喪子心情去幫助義昭。終於在永祿十一年七月，足利義昭確認義景無意出兵後，便起程到美濃國井之口（今．岐阜縣岐阜市），投靠織田信長，義景與義昭的同床異夢也到此暫時夢醒了。諷刺的是，翌年永祿十二年（一五六九）九月，信長便成功打敗六角家，扶助義昭進入京都。不久後，織田信長與朝倉義景之間很快便出現矛盾，間接地敲響了百年名門朝倉家的喪鐘。

# 竊國成霸

## 趁虛而入

第一部第四章裡提到，永正十五年至十六年（一五一八至一五一九），圍繞著美濃國守護土岐政房與兒子土岐賴武的繼承權之爭將早已亂七八糟的美濃國推向混亂的頂點。幸然，隨著土岐政房於永正十六年病死，政房想扶立的次子土岐賴藝失去重大靠山，而一度逃到越前的長子土岐賴武在朝倉（宗淳）孝景的協助下成功反攻，牢牢地接過了亡父的守護之位，曾經亂成一團的美濃看似有望快將回到安定。

不過，安定的日子仍然沒有到來，大永五年（一五二五），鄰國近江北部的新星淺井亮政與六角定賴發生衝突，六角軍聯同越前的朝倉軍一度包圍亮政的小谷城。亮政為了避難，曾逃亡到美濃國，投靠了失去父親支援的賴武之弟・土岐賴藝處。

這時的賴藝雖然一度失勢，但在兄長回國後依然保持著亡父的力量，等待時機與兄長賴武周旋。淺井亮政的到來正是給予賴藝打破沈默的好藉口，終於，賴藝以支援保護亮政為名，糾合了美濃國內的反賴武勢力作出攻擊。坐鎮美濃國山縣郡大桑城（今・岐阜縣山縣市）的守護土岐賴武向鄰國的六角定賴、朝倉（宗淳）孝景以及南方尾張國的守護代織田達勝求出援兵的同時，自己也率兵與親弟展開戰鬥。

即使已向諸方勢力尋求幫助，但由於各方援軍反應不一，沒有火速來援，賴武獨力之下沒法打敗賴藝。到了大永五年（一五二五）六月賴武更被賴藝陣營打敗，逃入北方的山區（今・岐阜縣關市）裡避難。身為守護的賴武被打敗逃亡的消息震動周邊地區的勢力，就連遠方的越後長尾為景（謙信之父）也收到消息。

同年八月，賴武陣營試圖做出反擊，但在中須（今・岐阜縣安八町）附近的決戰中再次遭遇敗北，這次的大敗使中須周邊的地區都為之震撼，甚至導致區內的民眾、寺院紛紛逃難。七月，六角家的援軍終於出動來救，但不幸的是土岐賴武卻等不到援兵到來，於八月的最後一戰中戰死，遺下兒子土岐賴充繼續負隅頑抗。

賴藝陣營的大勝後，六角及朝倉一時不敢輕舉妄動，這幫助了偶然間成為這次美濃再亂導火線的淺井亮政在同年成功回到小谷城。除了淺井亮政外，另一個受惠的便是美濃國守護代齋藤家重臣・長井長弘的家臣・長井新左衛門尉，他便是後來鼎鼎大名的「蝮蛇」齋藤道三之父。

新左衛門尉的出身眾說紛紜，大概的主流說法是，他曾是保護京都朝廷的武士出身，也曾為法華宗的僧侶，後來因為京都大亂，轉型成為賣燈油的半武半商的人物。後來在京都與長井長弘相遇，憑著曾為京都的武士經歷，以及個人的才幹，一步一步成為了長井家的重臣，更在後來官拜豐後守。

上述的守護土岐兄弟的內鬥下，長井長弘與主君齋藤利茂訣別，主動支持土岐賴藝與守護賴武對戰，當然，道三之父長井豐後守也在其中。賴藝成功打敗兄長，成為了新的守護後，長井長弘也因功取代了原本的主君齋藤家，成為了新的守護代，長井豐後守也隨之扶搖直上，成為賴藝政權的骨幹分子。天文二年（一五三三）四月，長井豐後守病死後，其子長井規秀約承父職，獨當一面。

## 麻煩對手

年輕時的道三在父親死去後不久便快速冒起，與主君長井長弘之子長井藤左衛門平起平坐。兩年後的天文四年（一五三五）更獲得守護土岐賴藝准許繼承長井家的主君守護代齋藤家，改名齋藤新九郎利政。不過，道三的神速冒起也很快招致土岐家內部以及周邊領主的不快，原本的齋藤家當家，也就是長井家的主君．齋藤利茂也不滿來自外地的道三可以改稱齋藤，於是他們在一年後與道三發生戰亂，但一時之間沒法打敗道三。

不過，這不代表道三便從此可以安寢無憂。反道三的勢力與年前戰死的前守護土岐賴武遺兒．大桑城主土岐賴充聯手，再次形成反抗力量，對土岐賴藝及齋藤道三作出挑戰。更糟糕的是，這次賴充陣營再次請來了六角、朝倉、織田三家做為外援，從西北、西、南三方面入侵美濃，最後更包圍了道三所在的稻葉山城（今．岐阜縣岐阜市，後來的岐阜城）。

雖然危在旦夕，但賴藝及道三卻守住了地盤，最終雙方在天文六年（一五三七）締結和解，賴藝與反方的最大勢力六角定賴達成協議，將女兒嫁給定賴之子義賢為妻，兩家結成親家，同時也承認了賴充的地位。可是，同樣支援賴充的朝倉（宗淳）孝景對這個結果感到不滿，更一度在天文九年（一五四〇）派兵掠過美濃北部的郡上郡，但後來又不了了之。

無論如何，從結果上而言，賴藝及道三幾經艱辛下，終於還是守住了自己在美濃國的權位。對於他們兩人而言，雖然當初被迫承認了賴充的地位，但他們明白賴充一天守在大桑，總有一天又會想奪回守護之位。因此事隔三年後，這次沒有了六角家支援下，賴藝、道三決心要除去賴充，徹底解除威脅。

天文十二年（一五四三）底，賴藝與道三派出的大軍成功攻下大桑城，迫使賴充逃到南方的尾張國，投靠當時如日中天的織田信秀。賴充安全到達尾張後，便要求一直支援自己的朝倉孝景與織田信秀出兵，幫助自己回到美濃，再一舉奪回守護之位。

另一邊的賴藝及道三則分別找到了六角家及淺井家分派援軍助陣，結果，這次土岐家的內訌又一次引起了周邊諸國的介入，形成新的大亂。不過，在這裡面，唯一跟前幾次的情況不同的是，積極幫助賴充的織田信秀其實醉翁之意不在酒，只是借支援賴充「復位」之名，糾集尾張國內的勢力到自己的指揮之下，繼續增強自己的威名及權勢。

天文十三年（一五四四）九月，志在必得的信秀率兵指向稻葉山城，打算輕鬆撈取一筆政治資本。可是，信秀的如意算盤卻被道三狠狠砸爛。賴藝、道三陣營一方面調兵，與淺井、六角的援兵抵擋朝倉軍的來襲，防止朝倉與織田兩方取得聯繫，形成夾攻；一方面又將織田信秀帶領的尾張軍引到稻葉城山下後，固守不出，直至一個月後的十月二十八日，趁著入夜之際突襲城下的尾張軍。是戰中，信秀率領的尾張軍大敗，數千人戰死，信秀狼狽不堪下，幾經辛苦才逃回尾張。

這場被稱為「加納之戰」或「井之口之戰」的大戰直接粉碎了朝倉．織田聯軍的反攻，朝倉軍得知織田軍大敗後也被迫帶著賴充退兵，直接奠定了道三在美濃國的領導地位。兩年後的天文十五年（一五四六），朝倉孝景主動請求幕府協助促成大和解，在朝倉、六角、土岐賴藝三方的同意下，容讓土岐賴充回國，又以賴藝沒有子嗣為契機，讓賴充成為賴藝養子，再讓已然成為最強實力者的道三把女兒嫁給賴充為妻，達成三方妥善的完全和解。

原本這樣的處理十分圓滿，但不巧的是，終於有望復位的賴充卻在和解後一年英年早逝，整個和解大計劃最核心的人物死去後，做成十分大的尷尬及空白，唯一為此竊喜的便是上次嚐到大敗的織田信秀。

由於天文十五年的大和解是將信秀置於事外下完成的，被「用完即棄」的信秀一直心有不甘，幸然賴充意外早死的消息傳出後，信秀便以此為藉口，再次向道三及賴藝發動戰爭，名義上是為賴充「怪死」報仇，事實上便是要挽回上次大敗的污名，保住自己的威勢。天文十六年（一五四七）十一月，再次志在必得的信秀率兵渡過木曾川，在濃、尾邊境展開多場小規模的戰鬥，雙方互有勝負死傷，但信秀始終沒法拿取更大的收獲。

就在這時候，尾張後方的今川義元揮軍向西三河今橋城（今．愛知縣豐橋市）進攻，直逼尾張東南邊境的消息傳出後，信秀為了保住大本營的安全，立即退兵回尾張，對應義元的來襲。當道三以為再次脫難時，一年後的天文十七年（一五四八）十一月，暫時阻止了今川義元入侵的信秀又再捲土重來。

這次信秀吸取了教訓下，改攻美濃西南部的穀倉地帶，再行入侵，而且來勢洶洶，連敗了道三派出的防軍。已經完全主導美濃軍政事務的道三決定改以內部離間的策略，誘使對織田信秀隨心所欲地在尾張國內橫行大為不滿的守護代織田家，以及已徒負虛名的尾張國守護斯波家一起在尾張國起事，大大的牽制了已經到達美濃的信秀的行動。最終，織田信秀再次受制於後方起亂，被迫吐出勝利在望的機會，回到尾張平亂。

## 化蛇為龍

天文十八年（一五四九），信秀接二連三在外敗給今川義元及齋藤道三，早年賺取的人望及威勢幾乎蕩然無存，為了止於頹勢，重臣平手政秀建議與沒有必然利害關係的道三和解，再集中對應東方的今川義元。道三也已對南方的織田信秀三番四次來襲，使美濃南部疲憊不堪，也同意了和解，以信秀嫡長子信長迎娶自己的女兒為條件，兩家結成姻親關係，各取所需。

解決了來自南方尾張國的威脅後，道三終於可以順利推行治政，修補連年戰亂的傷痕。這時候，對道三來說，還有一個小工作要處理，那就是與守護土岐賴藝的關係。已經不需要賴藝作為自己的護身符下，道三果斷地在天文十九年（一五五〇）十月，道三將賴藝趕出美濃，自己成為了真正的美濃之主。

土岐賴藝被趕走後，投靠自己的女婿六角義賢，在近江仍然一直想找機會回到美濃。幕府、六角義賢、今川義元以及織田信秀都曾想斡旋，助賴藝回國，但始終沒有成事，最終賴藝跟從前自己對付過的侄子賴充一樣，一旦離開了美濃，便再沒有回到故地的機會。

另一方面，道三趕走賴藝，成為一國之主的兩年後，南方的宿敵織田信秀也離開了人世，昔日的敵人，今時的親家已去，繼承家位的女婿信長卻因為人望不高，面對很多的困擾及不安。為此，道三在信秀死後的四月，在稻葉山城南面的富田聖德寺（今・愛知縣一宮市）與素未謀面的女婿信長見面，肯定了信長的才幹；六月中旬，道三寫信給信長的家臣，勸說他們要一心輔助信長，渡過難關。

然而，道三自己也有自己的煩惱。天文二十二年（一五五三），道三完成了奪取美濃國控制權，敵人也已離世後，便將位子讓給長子義龍（當時名為「高政」，以下統一為「義龍」）。不過，道三卻其實是退而不休，依然在背後干預義龍的治政。父子之間因為權力分配的問題開始出現裂痕，當時更傳出道三偏愛義龍的兩個弟弟，義龍擔心退而不休的老父道三終有一天會反悔，將自己廢掉。於是，義龍在弘治元年（一五五五）十二月自稱「范可」，傳說是中國古代一名大義殺父的人的名字。象徵著殺父的決心。翌年（一五五六）四月二十日，義龍果斷地舉兵，與老父道三於城外的長良川畔進行決戰，終於將道三擊殺，親自鞏固剛到手的權力。

齋藤父子在長良川之戰自相殘殺，只在一天之內便分出勝負，周邊諸國還沒有來得及做出反應，一代梟雄齋藤道三的死訊便已經傳遍各地。獲得勝利的義龍在戰勝後，將那些仍然支持道三的美濃領主及家臣一網打盡，進一步鞏固了自己的權力。自此，美濃國內除了東美濃的惠那郡（今・岐阜縣惠那市）的遠山家，以及靠近飛驒國的郡上郡外，美濃國領主大都已經臣服於齋藤義龍的腳下。

雖然國內已經沒有對手可以威脅到自己的威權，但手刃親父的行徑始終為義龍在美濃國外帶來了不少麻煩。長良川之戰以及道三被殺的消息傳出美濃國外後，一直支持土岐家回歸美濃的越前朝倉家以及南近江六角家都認為是一次天賜良機，想送流放在外的土岐賴藝回國，但沒有下聞。

可見美濃國周圍的領主對於義龍登位，沒有任何積極正面的反應，反而視義龍弒父犯上的行動為他們達成政治目標的好機會。義龍為了克服這個外交困境，有必要主動採取行動才行，於是他想到了向當時的將軍足利義輝靠攏，希望從將軍手裡拜領一些榮譽。永祿元年（一五五八）四月，急求官位的義龍本想向幕府申請，但足利義輝因為與三好長慶鬧不和，出走到近江避險，義龍只好改為直接向朝廷申請拜任治部大輔的官位，免去了無官無位的尷尬，也是向外界宣布自己已是美濃齋藤家的新當家。

接著，義輝在同年十一月跟三好長慶和解後回到京都，義龍收到消息後著人跟義輝通信，積極打好與將軍的關係，到了永祿二年（一五五九）四月，終於獲義輝任命為將軍的「御供眾」（可陪伴將軍出巡的身份），以及從義輝那裡拜受「義」字，從「高政」改名為「義龍」。

本來義龍背負殺父污名，根本沒有資格榮獲將軍的恩賜，但由於義輝急求人才擁護幕府，對抗三好長慶，對義輝而言，原則跟傳統在重振幕府的大目標之前，都不是絕對的東西。兩年後的永祿四年，義輝又批准義龍升任左京大夫的官位，由於這是只有一國之主才能拜任的官職，換言之，義輝已經完全認可了義龍成為美濃國之主的身份。

除此之外，義龍在獲得將軍義輝認可的同時，又向幕府申請改稱為「一色」，即一色義龍。改稱一色氏的原因眾說紛紜，但唯一肯定的是，義龍希望改稱一色，擺脫「齋藤」的枷鎖，以及與殺父的污名永別，從新出發。

而且，雖然當時一色家已經沒落，但同家一直與北近江的京極家、播磨赤松家以及西國的山名家同列為有資格掌管幕府侍所（警衛幕府）的名譽家族，再說，論到一色家與足利將軍的關係，則更是比其餘三家具有更親密，格調更高。因此，義龍看上了一色家，除了擺脫齋藤家的陰影外，還想一口氣超越美濃國原本的守護土岐家，將自己以及以後的子孫都屹立在兩家之上。

除了改稱一色，手握更高的官位外，義龍還與幕府的政所執事（將軍家的管家）伊勢家親交，另外又通過伊勢家，與京都的最高顯貴一條家攀上關係，迎娶了一條家的宗女為自己的繼室。原本，義龍還沒成為當家之時，在父親道三安排下，從北近江的淺井家迎娶了女子當妻子，但後來因為想討好六角家，於是義龍便跟妻子離婚，改娶了更顯身份的一條家之女。

說到六角家，義龍首個想處理好的就是跟自己與六角家的關係。當時的六角家在中興之祖六角定賴的努力下，在萬變混沌的京都局勢中搶得了一席位置，儼如義晴、義輝幕府政權的副管領，僅次於細川晴元及後來的三好長慶。

義龍希望與六角家結盟的原因，除了想巴結六角家，好讓自己日後躋身到京都政治中樞時，得到六角家的支持外，還想要保障美濃西鄰的邊境安全，這樣他便可以應對南方的織田信長，以及日漸向東美濃施加壓力的武田信玄了。

那麼，有了幕府加持，義龍又積極做外交工作，希望親手與周邊的勢力（織田信長除外）和解，良好相處。那麼最後有沒有打動六角家呢？答案是沒有的。

不久後的永祿三年（一五六〇），即著名的「桶狹間之戰」的同一年，義龍自認為已經提高身價，做好準備後，終於鼓起勇氣向六角家的當家六角義治提出聯結姻親，讓自己的女兒嫁給六角義治為妻。原本義治以及六角家的家臣都傾向同意這樁婚事，但是義治的父親，前當家六角義賢表態強烈反對，喊停了這婚事的討論。

義賢不僅對於義龍殺父的行為深惡痛絕，而且也鄙視義龍的父、祖三代以卑賤之身，用盡所有卑髒的手段一直扶搖直上，成為人上人的行為。另外，六角義賢也考慮到跟義龍聯盟，會否得罪了一直聯手協助土岐家復興的諸盟友，使已經陷入衰退的六角家更加危險

（詳見本章〈豐饒之國〉）。

總之，義龍這次的外交突破還是無法取得成功，只能說在提高「一色齋藤家」的地位以及名譽方面，的確取得一定的成果。本來只要義龍再下努力，或許便會有轉機。不過就在義賢明令六角家表態拒絕婚事後一年，即永祿四年（一五六一）五月，時值壯年三十三歲的義龍得了急病，在稻葉山城一命嗚呼了。

不論生前的所作所為，繼位後努力圖治的義龍現在撒手人寰後第三日起，他的兒子義棟（原名龍興）以及美濃很快便要面對強大的挑戰。

## 小國不寧

### 貴族孤門

當美濃、越中等中部地區先後爆發戰亂之時，夾在中間的山谷之國飛驒國（今．岐阜縣北部）一直處於長期戰亂的狀態，而且早在十五世紀初便已經開始了（圖2-16 飛驒國周邊）。

事緣十五世紀初的南北朝末期，北朝的代表．室町幕府第三代將軍足利義滿提出與南朝和解，讓因為繼承大統問題而分裂的兩派皇室（大覺寺系與持明院系）以輪流交叉的方式繼承天皇之位，解決誰才是正統的爭議。然而，達到目的的足利義滿待南朝（大覺寺系）接受提議，回到京都後便出爾反爾，讓北朝（持明院系）的天皇獨自傳承皇位，親自撕毀了當初的和解方案。南朝派系的勢力發現被騙後，紛紛作出最後但無力的抵抗，其中一個對幕府的欺騙感到憤怒，繼而堅決反抗的，便是飛驒國司．姉小路家。

姉小路家系出最大貴族名門．藤原家的分支，本是久住京都的公卿，建武二年（一三三五）前後（諸說）被後醍醐天皇任命為飛驒國的國司，即一國的最高行政、軍事長

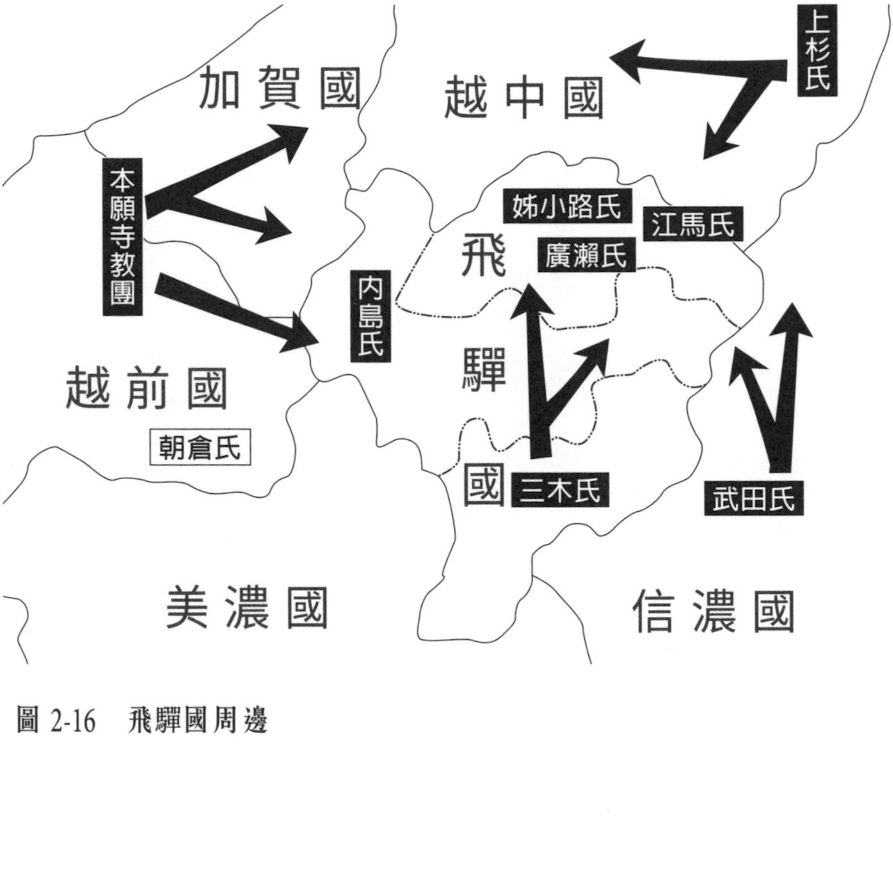


圖 2-16　飛驒國周邊

官，等同幕府的「守護」。皇位繼承問題爆出後，形成了南北兩朝，出身公家的姊小路家自然在飛驒國為南朝糾合勢力與北朝的幕府對抗，而幕府則任命了佐佐木源氏出身的京極家為飛驒國的守護，與姊小路家在飛驒國周旋。

姊小路家雖然出身貴族，但自從被任命為國司後，其風骨卻與武士無異，憤於幕府的出爾反爾，姊小路家便趁權傾日本的足利義滿在應永十五年（一四〇八）病死後，在應永十八年（一四一一）七月於飛驒製造事端，史稱「應永飛驒之亂」。不過，這場亂事最初起因不是為了反抗幕府，而是因為姊小路家內部對立，以及跟周邊的武士家族出現領地糾紛而引起的。

姊小路一族進入飛驒國後便分成三家：宗家古川姊小路家，小島家及向家（又稱向小島家）。隨者時代發展，三支同族之家因為領地繼承出現爭執，旁邊的武士領主廣瀨家也被牽涉進來，最後形成了一國的騷動，被幕府順勢干預，一舉削減姊小路家的力量。

雖然這場起事很快便被幕府從飛驒國鄰國美濃、信濃、越前召集而來的大軍鎮壓下去，但姊小路家既身為名門望族，本身也在飛驒國有一定的力量，加上飛驒國地勢險要，即使大軍殺到也難以輕易找出姊小路家的主力予以殲滅。但唯一肯定的是，隨著姊小路家自亂陣腳，對手的守護京極家在飛驒國的支配變得相對容易。

不過，無法消滅姊小路三家的勢力，意味著京都家在接下來的日子裡都要跟這股「南朝餘燼」展開較量，在狹小的飛驒國裡，控制飛驒南部．益田郡（大野郡）一帶（今．岐阜縣高山市）的京極家與控制飛驒北部．吉城郡（今．岐阜縣飛驒市）的姊小路以及散落在當地的各個小勢力，還有在當地擁有小規模莊園的京都貴族山科家之間不斷進行領地爭奪，引起小型的武裝衝突，相互之間為了利益而互換敵人、盟友也是家常便飯。

即便如此，有幕府撐腰的京極家始終有著較大的優勢。身為幕府閣員的京極家當時除了根據地北近江外，還身兼出雲、隱岐兩國的守護，在防止姊小路家反撲之上，在飛驒國也逐步開展了實際的支配，於後來的戰國時代代表飛驒國的勢力——江馬家及三木家便是京極家收編為家臣的當地領主。

## 推陳出新

時間來到應仁文明之亂時，飛驒國起初其實沒有受到太大的影響，但在文明二年（一四七〇），當時從屬東軍的飛驒守護京極家因為當家京極持清病死，持清之孫．京極孫童子丸與叔父京極政經跟重臣兼飛驒守護代．多賀清直出現權力鬥爭，孫童子丸、政經繼續做為東軍，而多賀清直與已故京極持清的三子政光另立同樣是持清之孫的京極高清（孫童子丸的兄弟）為主君，改屬西軍，形成了「亂中之亂」。飛驒國內的京極家臣大多變成了反對主家的西軍，而姉小路家三家也在那時候分裂，宗家古川姉小路家與向姉小路家從屬東軍，而小島姉小路家則是西軍，這個亂局使飛驒國的情勢變得更加不明朗（圖2-17姉小路家系）。

文明三年（一四七一）八月，東軍的古川姉小路、向姉小路家趁京極家內亂，向飛驒國內的京極家勢力發動進攻，更擊殺了京極方的三木久賴，此舉激怒了改投西軍的京極家臣多賀清直以及京極政光，於是他們聯同南鄰美濃國的西軍代表人物之一的美濃國守護代齋藤妙椿一起出兵反攻，但沒有決定性的結果。然而，到了文明七年（一四七五）十月，西軍的多賀清直成功反攻近江國，迫使東軍的京極政經（持清之子）流浪到另一個領國出雲國（今・島根縣東部），投靠該國的守護代尼子家。

**圖2-17　姉小路家系**

家綱
- 師時—持言—勝言—時秀—時親
- 昌家—基綱—濟繼

另一方面，因為戰亂而分裂的姉小路三家中，與西軍的多賀清直合作的小島姉小路家當家小島勝言乘勢崛起，在西軍京極方的支持下，與宗家古川姉小路家及向姉小路家連場對戰，最後在翌年文明九年（一四七七）左右將兩家趕出飛驒國。可是，勝言在勝利後不久後的文明十三年（一四八一）病死，留下年僅四歲的幼子小島時秀作為繼承人，「主少國疑」的不安中，被小島家趕走的古川姉小路家及向姉小路家意外獲得了反敗為勝的機會，兩家合作之下，將小島家的領地瓜分，重新掌握了飛驒國內姉小路家的領地。

至於京極家則是亂事不止。首先，被趕到出雲的京極政經已失去了北近江、飛驒的控制權，取而代之的便是多賀清直擁立的新主君．京極高清，多賀清直繼續擔任飛驒守護代。然而，長享元年（一四八七），京極高清與多賀清直之子多賀宗直出現矛盾，並且將宗直殺害。這件事件讓一直想奪回近江、飛驒支配權的京極政經看準了機會出兵反攻，高清一度被逐出近江。

雖然京極高清後來還是獲得了最終勝利，回到了北近江，但那時候的京極家已經元氣大傷，任由了北近江的家臣領主分享權力，自家只為精神領袖，同理，京極家不在的飛驒國也成了無主地帶，助長了長駐當地的三木家及江馬家跟重新併合的姉小路家形成三強鼎立之勢。

## 鶴立雞群

宗家古川姉小路家的當家．姉小路基綱被小島家趕出飛驒後，文三、明十年（一四七八），基綱上京與京都的貴族保持交流，本身是和歌達人，又撰有多本歌集的基綱利用這個專長在朝廷及幕府之間發揮影響力，配合身為公家的身份，基綱上京兩年後的文明十二年（一四八〇）晉升為從三位參議。不過，被趕出領國後，生活拮据以及財政困難都成了基綱的難題，幸然一度氣勢凌人的小島勝言在翌年文明十三年病死後，姉小路基綱與另一個分家．向姉小路家合作瓜分了小島家領地，成功恢復了宗家的面目，在飛驒國內繼續自成一國，重新確保了收入來源。

然而，大亂之世下，要維持家計也不是容易的事，基綱將長子姉小路濟繼派回京都，做為父親的「駐京代表」，保障姉小路家與京都的關係無礙。另外，自己則留在飛驒主持大局，確保辛苦得回的家產不會在自己手裡再次丟失。

當時已年屆暮年的基綱唯一的心願便是能晉升為中納言，完成個人的榮譽，然而，在山中之國生活以及守護家國的勞累使這位老年貴族終於在永正元年（一五〇四）倒下，唯一的幸事是他終於在死前一個月的閏三月中盼到了一直執念欲求的中納言之位，但一個月後的四月二十三日便魂歸西土，享年六十三歲。基綱死後，當家之位由長子濟繼接掌。

另一邊的舊京極系勢力三木家與江馬家也迎來了出頭之日，雖然在文明三年與姉小路家的作戰中三木久賴被擊殺，但依然無損三木家在南飛驒的勢力；而江馬家則似乎跟姉小路家合作，與三木家對抗之餘，確保了自己在飛驒北部的影響力。就這樣，姉小路、三木、江馬三方勢力在沒有完全壓倒其他兩方的情況下，保持了十多年的政局穩定。

這種三強鼎立的局面在永正十三年（一五一六）便出現了重大變數。同年初三木家當家的三木重賴病死後，江馬家便對三木家發動了戰事，此舉驚動了當時在京的姉小路濟繼。濟繼為免自己的家園蒙難，於是將一族家小留在京都，自己像亡父一樣再次重回領地主持大局，不過這次回到封土，也成了一次不歸之旅。

和歌之才不亞於亡父基綱的濟繼回到食邑後，很快便於翌年的永正十四年（一五一七）閏十月前擺平了江馬家引起的亂事，永正十五年（一五一八），亂事得已平息後，濟繼本打算在同年秋天回京，與家人團聚，但不幸在同年五月得急病，同月底在飛驒一命嗚呼，成為不歸之人，享年四十八歲。

濟繼意外地客死異鄉帶來的衝擊是事所未有的，不僅是姉小路家失去了領家之主，飛驒國內的亂事也在後來死灰復燃。而濟繼早死之下，一時也沒法找到能出面擺平之人，飛驒國自行解決糾紛的日子已經不在了。

三年後的大永元年（一五二一）冬天是意外溫暖的冬天，連年必下豪雪的飛驒在當年竟然粉雪不下，異常的暖冬卻變相誘發戰端再起。這時三木重賴之子三木直賴已經長大成人，眼下江馬家被姊小路家教訓，一時無法再起，姊小路家又因為當家早死而群龍無首，完全是造就三木直賴開拓天地的好時機。

天時、人和都已備齊的情況下，盤踞在飛驒櫻洞城（今・岐阜縣下呂市）的直賴在大永年間開始對周邊地區發動攻勢，將高山盆地（今・岐阜縣高山市）一帶都收納為自己的勢力範圍，結果，除了江馬家、白川鄉的內島家以及姊小路家外，三木家在飛驒國內已成為最大的勢力。

然而，在大亂之世中，力的關係業已出現變化，從來的均衡狀態已不復存在了。姊小路濟繼死後的姊小路家失去了向心力，原本一直被古川姊小路家壓迫的小島姊小路家終於藉著濟繼早死的機會進行反擊，準備在濟繼死去後奪回原本的所有，另一個分家向姊小路家中立自保下，小島家曾一度反壓了古川姊小路家，成功拿回一定的領地。

另一方面，濟繼的長子俊繼當時在京，擾攘了六年後，俊繼終於在大永七年（一五二七）八月出發回到飛驒，與小島家進行對決。然而，離京兩個月後，俊繼便在十月於飛驒死去，一說是被小島家打敗戰死。事已至此，留在飛驒的古川姊小路家臣決定請求濟繼次子，俊繼之弟・高綱來繼承當家之位。

高綱在同年十二月接掌古川家的當家之位後，理所當然的要跟小島家對決。不過，這時候的情勢比起俊繼時更為不利，原本中立的三木直賴以及向姊小路家都決定支持小島家，姊小路高綱完全處於劣勢。

享祿三年（一五三〇）八月，姊小路高綱到達飛驒，小島家則請到三木直賴出面助陣，期間一時達成和解，但到了第二年的享祿四年（一五三一）初，姊小路高綱陣營再次發難。這次，三木直賴決定將計就計，順勢一舉削弱姊小路三家的勢力，同年三月，在三木、向姊小路兩家合力下，姊小路高綱陣營被完全打敗，同月二十日，居城古川館也宣告淪陷，高綱逃去無蹤。後來，雖然小島家另立了子孫來繼承古川家，但事實上百年名門古川姊小路家已經沒落；成功打倒宗家的小島家與向家也沒法得到更多的好處，反而造就了三木直賴控制大局，成為了實際上飛驒的領頭人物。

隨著三木直賴的實力大增，三木家的影響力也開始滲透到國外，對他國進行了干預。早在亡父重賴的時代，三木家已與位於東南鄰邊的信濃國木曾郡（今・長野縣木曾福島市）、美濃國惠那郡（今・岐阜縣惠那市）有交流，永正元年（一五〇四）曾有衡突，但後來三木家與木曾郡的木曾家、惠那郡的遠山家保持良好的關係。尤其是當北邊的越中國（今・富山縣）的一向眾與越後的長尾為景（謙信之父）交戰下，海、陸兩路受阻，北陸道的物資無法運到內陸的飛驒國，於是三木家便向木曾、遠山兩家求助互市。

此外，直賴又在天文八年（一五三九）介入了南端的美濃國的內訌。當時的美濃國守護土岐家發生內亂，與土岐家有姻親關係的越前朝倉家、南近江六角家以及與土岐家有交情的山科本願寺都先後介入；與此同時，當時的越前朝倉家又與加賀的本願寺激進派門徒有嫌隙，這個錯綜複雜的恩緣在區內形成一個微妙的局勢。

其中，美濃國的郡上郡（今．岐阜縣郡上市）是連結越前、美濃、飛驒及加賀的四通地帶，已成為飛驒的代表勢力的三木直賴受本願寺證如的請求，派兵到南方的郡上郡打通通往加賀的道路，確保與加賀國的門徒保持聯絡。雖然結果不能成功，但三木家在區內的角色及份量已明顯增強。

此後，飛驒除了一些因果不明的小戰亂外，基本上在三木家一強獨立的情況下維持了十多年的和平，期間直賴派長子良賴上京與關係友好的本願寺的宗主．證如見面，使三木家的存在感超越飛驒，國外的強大勢力也知其一二了。一手締造三木家強大的三木直賴則在天文二十三年（一五五四）六月飛驒病逝。他死後不久，久久平靜的姊小路三家又再起兵刃互鬥，但很快又歸於平靜，在三木家的絕對優勢下，名門姊小路三家的內鬥已徒具意義了。接下來，到了三木直賴長子．三木良賴的時代，面對周圍環境變幻莫測下，在大國之間精明求存之道。

## 委曲求存

與精明的亡父時代不同，三木良頼時代的飛驒周邊，勢力起落幾番新，小型勢力被吞併，被迫屈服，經過三十年的整合後，飛驒東北部的越後出現了不世出的英雄・上杉謙信，在良頼繼位的翌年弘治元年（一五五五），謙信與甲斐的武田信玄為了北信濃的控制權而展開了五次的川中島之戰中的第二次對決，與三木家一直關係不錯的信濃國木曾家也在同年屈服在武田信玄的大軍之下，與武田家締結同盟。

進入弘治・永祿年間，三木良頼領導的飛驒國要面對於東鄰巍然聳動的兩股超強大鄰邦——上杉家與武田家，顯然，單以山谷小國飛驒一國之力是不可能與這兩家比肩，而對於良頼而言，更重要的是如何保住祖宗留下的基業，盡量不捲進戰亂之中。不過，這個想法只能是一個奢望，隨著上杉與武田的對立走向長期化、慢性化，夾在中間的飛驒國的勢力均衡也必然被打亂。

另一方面，隨著武田信玄與上杉謙信爭奪北信濃的戰鬥越演越烈，出於戰略的考慮，雙方為了克敵制勝，展開了廣範圍的戰略佈署，結果，受影響波及的範圍也不止於川中島地區，包括飛驒在內的周邊地區也逐漸被捲入其中。

就在暴風雨到來前夕，三木良頼卻開始他自己的計劃，永祿元年（一五五八）正月，三木良賴通過前關白近衛前久的幫助下，成功任從五位下飛驒守，是真真實實的朝廷認證的官位，這對於地方的一介武士三木家而言，已算是莫大的榮譽，但良賴的野心不盡於此。第二年的永祿二年（一五五九），良賴為兒子光賴求得朝廷批准繼承早已沒落的古川姊小路家，改名姊小路自綱，到了永祿三年（一五六〇）時，三木家已經獲准許變成姊小路家，三木（姊小路）良賴也昇官至從四位下，獲前關白近衛前久（當時叫「近衛前嗣」）賜名，改為「姊小路嗣賴」。

三木家突然進行「大進化」，跟當時的情勢有莫大的關係。川中島之戰中最慘烈的第四次川中島之戰前夕，為免信濃北鄰的上杉謙信從後伺機而動，武田信玄千方百計找方法牽制謙信。於是，信玄便盯上了信濃國西北面的飛驒。永祿二年（一五五九）十月，即第四次川中島之戰前一年，信玄聯絡了飛驒北部的江馬家一族的麻生野家，要求他們為武田家效命。江馬家所在的高原川地區（今・岐阜縣飛驒市神岡町）連接信濃與越中兩國，信玄找上江馬家一族便是希望藉著通交，打通兩國之地，與同樣跟謙信敵對的越中本願寺門徒保持聯絡，一有機會便夾擊越後。

另一方的三木良賴（當時已叫「姊小路嗣賴」）則在永祿四年後才明確與上杉謙信進行合作，這背後居中協調的就是前述的前關白近衛前久。上述的三木父子官位晉升、改氏都由近衛前久幫助跟將軍足利義輝及朝廷斡旋。雖說三木家是飛驒一國的最強勢力，但說穿了也不過是山中小國的規模，顯然謙信與前久會看上三木直賴，就是受到了信玄對江馬家打主意的刺激而做的決定。換言之，與上杉謙信有深厚關係的近衛前久為了幫助盟友與信玄周旋，便出手扶持、拉攏了三木家，利用三木家來堵住信玄試圖利用江馬家來打開飛驒至越中通道的計劃。

永祿三年（一五六〇）冬的第四次川中島之戰後，對北上已無興趣的武田信玄只想要保住信濃國（水內郡飯山城以外）的控制，接著便轉為向南方擴張。但是，牽制謙信仍然是轉進時的重要課題。事隔數年後，正當上杉・武田的戰鬥由信濃轉向西上野（今・群馬縣沼田市、高崎市）之時，永祿七年（一五六四）夏天，武田信玄突然派員入侵飛驒，事緣江馬家因為支援信玄與否的問題出現內訌，當家江馬時盛決意與信玄聯盟，親上杉的支族江馬輝盛被迫逃亡，而飛驒國南部的美濃國郡上郡也同樣受到兩大強國的暗鬥影響，出現了派系對立分裂。

為了防止信玄成功打通飛驒的缺口，對越中、越後構成威脅，謙信命令親上杉的越中國領主連同早年被信玄打敗的信濃國領主村上義清南下，與三木良賴父子率先進行反擊，自己也在事隔四年後再一次兵臨川中島，牽制武田家，這便是所謂的「第五次川中島之戰」。

上杉陣營殺到後，故弄玄虛的信玄便失去了戰意，撤回入侵飛驒的兵力，獨留決心支持武田家，等待信玄前來救援的江馬時盛被上杉大軍重重包圍。結果，江馬時盛被放逐（一說被殺），親上杉的庶族江馬輝盛被扶植為新的江馬家當家。

是次在飛驒的勝利也是上杉與武田兩家對壘以來，上杉陣營唯一一次取得完全勝利的較量，然而，謙信自此也沒有再向川中島進軍，保住飛驒國的主導權從結果上而言，變相是上杉與武田雙方達成了劃分楚河漢界的一個「暗然協議」，兩軍的主戰場仍然是西上野，而兩家後來也各自為自己的戰線（武田：駿河／上杉：能登、關東）而奮鬥。曾經成為大國對壘焦點的飛驒國終於有驚無險地延續數年的和平，三木姉小路家主要的動作也集中在支援上杉謙信牽制越中的反上杉勢力上，直到元龜三年（一五七二）武田信玄西上為止……。

# 豐饒之國

## 富港開運

織田信秀的生年一般都是倚靠記述織田信長的回憶錄《信長公記》中提到信秀死時享年四十二歲。按當地的史料，大抵確定信秀應死於天文二十一年（一五五二）。這樣推算的話，信秀乃生於永正八年（一五一一）。大永六年（一五二六）連歌師島田宗長在前往駿河途中在津島停留，並與當時的「津島領主」織田霜台（「彈正忠」的別稱）的兒子「三郎」見面。以信秀的生年推算，這個「三郎」便是信秀，自然「織田霜台」便是信秀之父彈正忠信貞。

大永四年（一五二四）前後，信貞出兵攻佔了津島（今・愛知縣津島市）。津島町眾雖然抵抗，但最終被迫與信貞方和解，逐漸受到信貞的支配。所以，宗長當年見面信貞及信秀的時候乃兩父子剛得到津島不久的時候。

信貞出身的彈正忠家乃尾張國守護代織田大和守家的三奉行之一，一般相信彈正忠家乃大和守家的庶族，同家在戰國初期以尾張西部中島郡勝幡（今．愛知縣愛西市）為主城，也是後來信長出生的地方。

中島郡本來為尾張上四郡守護代織田伊勢守家所轄之地，後來不知為何以及何時被敵對的彈正忠家奪取。勝幡位於尾張國西部，勝幡城倚三宅川而建，有關勝幡城的記載並不多，天文二年（一五三三）七月，京都貴族山科言繼及當代連歌界大師飛鳥井雅綱一同來到勝幡城，為朝廷的生活費向信秀求救，兩人經津島前往勝幡城。當時的勝幡城內正在修建，工程之浩大讓這兩位公卿嘆為觀止。當時的信秀二十五歲，信長則在次年出生於此城。

織田信秀的實力讓久居京都的公卿都大感震撼，信秀的實力來自於其父控制了津島而得以大大提升。津島（今．愛知縣津島市）位於尾張國西南端，乃天王川口發展出來的三角洲地帶，古來是尾張與鄰國伊勢國境間的小渡口。

同地的津島牛頭天王神社成為尾張國熱田神宮之外較有力的宗教中心，加上位處東海道來往東國及近畿要道之間，與伊勢的桑名（今．三重縣桑名市）及三河灣形成一個貿易圈，因此到了戰國初期的大永年間（一五二〇至一五二七）的津島以津島牛頭天王神社為中心慢慢從一個邊境渡口發展成為米、布等重要物資轉運及人流交通的中心地，津島對岸的伊勢灣的船隻熙來攘往，足見當時津島已是從伊勢路進入三遠駿的中轉之地。

在這種經濟實力下，津島發展出由町眾共同管理的自治組織，在現存的記載上，直至信貞的出現為止，津島並沒有完全受制於當地權力的明顯記錄。勝幡與津島只有不到5公里之遙，自然信貞將眼光瞄向津島也是自然不過的了。

其實彈正忠家「巧取豪奪」已有前科，中島郡的妙興寺就記載織田彈正忠家自良信（信秀祖父）開始，信貞、信秀三代都不斷蠶食寺領。這或許跟彈正忠家從伊勢守家奪取中島郡後，在守護代大和守家的默許下急速發展其勢力有關。

無論如何，織田信貞拿下津島後，雖然不至於立即能完全控制，但這對於日後彈正忠家起飛有著非常重要的意義。雖說是強行奪取了津島，但這不代表信貞及信秀只為了奪取津島的資源及錢財。在戰國時代初期，大名權力與商人、町眾之間的關係並非純粹的支配與被支配的關係，更重要的是在於維持互惠互利的關係。事實上，彈正忠家在支配津島後與傳統在當地具有重大影響力的津島神社神主家及同族堀田家和冰室家等都保持良好的關係，後來信長在聖德寺會見岳父齋藤道三時也是堀田氏從中協調，信貞更將自己的女兒許配給津島的有力家族大橋家為妻。

這裡最重要的是，彈正忠家得到津島後能夠完全支配，換言之，津島已成為彈正忠家的私有地，這也代表彈正忠家開始擺脫一直以來的身份地位，向自立化走出第一步。

承繼及發展彈正忠家的織田信秀在這種有力的支持下，開始著手擴大勢力，這也是信秀開始名揚天下的契機，甚至可以說是決定了其子信長及織田彈正忠家命運的第一步。

## 武篇之家

記載織田信長一生的《信長公記》中提及信長出身的彈正忠家為「武篇之家」，「武篇」意指武勇、善戰之意。換言之，彈正忠家是以「武」起家的。為了抓住津島的經濟力量，信貞強行控制了津島一事或可讓我們窺見彈正忠家「武篇」的一面，這個「武篇」的基因也將遺傳到信長身上。

然而，從控制津島一事中，我們也同時可以發現彈正忠家是以武力為手段，實際上是以經濟角度著眼，使自家富強起來的。因此，《公記》所指的「武篇」並非窮兵黷武之意。回到信秀的時代。究竟信秀是什麼時候繼承當家之位現在並沒有明確的史料記載，上節提到連歌師宗長於大永六年（一五二六）來到尾張國時，信秀仍然是彈正忠家的世子，當時信秀十六歲。天文二年（一五三三），公卿山科言繼及飛鳥井雅綱等人來到津島時，信秀已經成為彈正忠家的當家，因此信秀應在大永六年至天文二年（一五二六至一五三三）年之間繼承當家之位。

信秀繼承當家之位的這段期間能夠確認的第一件大事就是天文元年（一五三二）與主

君織田大和守達勝對立，到了翌年的天文二年（一五三三），亦即山科言繼及飛鳥井雅綱來到尾張的時候，信秀借助迎接公卿的機會，與達勝會面並達成了真正的和解。

這次的對立事件的原因及過程已不可解，但從信秀沒有在對立後立即拜見主君來看，信秀對主家的態度明顯出現了變化。不過，是次對立卻並未代表信秀已走上「以下犯上」之道，直至後來達勝從歷史上消聲匿跡為止，兩方都基本保持和平的關係。

天文二年（一五三三）與主君織田達勝和解後，信秀除了繼續統治領下的勝幡及津島外，開始踏出大展拳腳的第一步。在天文七年（一五三八）前後，織田信秀奪取了愛知郡的那古野城（今・愛知縣名古屋市），讓織田信秀正式走入更大的歷史舞台。

那古野城位於尾張中南部的愛知郡，該城是當時那古野今川家的主城。那古野今川家的史料極少，據說是室町幕府奉公眾之一，也是駿河今川家的分家，後因京都大亂而沒有上洛侍奉將軍，留在尾張國落地生根。

當時的那古野城城主是那古野氏豐，據傳氏豐是駿河今川家出身，「海道一弓取」（意思為「東海道第一武士」）今川義元之么弟。傳說那古野城是由義元之父今川氏親於大永二年（一五二二）所建，氏親將么子氏豐過繼到那古野今川家，於是氏豐便順理成章成為城主。那古野城被信秀奪取後，一說指氏豐逃到京都，但也有說指逃回駿河，也有說他後來下落不明。

至於為什麼信秀會突然奪取了那古野城也是有眾多問題，當然信秀也沒有交代為什麼這樣做。不過目前我們可以用兩個角度去理解。

首先是「家恨」問題。應仁文明之亂後，室町將軍在各地方的影響力急速減退，自然慢慢難以制止大名間的爭戰。其中，永正十四年（一五一七）駿河今川家便與當時仍然兼任遠江國守護的斯波家（即尾張織田家的主君）發生戰爭，最終斯波家大敗，遠江的控制權也因而拱手讓予今川家，於是今川家的勢力便開始席捲東海道，通過三河直指尾張國。

上述有關氏親築起那古野城的傳說雖然沒有史料佐證，但亦沒有矛盾之處，在其他的史料中的確看到氏豐在天文初年實為那古野城主，因此，如果上述說法沒有誤傳，那麼那古野城可說是今川家西進的橋頭堡。所以，織田信秀作為守護代織田大和守家的一族及家臣，奪取那古野城的背景與大主君斯波家的遺恨也不能說沒有關係。

不過，我們要留意的是，在史料上可以看到信秀奪取那古野城前，大和守家與信秀的彈正忠家都似乎跟氏豐關係良好，並且一起出席山科言繼及飛鳥井雅綱在勝幡城舉行的連歌會。但使這個情況改變的主因是發生於天文四年（一五三五）的「守山崩變」，即三河的松平清康被暗殺事件。松平清康乃後來德川家康的祖父，這位年輕的武士出身在三河松平鄉，松平家自始開家祖松平親氏以來，一直盤據在三河西部，後來經過數代的經營在該國不斷擴大勢力，後來在天文四年（一五三五）更兵指尾張東部，攻打守山城。但清康就是在這時被殺。

事實上，當時尾張國東部與三河國西部（今・愛知縣中部地區大府市、安城市、岡崎市一帶）的勢力混雜，大和守雖為下四郡守護代，但從史料上看該家在尾張東南的影響力明顯薄弱。清康被殺後，三河松平家便失去了領導西進的指揮，各支族便繼續各自為政。這樣一來，雖然原本尾張東南受到松平清康的威脅得到解除，但同時也令局勢出現真空狀態，所以松平清康之死令東海地區的局勢變得不明朗。所以，接踵而來的就是來自駿河今川家的威脅。

松平清康死後，松平清康之子廣忠只有十多歲，同族的松平一族本來便沒有十分齊心，各自選擇了有利自己的方向。於是，年少無依的松平廣忠便倒向駿河今川家，並在後來交出嫡子竹千代（即家康）作為人質，以此換取今川家的支持，這等同讓今川家得到了進出三河，窺伺尾張的大好機會。

對於織田大和守家而言，雖然少了松平清康的威脅，但卻又要面對今川家的進逼。在這個背景下，那古野今川家的存在就不再一樣了。從地理而言，織田大和守家的主城是清洲（亦作「清須」），斯波家從遠江大敗而歸後便與大和守家同居在清洲，可說是接受大和守家的庇護。清洲與那古野之間只有數里之遙，一旦出現對立，清洲也將成為前線。如果說那古野城是駿河今川家為了西進而建造的，而目前的情況又是今川家向尾張進出的話，那麼這對於尾張下四郡的守護代織田大和守家及守護斯波家而言明顯構成威脅。

這樣一來，信秀突然反目成仇，奪取那古野城的理由也就不難理解了。而從信秀的主君大和守達勝在天文七年（一五三八）指示改修那古野城來看，信秀奪取該城並非單純因為個人的野心所起，而是得到了大和守家的支持的。

後來，攻下那古野城的信秀便接連在兩年後的天文九年（一五四〇）向西三河進軍，並攻下了安祥城（今．愛知縣安城市）。先奪取那古野城，再攻下三河安祥城，信秀東進的行動既有偶然因素（清康之死），同時也有積極的目的，那就是要將今川家的勢力排除出尾張國，於是先發制人，以牽制將會入侵的駿河今川家。

但一如上述，東進的勝利亦代表織田信秀將要親自面對即將西進的今川義元，同時間在北方美濃國發生的事件也令信秀遇到一個人生的分歧點，也將為其子信長的前半生的路線定下大綱。

## 強敵之間

天文四年（一五三五），三河的松平清康（德川家康祖父）被家臣暗殺後，信秀與三河的局勢頓時改變。清康死後，其子松平廣忠（家康之父）繼承當家之位後，原本氣勢如虹的松平家轉向守勢。面對信秀的反攻，松平廣忠於天文九年（一五四〇）打算先發制人，意圖攻下尾張與三河邊界的鳴海城。然而，這個絕地反擊戰最終以失敗告終。信秀有見及此也進行了反擊戰，同年夏天，信秀攻下了松平廣忠的主城．安祥城，史稱「安祥城之戰」。

經過此戰後，信秀成功將勢力圈擴大至西三河的同時，也是成功將尾張內的外敵完全趕出該國。這樣一來，信秀的名聲更是與日俱增，然而，反攻松平家的戰事從另一個角度而言，便是進一步刺激控制遠江、駿河的今川家。織田家對今川家的戰事已是時間的問題，而將兩個勢力拉扯在一起的松平家的將來也可稱得上是波瀾萬丈，這或許便是命運的作弄。

安祥城之戰後的廣忠被迫退到岡崎，松平家的情勢已是岌岌可危（安祥城與岡崎城相距不足六公里）。在這個時候，家中各族出現不穩，原本已是親信秀的松平家同族．櫻井信定意圖趕走廣忠，控制岡崎城。此舉無疑將會擴大信秀的優勢，松平家的情況更加岌岌可危。於是在安祥城被奪及家中反叛，四面楚歌的的情況下，廣忠便求救於今川義元。

前章提到，今川義元乃駿河今川家第九代的當家，正當松平清康在守山被殺的時候，今川義元正與庶兄玄廣惠探爭奪當家之位，爆發了有名「花藏之亂」。最終義元成功繼承當家之位，正式走進歷史的舞台。

當時的他內政上要收拾內亂後的局勢外，在外交上也採取了與父兄不同的方針，他選擇與宿敵甲斐武田家修好，並迎娶了家族宿敵・武田信虎的長女為妻，此舉等於與友好的小田原北條家反臉，東海地區的局勢也因此走向不明朗。

松平廣忠出使到駿河今川館（今・靜岡縣靜岡市）求救時，義元才在位第三年。對於義元來說，這無疑給予了自己進兵三河的絕好機會，然而，義元在當時只能運用影響力讓被趕出岡崎的廣忠在一年後的天文十年（一五四一）回到岡崎城，至於進兵支援則要等到七年後的天文十七年（一五四八）才能成事。

這都因為東面的北條氏綱一直進行外交及謀略工作，意圖牽制今川義元。兩家終於在天文十四年（一五四五）爆發了著名的「第一次河東之亂」（詳見中冊第二章・東國潮湧——中——鼎立）。在這個情況下，義元並無餘力為三河的松平家提供支援，因此，信秀能夠繼續領有西三河算是受惠於此。

然而，信秀雖然暫時保住西三河，但卻又捲入另一個事件之中。這事件可說是標誌著信秀的人生由盛轉衰的轉捩點。河東之亂爆發前一年的天文十三年（一五四四），尾張北面的美濃國發生內亂，守護土岐賴藝被權臣齋藤利政（道三）趕出美濃。被趕走的賴藝逃到近江國後，通過姻親六角家連絡越前國朝倉家求助，更成功請來了名將・朝倉宗滴率援軍前來。同時，賴藝也向織田信秀請求出兵進行南北夾攻齋藤道三，試圖一舉奪回美濃國。

然而，局勢一直處於膠著狀態，信秀在三年後的天文十六年（一五四七）終於糾合了尾張國內的各方領主一起出兵，向道三所在的稻葉山城（今．岐阜縣岐阜市，後來的岐阜城）。這裡要注意的是，攻圍稻葉山城的信秀除了出動自己的軍隊外，還利用了支援土岐家的大義名份，號召了整個尾張國內的各家勢力一同出兵，因此，如能一舉成功的話，信秀自己及彈正忠家的威名及影響力將會擴大至整個尾張國以至美濃國內。

然而，這個如意算盤終究沒有打響。道三突然出兵追擊，使尾張國的軍隊死傷逾五千人，信秀也只能勉強突圍而出，免於戰死。這次大敗後，雖然沒有使信秀的實力受到大的打擊，但最大的損失是多年來贏取的聲望及光榮被圍攻稻葉山城的大敗塗上污點。稻葉山城之戰後，尾張北部的伊勢守家及其支族轉為與信秀敵對，而大約在同時間，一直默認信秀行動的守護代織田達勝病死，信秀喪失了政治靠山，一時陷入了進退兩難的局面。正所謂屋漏偏逢連夜雨，就在這個關鍵時刻，東面的今川義元也趕來向信秀的傷口撒鹽。

義元通過與武田、北條達成三家同盟，終於將方向集中在三河、尾張的戰線上。就在信秀大敗於稻葉山城前一年開始，今川義元的軍師太原崇孚在兩年間率兵攻下東三河的吉田城（今．愛知縣豐橋市）及田原城（今．愛知縣田原市），進一步向西三河進迫。

義元利用這次機會向松平廣忠要求交出嫡子竹千代（家康）作為人質，換取今川家的支援，廣忠答應後便將竹千代送往駿府，但竹千代在途中被親織田方的領主戶田康光劫走，這件事件進一步使今川義元矢志向西三河甚至尾張進兵。天文十七年（一五四八）今川軍在小豆坂之戰打敗了信秀，及至翌年的天文十八年（一五四九）再攻下了信秀控制數年的安祥城，更俘虜了信秀的庶長子信廣（信長庶兄）。事已至此，陷入內外困境的信秀決定與今川義元達成了交換引渡人質的協議，被劫走的竹千代被送還給今川方，信廣也被送回尾張。

其實在此期間的信秀也絕非坐以待斃，早在三家同盟前信秀便與北條氏康互通，也一直關注三家的情況，因此，當時的局勢及敵我關係其實牽扯到整個東海地區各家的互動。然而，天文十七年（一五四八）的小豆坂之戰及天文十八年（一五四九）的安祥城之戰後，信秀辛苦經營的西三河戰線便被銳意西進的今川軍迅速瓦解，加上年前的稻葉山城之戰大敗，信秀在當時事實上面對東、北兩方的同時壓力。

同時應付兩個強大的對手絕非良策，於是信秀便選擇與齋藤道三締盟，由重臣平手政秀向道三提親，將其女嫁予信秀嫡子信長為妻，藉此化解兩家的對立局面。

信秀原本與道三本無私怨，只因土岐賴藝的邀請做為大義名份出兵，加上信秀的勢力位於尾張南部及西三河，北尾張與美濃南部本來就並非信秀的勢力範圍，兩者之間夾著與美濃關係密切的織田伊勢守家，一旦與道三堅持對立，勢必引起尾張北部的織田伊勢守家也連帶反抗，對於想保住西三河的信秀而言，絕不可由自己親手造成腹背受敵的局面，因此，與道三和解可說是穩住後方的良策。

世人稱今川、武田、北條的三家同盟是共利共贏的外交勝利，但其實織田、齋藤兩家的小同盟在當時的意義雖少，但其所帶來的影響之大，相信也遠超過信秀及道三兩位當事人的想像。這個容後再談。

總之，信秀並非以「以下犯上」的方式成為新的勢力，反而是仍然利用殘存的守護、守護代的傳統權威，擴大了自己的勢力，再利用自身的實力將聲望及影響力推向高峰。然而，信秀這種模式隨著織田達勝死亡，換上新主君後情況又再次變化。終信秀一生，他的位置也仍然停留在大和守家的重臣之位，並未能再向前踏進一步，這個任務便因此落在信長身上。

## 尾張狂人

與道三結成同盟後，信秀本應全力投向對今川的戰爭當中，但就在這個時候，大約在天文十九年（一五五〇）前後，信秀感染了疫病因而長期臥病，外交及內政都分別交給了重臣們及嫡子信長處理，兩年後的天文二十一年（一五五一）三月，久病不復的信秀於末森城（今・愛知縣名古屋市千種區）撒手人寰。

信秀病重的消息傳出後，今川義元當然沒有放過這個機會。義元藉著信秀病重的前一年，即天文十八年（一五四九），三河的松平廣忠也急病死去的機會，成功利用救助之便接收了無主的岡崎城，一舉將勢力圈推展至三河與尾張國境。織田家與今川家之間的三河攻防戰迎來了新階段，兩家的多年恩怨也將由信秀之子信長來解決，這就是後來的桶狹間之戰。

天文二十一年（一五五二）父親信秀病死後，十九歲的信長繼承當家之位。信長在當時的實力及名聲都遠不如父親，那時候已有一些從前聽從信秀的國人領主離巢，而在彈正忠家內信長的地位也並不是十分穩固。兄弟、叔叔等都沒有全心全意地守護信長，加上外有強敵齋藤家及今川家也對於富饒的尾張國虎視眈眈，強人信秀死後的彈正忠家正處於風雨飄搖之境。

不過，信長的性格還是有點像他父親，信長還是積極主動地面對這些難題，在爾虞我詐，親情或濃或淡的戰國亂世，即使是血親、手足在必要時也是得強硬。

信長繼位僅一個月後，鳴海郡的領主山口家便倒向強敵今川義元，尾張國東南部的部分區域也一時落入今川義元之手，與此同時，其他反信長的國內勢力也來個裡應外合，紛紛起來奪取彈正忠家的地盤。為了收復失地，尾張國內的內戰與對抗今川家的戰爭即將打響。

在這之前的天文二十二年（一五五三），尾張國名義上的領導人．守護斯波義統在清須城被手下殺害，義統的遺兒義銀逃到信長身邊要求庇護，有了這個及時雨，信長便有了大義名分放心對國內的敵人進行反擊，並且借著為主君報仇的名義，向處位置國內中央的清須一帶擴張。

信長以他一貫的快速行動攻擊清須城，初時無法成功，但由於敵方要求談判，信長便與同軍的叔父織田信光合謀將計就計，成功奪取了清須城。事後信長便將主城由那古野（今．名古市）搬到清須城，成為進出尾張國中央部的重要一步。

清須城之戰後，信長的二兄織田秀俊、叔父織田信光相繼被自己手下的家臣暗殺。雖然現時已經無法證明信長與這些事件有關，但由於兩人在當時都是有一定名聲之人，客觀上來說都有可能成為信長潛在的敵人，因此不少史家相信兩人的死去跟信長有利，不排除是信長所為的可能性。

兩個潛在競爭對手離奇地相繼死去後，信長剩下來的敵人仍然是自己的親兄弟，頭號大敵便是自己的胞弟織田信勝。信勝在父親信秀生前便已經小有名氣，因此在信秀死後也成為與信長爭奪當家寶座的最強競爭對手，就連兩兄弟的生母土田夫人也偏向信勝，彈正忠家內也漸漸形成了信長及信勝兩派的對立局面。

就在兩方正在水面下冷戰的時候，弘治二年（一五五六）發生了一場重大的政治事件，正式把問題表面化。同年四月二十日，信長的岳父齋藤道三與兒子齋藤義龍在長良川邊（今．岐阜縣岐阜市）爆發內戰，最終道三軍大敗，道三本人也戰死沙場。

原本信秀生前借助岳婿關係穩住了北方邊境的情況也因此出現了逆轉，加上道三在戰前寫了一封遺書，把自己在美濃國內的領地大部分都送給信長，承認信長成為自己的合法繼承人。道三在長良川之戰戰死後，兒子兼勝利者義龍當然不會讓父親道三的計劃得逞，自然也會把下一個矛頭指向信長。

信長失去了靠山的同時，又多了一個強大的敵人，形勢完全不樂觀，而他的敵人們當然是樂見其事，打算藉此機會一舉打敗信長。前面提到的信勝便早早起事，在長良川之戰後四個月，同年八月首先強奪了信長的一處名為篠木三鄉（今．愛知縣春日井市）領地為契機，正式與信長翻臉。兩軍在南方的稻生原（今．愛知縣名古屋市）對壘，信長軍七百人對信勝軍千餘人之下，信長軍靠著日常嚴格的訓練下輕鬆拿下了這場重要的勝利，而這場勝利也印證了信長重視少數精銳，輕兵機動戰術的成功，今後信長的不少戰役裡，這種戰術都發揮了重大的作用，但也間接地導致信長的失敗……。

稻生之戰後，念在手足之情，並且考慮到信勝的政治影響力，為免在外敵環伺的情況下進一步削弱自家力量，信長並沒有立即處死自己的胞弟。對於弟弟手下的人才，信長也沒有一律同罪論處，尤其在稻生之戰後信勝陣營中的重臣柴田勝家的才幹獲得信長的肯定，在日後勝家便成為了信長的重臣。

除了胞弟，信長的同父異母兄長織田信廣也藉著齋藤家換主的機會，對信長作出挑戰。信廣在弘治三年（一五五七）前後與齋藤義龍合作，打算來個裡應外合夾擊信長，但由於事前被信長發現，計劃最終無疾而終，信廣被迫向信長投降保命。

處理完弟弟和兄長的威脅後，信長便繼續一手平定尾張國的計劃。下一個目標便是北面的岩倉織田家。岩倉織田家屬於尾張國上四郡的守護代，當時在中北部仍然有不弱的勢力，不過在永祿元年（一五五八）的內亂後，信長便藉機與最北面的同族織田信清一起夾擊岩倉城（今．愛知縣一宮市），並且在附近的浮野之戰中再次大獲全勝，大幅削弱了岩倉織田家的實力。

另一方面，反叛之心不死的弟弟信勝涉嫌與岩倉織田家聯手，信長藉著浮野之戰大勝，認為時機已經成熟，於是在同年底於清須城內暗殺了自己的弟弟。在翌年永祿二年（一五五九）初，信長在內無威脅下終於一口氣攻下了岩倉城，將勢力擴大到尾張北部。

至此，信長用了六年時間把繼位後一直對自己不利的兄弟、一族、遠親一一平定。即使這樣，距離完全統一尾張國仍然有長長的路要走，而且前景是越來越凶險。

縱然如此，信長在大致處理了國內身近的敵對勢力後，便突然春天帶著八十多名隨從微服上京，拜會當時的將軍足利義輝，以換取幕府認可自己的軍事行動，同時獲得更好的大義名分。其實，當時的義輝也急需各地戰國大名協助，對抗京畿最強的三好長慶勢力。信長以「新星」的姿勢來到京都，而且所處的地盤又距離京都不遠，對於義輝來說，自然是值得投資的了。

## 勝利奇蹟

在信長上洛的前後，得到尾張國內部分領主倒戈，以及美濃的齋藤氏內亂初定，信長沒有強援，東邊的今川義元終於得到機會繼續蠶食鯨吞尾張國，以實現他夢寐以求的稱霸東海道大計。尤其是在信長繼位後不久，尾張東南部的鳴海城城主山口氏率先倒戈今川陣營，成功切開了從三河進入尾張的缺口。信長上京前也已做了準備，在鳴海及附近大高兩城附近佈置五個小要塞作牽制，兩軍對峙的情況一直持續（圖2-18　桶狹間之戰行軍圖）。

永祿三年（一五六〇）四月底，完成在東邊後方的防衛安排後，今川義元於五月十二日率領上萬的大軍直撲尾張，另外再聯絡盤踞在尾張西南端的海賊服部氏從背後侵襲，形成包夾之勢。目標只有一個，那便是要把信長勢力連根拔起，一舉佔領尾張國。七日後的五月十八日，義元大軍的前鋒松平元康（後來的德川家康）等人已經攻入尾張國東南的愛知郡及知多郡，正準備在第二日早上繼續向中部的清須城挺進。是日凌晨，得知今川軍來

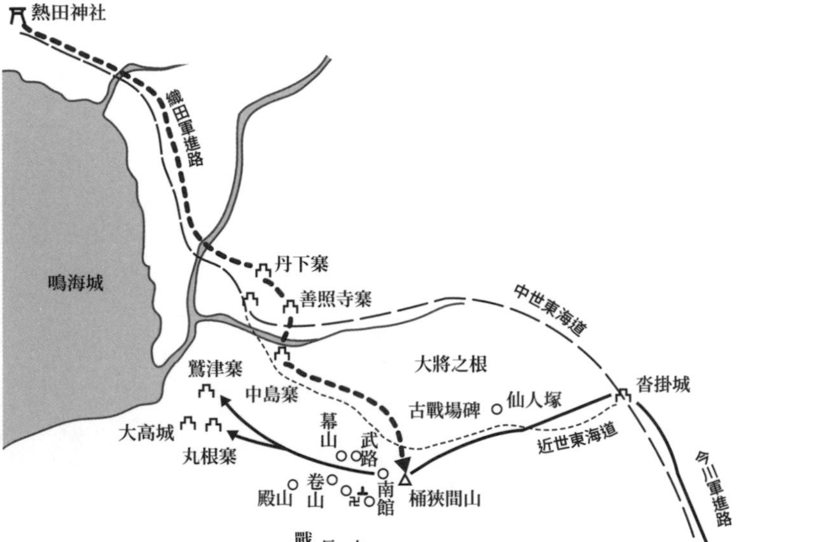


圖 2-18 桶狹間之戰行軍圖

襲的消息，信長在深夜率寡兵出擊，其餘家臣們獲悉後才紛紛從後趕上，並在早上追上信長，一同在前線視察，當時信長軍大約只有二千至三千不到的兵力，對今川軍是接近以一對十的絕對劣勢。唯一可幸的是，這些部隊都是上述信長手下的精銳部隊，戰力方面還可以一搏，但正面對戰是肯定不可能的。

就在這時候，戰場的天氣突然巨變，強烈的強風及陣雨使信長有機可乘，趁著風雨交加的混亂下，躲開今川軍前鋒的注意，直接向東衝到今川義元的大本營面前。今川軍本營的衛隊冷不及防下被信長軍成功衝破，並且由手下的毛利良勝把致勝的唯一關鍵——今川義元的首級斬下，歷時不足五小時的大戰就此戲劇性地結束，史稱「桶狹間之戰」。

湖國流轉

## 忍辱負重

第一部已提到，北近江自文明二年（一四七〇）守護京極持清死去開始進入戰國時代。此後，京極家內部爆發連串的內訌及家臣奪權引起的權力鬥爭，京極家的威勢雖說是大不如前，但到了京極高清（持清之孫）時，仍然能勉強地在北近江穩住陣腳，繼續作為最高政治領袖，君臨北近江（圖2-19 淺井三代）。

到了大永三年（一五二三），圍繞著家臣間的權力鬥爭越趨熾熱，由淺見家、淺井家為首的中上級家臣疑是不滿受到欺壓，決定聯手出擊，試圖推倒當時京極家最高的重臣上坂信光。這是上坂家第二次面對領主們的圍攻，這次更將矛頭指向背後的主君京極高清。

那時候，京極高清也因為選擇後繼人的問題左右為難，

**圖2-19 淺井三代**

亮政——久政——長政

最終，兩派利用這機會，各自推舉高清的兩個兒子，反上坂家的淺見、淺井家搶先擁立長子京極高廣，上坂家則隨即擁護高清鍾愛的次子高慶來對抗。

雙方膠著狀態一直持續下，處於劣勢的高慶派誘使南方宿敵六角家支持自己，導致六角家有了借機出兵犯境的正當理由，北近江再次陷入戰亂狀態。

大亂持續兩年後，高廣派取得暫時的勝利，主君京極高清一時逃到尾張國避難。但接著，高廣派內的領導者淺見家與淺井家便醞釀新的權力鬥爭，為了壓倒政敵，淺井家的當家淺井亮政從尾張迎回京極高清回到北近江歸位，達成最終的和解，也使得淺井亮政在家中的地位大大提高，逐漸走上了北近江領主的盟主地位。

家內的矛盾暫且化解後，接下來便要解決外患，藉機干預內政的六角家一直藉由協助落敗的上坂家以及與當家之位擦身而過的京極高慶，北上侵擾邊界。在新崛起的盟主淺井亮政的領導下，北近江的領主聯盟與六角軍自享祿元年至天文七年（一五二八至一五三八）的十年間爆發了數次對決，但都只能說互有勝負，沒有取得突破。

其中最危險的一次便是大永五年（一五二五）五月，六角大軍長驅直入北近江，又聯絡友好的朝倉家南北夾攻亮政所在的小谷城（今・滋賀縣長濱市），最後雖然勉強逼退的人，但亮政的崛起致使淺井家成為眾矢之的的事實已經十分明顯。

辛苦逼退外敵後，在內，亮政為了努力鞏固盟主的地位，當中最重要的就是加強與主君京極家的關係。對手的京極家久經戰亂後早已元氣大傷，加上沒有了幕府及將軍在外保障權威下，更加無法像從前那樣凌駕領內的各領主。現在，淺井亮政以共存共榮的方式向京極家伸手，自然是無奈之下的善策。

在天文三年（一五三四），亮政宴請京極高清及高廣父子到自己的居城小谷城遊玩。家臣獲主君親臨居城作客，在政治及禮法上都是無上光榮，這次邀請象徵著淺井家已經握住京極家，可以進一步利用他們去領導其他領主。

就在亮政完成了這項重要的政治工作的八年後，即天文十一年（一五四二）初病死，由長子久政繼位。與父親不同，久政選擇以守為政治重心。當時的政治環境對淺井家來說沒有絲毫的益處，宿敵六角定賴及義賢父子與當時正掌握京畿的三好長慶和解，兩者之間暫時處於小康狀態，而北方的朝倉家也與六角家沒有瓜葛，六角家可謂毫無顧忌的可以在南近江地區形成一個小霸的局面。

此消彼長之下，久政時代的淺井家雖然仍然是北近江領主們的領袖，但亮政時代的連場大戰下，各領主都十分疲憊，各領內的生產及村落也出現厭戰情緒，現實上也已不容許再行大規模的反擊行動，於是，久政主導下的北近江領主聯盟決定與六角家休戰罷兵，事實上就是向六角家及現實妥協。更在永祿二年（一五五九）正月讓兒子猿夜叉迎娶六角家家臣平井家的女兒為妻，又為兒子從六角家當家・六角義賢裡拜求賜名，即後來的淺井賢政（長政）。

## 湖北新星

雖然如此，這不代表久政在政治上毫不作為，對六角家妥協的同時，久政另一個重要的外交方針就是與北方的強大近鄰朝倉家建立友好關係，以防六角家萬一翻臉，可以試著靠朝倉家來救亡。久政這種左右逢源，誰都不得罪的方針與父親時代的不盡相同，然而，靠著這種方法，除了在弘治二年配合六角家風軍事行動出兵伊勢（今．三重縣）外，基本上實現了領內沒有大的兵禍的結果，這也為後來兒子淺井長政崛起建立好基礎。

可謂韜光養晦的淺井家很快便迎來了新的移變。時值十五歲的淺井賢政於永祿二年突然決定把平井家娶來的新妻送走。顯示長政和他的背後有家臣、領主藉著長政成年，改變久政的綏安政策。

永祿三年（一五六〇），在長政派的主導下，淺井家改為與六角家展開對決，更於八月的野良田之戰（今．滋賀縣彥根市）中贏取了數十多年來首次對六角家的勝利。

野良田之戰的勝利讓長政派更確信能獲得扭轉六角家欺壓的局面，長政休妻後又於永祿四年（一五六一）放棄父親為自己求來的「賢」字，自行改名為「長政」，意味著長政已跟六角家一刀兩斷，完全走向再啟戰端的局面。一直主和的久政也在此時選擇退下來，放手讓長政主導政事。

當「淺井賢政」改成「淺井長政」時，南方的宿敵六角家並非置若罔聞，然而，就在這時候，京極家、淺井家的宿敵六角家於兩年後的永祿六年（一五六三）爆發了著名的「觀音寺騷亂」。這場亂事的主要成因是，當時成為當家僅三年的六角義治（義賢之子）因為在得到隱退的父親義賢默許下，突然將位高權重的重臣後藤賢豐及他兒子一併暗殺，以圖重振當家權力。

但這場暗殺劇並沒有按照義治的預期那樣發展，反而引起巨大的公憤，人人自危的六角家臣群起反撲，最終迫使六角父子承認錯誤，並放棄重奪專制權力的念想，改為與家臣們共商國是。這場南近江的大亂使六角家內在矛盾加劇，主從之間互相牽制制肘下，六角家再也無法像從此那樣產生出一致的意志及強大戰力，走向一蹶不振。

六角家及時的衰退對正苦尋機會的淺井長政來說，儼如喜從天降。在六角家自相互鬥之時，長政在安定領內內政，準備備戰工作後，在外展開外交工作，除了繼續與朝倉家的關係外，長政永祿十一年（一五六八）與六角家南部的甲賀郡（今．滋賀縣甲賀市）領主山中家，以及琵琶湖西北地區的名族朽木家聯盟，矛頭直指六角家。另外，同時期前後，長政更與當時在尾張美濃崛起的織田家聯姻，迎娶了信長之妹（一說族妹）為新妻。

當時信長正在攻打美濃國（今．岐阜縣南部）的齋藤家。齋藤家與六角家在上述的義治時代曾關係密切，而且對信長的崛起感到不安。所以，長政與信長的結盟明顯就是基於「敵人的敵人就是朋友」的道理來展開的。不過，這時候的長政及淺井家家臣斷沒有想到這個「遠交近攻」策略將在後來為淺井家帶來滅頂之災……。

# 轉弱為強

## 開枝散葉

三河國西部的加茂郡松平鄉（今．愛知縣豐田市）裡盤據著一個在此繁衍的領主大家族──松平家。有關松平家的來歷已不可考，按傳記史上料，在十五世紀的時候，松平家的開家之祖松平親氏通過併購土地，慢慢在當地成長為一個較大規模的領主，成為松平家發祥之基。親氏死後，兩個兒子信廣、信光年幼之下，由弟弟泰親輔政（注：一說指信廣、信光是泰親之子。）（圖2-20　松平德川家系）。

在泰親以及親氏的兒子繼續發展之下，松平家的勢力已經由山區的加茂郡向平原區域的岡崎（今．愛知縣岡崎市）擴展。後來更巴結上幕府的政所執事（將軍的財務、家產管家）伊勢家，成為伊勢家在三河的家臣。

當時的三河國守護先後由足利將軍的遠親一色家，以及管領細川家的支族阿波細川家擔任，由於三河國同時是足利將軍家先祖的發祥之地，幕府尤其重視對三河國的管治，跟

圖2-20 松平德川家系

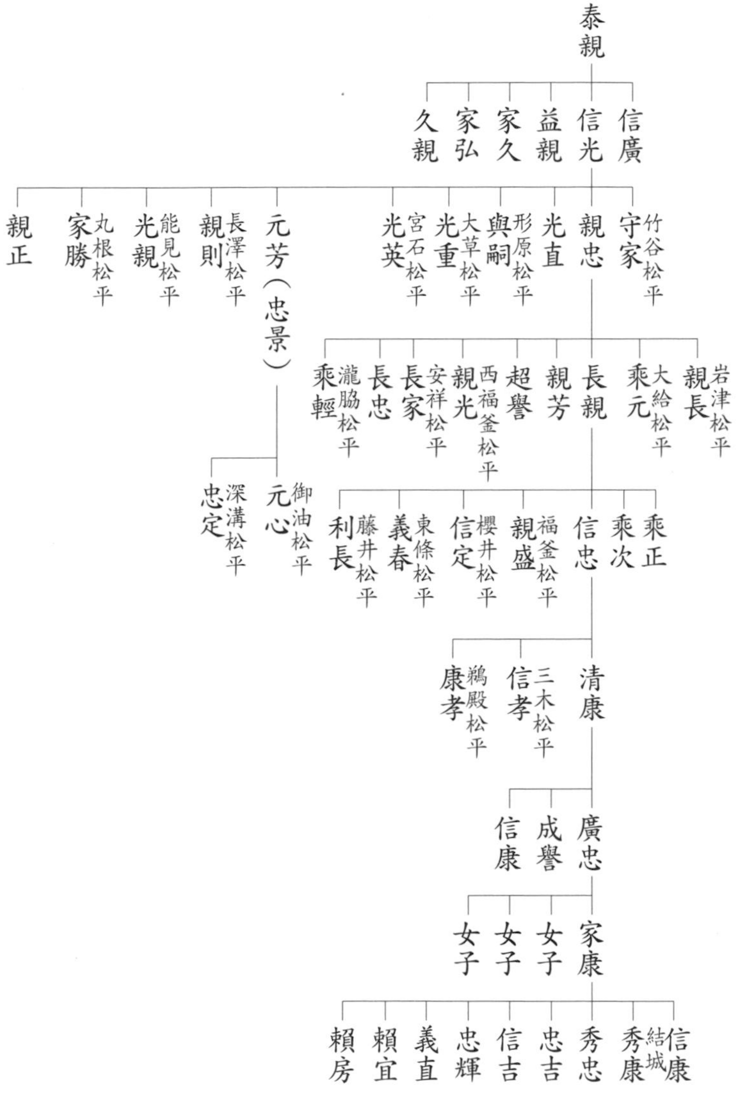
泰親
信廣
信光
益親
家久
家弘
久親
竹谷松平 守家
親忠
光直
形原松平 與嗣
大草松平 光重
宮石松平 光英
元芳（忠景）
長澤松平 親則
能見松平 光親
丸根松平 家勝
親正
岩津松平 親長
大給松平 乘元
長親
親芳
超譽
西福釜松平 親光
安祥松平 長家
長忠
瀧脇松平 乘輕
御油松平 元心
深溝松平 忠定
乘正
乘次
信忠
福釜松平 親盛
櫻井松平 信定
東條松平 義春
藤井松平 利長
清康
三木松平 信孝
鵜殿松平 康孝
廣忠
成譽
信康
家康
女子
女子
女子
信康
結城 秀康
秀忠
忠吉
信吉
忠輝
義直
賴宜
賴房

將國內的土地分配給將軍直轄的家臣「奉公眾」作食邑，將軍在當地也有私產，由上述的伊勢家代理。

由於奉公眾多在京都奉公，在三河的領地事務很多時候要仰仗伊勢家這個幕府將軍管家多多幫忙。因此，三河國的守護對該國的管治面對諸多限制。寬正六年（一四六五）五月，三河西部爆發了一場叛亂，守護細川家要求在三河國有影響力的伊勢家命令手下的三河領主幫忙平亂，其中一人便是松平家，這意味著松平家到了十五世紀後期已在該地區握有不少的影響力。

不久後，京都爆發應仁文明之亂，三河也因此出現戰亂，這時已經獨當一面的松平信光和兒子松平親忠趁機大展拳腳，從岡崎繼續向西方的碧海郡安城（今．愛知縣安城市）推進後，在那裡設置了新的根據地，意味著信光——親忠的這支松平家已走向三河國的中心區域，進一步推動家業的成長。

這時候，信光除了親忠外，還生下十數名子女，連同前幾代的親族，使松平家開枝散葉，分布在西三河各地。信光死後，長子親忠作為一族的成員，借助父蔭以及自己的努力，所率領的「安城松平家」在各個松平家分支裡嶄露頭角，成為各支松平家中聲望較高的一支。

然而，隨著時局變化，三河國迎來了新的挑戰，親忠之子．松平長忠的時代，即長享至永正年間（一四八〇至一五二〇）正值東方的遠江國守護斯波家（同時兼任尾張國守護）與駿河國守護今川家因為政治立場不同，展開了激烈的攻防戰。

其間，主導今川家與斯波家對戰的當家今川義忠在文明八年（一四七六）二月戰死，今川家一時陷入爭奪繼承權的混亂。幸好義忠的妻舅伊勢宗瑞（早雲）力挽狂瀾下，義忠之子氏親成功繼承大統後，為了完成父志，於是再次入侵遠江。

經過近二十年的努力後，遠江國大抵已在今川家的控制之下，受到今川家影響力向西部擴張的影響，遠江西鄰的三河國也自然首當其衝。當時三河東部渥美郡的田原城主（今・愛知縣田原市）戶田家與鄰近的同郡的今橋城主（今・愛知縣豐橋市）牧野家出現鬥爭，戶田家主動向剛好浸透到遠江、三河邊境的今川家借兵對敵，變相給予了今川家向三河用兵的機會。

## 乍現即逝

對今川家來說，拿下遠江的大部分地區後，有必要加強防範，確保遠江西鄰的三河不會成為遠江國內反今川勢力的反攻基地；另一方面，打通了駿河、遠江兩國的東海道物流路線後，西端的三河與背後的尾張也自然進入了今川家的戰略部署之中。

如今，戶田家邀請今川氏親進入三河，對三河而言時前所未有的危機。此外，這個問題之內還包含了多一種政治含義。當時的京都幕府在明應二年發生「明應政變」，管領細川政元與上面提到的將軍家管家伊勢家便是聯手廢掉了當時的將軍足利義稙，另外擁立了義稙的堂兄弟義澄為新將軍。

這次政變使各地勢力為此分裂對立，也將幕府將軍的權威一掃落地。原來今川家與細川政元有合作關係，也一起支持了政變，但在今川家的持續擴張的問題上出現不合的問題，今川家轉為支持被廢的義稙，而三河國內很多領主，包括松平家，以及上述的「奉公眾」則因為伊勢家的關係，松平家跟牧野家當然支持義澄了。

這種具有深層面的政治角力做為背景下，今川家的來襲所帶來的衝擊顯而易見，自永正三年（一五〇六）起，今川氏親便積極對三河用兵，中間在永正五年（一五〇八）的岩津、井田野的戰事中，被松平家在內的西三河領主打敗，一時暫定了軍事行動。

與此同時，安城松平家也乘著今川家入侵化危機為轉機，一邊與其他領主及松平一族抵抗外敵，一方面也不忘擴展地盤。甚至向同族的領地打主意。這時候的安城松平家當家松平信忠（長忠之子）因為這個問題與其他松平一族出現了矛盾對立，最終在一眾壓力下，信忠的野心受挫，還被迫下台，由只有十三歲的長子——松平清康繼任，並由信忠的弟弟——信定輔政。

父親過度的野心勃勃使一族關係緊張，修補關係，重新團結對外成為了年輕的清康與叔父信定的共同課題。同時，與叔父信定之間的權力分配也是潛藏的政治危機。

松平清康的首個動作是成為了另一支具有勢力的松平家分家岡崎松平家的女婿兼繼承人，將安城與岡崎兩家合併在自己手裡，穩住了安城松平家原來的威勢。接著對外方面，天文三年（一五三四）清康與部分的松平一族又與三河地區內親今川家的領主作戰，當時西三河地區的領主雖然一度打敗了今川家的來襲，但戰後為了現實投向今川家的領主也為數不少，三河國西部的局勢已經極為混亂。

亂上加亂的是威脅到三河國安定的禍源並不只有東方的今川家，在西鄰的尾張國也出現了一個具威脅性的人物，那就是織田信秀。當時的尾張國，守護斯波家自失去遠江後已是威名掃地，徒有虛名。尾張國內由守護代織田達勝操持，其底下再分出了小守護代（守護代的副官），信秀便是其中一人。天文初年（一五三〇年代），織田信秀與另一名小守護代發生權力鬥爭，將鄰近的勢力都捲了進來，包括松平清康與他的叔父松平信定。不幸的是，兩叔侄選擇了不同的陣營，清康屬於反信秀派，而信定則是親信秀派。

然而，天文四年（一五三五）十二月，這場叔侄對戰，自相殘殺的悲劇即將上演之際，更不幸的事情突然發生，松平清康率領軍隊抵達尾張國守山（今・愛知縣名古屋市）附近，準備近日出擊前，突然遭到家臣的偷襲被殺，死時年僅二十五歲。家臣行刺的原因眾說不定，大致是跟清康要與叔父信定開戰一事，使家臣團心生動搖。無論如何，這場被稱為「守山崩變」的突發事件發生後，這支安城—岡崎松平家多災多難的日子便開始了。

## 多災多難

清康被殺的消息傳出後，清康率領的軍隊慌忙退兵，被叔父信定的軍隊狙擊，一直到三河國岡崎城時，在城內的清康遺兒廣忠才不過幾歲，毫無反抗之力。結果，廣忠便被叔祖父趕出岡崎，輾轉之下來到了岡崎西邊的幡豆郡吉良莊（今・愛知縣西尾市），投靠了當地的名族吉良家。試圖從叔祖父信定手上收回岡崎城的控制權。

不過，失去父親下，廣忠一開始的光復行動並不順利，直至後來向從前的敵人今川家求助後，才有了重大的逆轉。當時的今川家當家今川氏輝剛死去，經過「花藏之亂」後，由他的胞弟今川義元接過權位。義元繼續父祖的西向政策，剛成為當家，松平家的內訌事件自己送上門來，義元自然時喜出望外，也很積極地幫助廣忠。

有今川義元撐腰的消息傳出後，廣忠的家臣也紛紛有了希望，繼續支撐幼主。瞬間之間形勢逆轉，松平信定只好屈服，於天文六年（一五三七）與廣忠和解，並容許廣忠回到岡崎。廣忠回到岡崎後，與叔祖父信定的關係貌合神離，這次事件也導致廣忠重用跟隨自己的近臣，與宗族之間保持距離。

另外，廣忠及他的家臣為免同樣的事情重演，立即廣結鄰邦，以求不會再被孤立。在回到岡崎後三年，即天文十年（一五四一）左右，廣忠與西鄰的尾張國東南部緒川城（今・愛知縣東浦町）的水野家結親，迎娶了同樣親今川的水野家的閨女大姬為妻，一年後的天文十一年（一五四二）冬，大姬生下了一名男兒，也就是後來的德川家康。

喜獲麟兒的廣忠沒有多久能喜悅的日子，松平家內，如松平信定那樣對廣忠獨斷地迎娶水野家的閨女為妻不滿的份子不在少數。更不巧的是姻親水野家在家康出生一年後決定改為支持織田信秀，內外夾攻之下，廣忠處於孤立的狀態，將妻子大姬給休了之後，再從田原城戶田家那裡娶來閨女續弦，以便與田原戶田家結盟。

不過，田原戶田家又剛好在當時跟今川義元有矛盾，間接使廣忠也成了反今川的存在，情況更糟糕。結果，不滿廣忠的松平家臣及一族決定以實際行動表明立場，與主君兵戎相見。天文十五年（一五四六）底，今川義元出兵攻打戶田家，另一邊織田信秀也出兵攻擊岡崎。

戶田家在今川大軍攻擊下，在天文十六年（一五四七）初夏一時落敗，但很快又擊退了義元的攻擊，保住了田原城。而廣忠面對信秀、宗族、家臣三方面的夾攻，安祥城也被攻陷之下，被迫在同年九月向信秀請和，將剛出生的兒子竹千代（家康）交給織田家作為人質。松平家以及一部分的同族一時之間成為了信秀勢力範圍內的領主。更重要的是，經此一役，信秀收服了松平家，使三河國的形勢倒向織田家，義元與信秀的三河爭奪戰越來越激烈。

然而，由於信秀在另一邊的美濃戰場，處處受制於齋藤道三，不得不暫時專心應付，同時被迫立下城下之盟的廣忠也為了挽回頹勢，主動向義元靠攏。在這兩個利好因素下，義元再次出手收復失地，在天文十七年（一五四八）的小豆坂之戰中挫敗了織田信秀的駐軍；另一方面，廣忠也在小豆坂之戰後連帶相關的耳取之戰（今．愛知縣岡崎市）中擊敗了松平信定等家中的反對派，重新保全了自己作為安城——岡崎松平家當家的顏面，下一步就是奪回被信秀拿走的安祥城。

正當在這次轉機到來時，廣忠卻在第二年的天文十八年三月染病而亡，年僅二十四歲。安城—岡崎松平家連續兩代的當家都英年早逝，使得家族的命運被陰霾籠罩著，前途茫茫。但是，更棘手的問題是廣忠的獨苗竹千代仍然在信秀手上，這樣一來松平家等同失去了繼承人，處於極度危險的狀態。

## 轉危為機

當家早死，世子在敵方手裡，松平家為了解決這個政治困局，向今川家尋求協助。這時候出面指點的，便是今川義元的師傅——太原崇孚。天文十八年九月，即廣忠死後半年，崇孚（雪齋）帶領今川軍進入三河，指示廣忠的家臣一起攻打安祥城，兩個月後安祥城成功陷落，守將織田信廣是信秀的庶長子，於是崇孚（雪齋）向信秀提出交換人質，將竹千代安全地接回來。

松平家所在的岡崎當時仍然屬於織田、今川兩大勢力的前哨作戰圈，以松平家的微弱力量，難保竹千代再次被俘，因此，崇孚（雪齋）將竹千代帶回駿河的今川館，代為照顧，再派遣遠江出身的家臣進入岡崎協助，但松平家的家務政事則仍舊由松平家臣自行處理，今川家只確保岡崎勢不失之餘，以及防範松平家臣會有輕忽舉動（圖2-21　三河地圖）。

安祥城之戰後，三河國的形勢明顯出現逆轉，加上織田信秀在戰後不久便得病休養，不得不收斂一直以來對外的積極舉動。天文二十一年（一五五二）信秀病死後，他的繼承人織田信長聲名狼藉，使織田家中以至尾張國出現政治危機，這些都使織田家在三河的勢力逐漸倒退。

不過，三河國內也仍然存在反今川的勢力在孤軍對抗，前述的吉良家便是其中一個。

美
濃
清洲
(清須)
守山
瀬戸
名古屋
尾 張
八草(那須氏)
西加茂郡
矢作川
足助
北設樂郡
熱田
伊保
(三宅氏)
猿投
矢並
寺部
則定
舉母
(中條氏)
酒呑
東加茂郡
段嶺(田峰)
(菅沼氏)
鳴海
大高
松平鄉
九久平
大給松平
瀧脇松平
岩津
三河
刈谷(刈屋)
(水野氏)
能見松平
南設樂郡
碧海郡
岡崎
額田郡
阿久居(久松氏)
(久松松平)
櫻井松平
福釜松平
藤井松平
大平川(菅生川)
野田(富永氏)
(太宮司一家)
八名郡
三木松平
古矢作川
西條(吉良氏)
今川
大草松平
長澤松平
豊川
富岡
(宇理氏)
幡豆郡
深溝松平
竹谷松平
五井松平
牧野
(牧野氏)
一色
東條(吉良氏)
(東條松平)
西郡
(鵜殿氏)
寶飯郡
形原松平
遠
今橋(吉田・豊橋)
(牧野氏)
江
田原
(戸田氏)
渥美郡


圖 2-21 三河地圖

這些反抗勢力輪流起事，迫使今川義元用了近五年時間才一一收服，今川家在三河國的根基才大致穩定下來，但結果上則是阻礙了今川家完全控制三河國的進度。在這個時候，弘治元年（一五五五）十月，松平竹千代在今川館完成成人禮，改名「松平元信」（以下統一為「家康」），又在第二年正月迎娶了義元外甥女關口氏為妻，成為了今川家族的一分子，有資格參與今川家的軍政事務，同時也做為松平家的當家，在駿河遙控指揮岡崎的事務。

在家康長大成人時，那時候的今川家早在天文十四年（一五四五）已與北條氏康、武田信玄達成了三家聯姻關係，各自有攻略的目標，可以說是互不侵犯，對義元而言，後方暫時沒有後顧之憂。天文二十一年（一五五二）西部的勁敵織田信秀病死後，織田家內部陷入不安之中，而義元即收到尾張國東南愛知郡鳴海城（今·愛知縣名古屋市）的城主山口教繼父子主動投誠的消息，意味著全面入侵尾張國，控制伊勢國以外的東海道的最佳時機已經到來。

在這時的義元已經在拿下三河國控制權後，對尾張國東南的知多半島（今·愛知縣南知多町）及愛知郡東南也穩有影響力，但仍然需要用軍事行動去確保在那裡的勢力紮根滲透。為此，義元隨後藉機殺害了投誠的山口教繼父子（一說是中了信長的反間計），改派重臣岡部元信入主鳴海城，以免難得的據點被織田方奪回。

另一邊的信秀之子織田信長也沒有任由義元予取予求，在安定家內的混亂後，立即針對今川家隨時來襲作出佈署。山口家父子叛變後，信長便於永祿二年（一五五九）在鳴海城周圍修築三個要塞（善照寺、中島、丹下），另外又在今川方控制的大高城外修築了兩個要塞（丸根、鷲津），試圖阻隔兩地的聯絡，同時做長期的監視及包圍。

永祿三年（一五六〇）五月初，義元終於親率大軍西進，家康作為先鋒率領松平家的軍隊於五月十九日攻下了信長修建用來包圍大高城的其中一個要塞丸根寨。連同早前攻下的另一個要塞鷲津寨，信長對兩地的包圍網已近破裂。

五月十九日破曉時分，不顧家臣勸說圍城自守的信長，率小隊在熱田神社（今・愛知縣熱田市）許願後，在當日大雨的掩護下，突襲正在前往大高城的義元部隊。猝不及防的今川軍陷入一片混亂，部分高級將領以至總帥今川義元最終也死於亂軍之中，史稱「桶狹間之戰」。

桶狹間之戰後，今川義元戰死之餘，今川家全線退出尾張，尾張國東南瞬間成為了信長的囊中之物。收到義元戰死的消息後，當時在大高城等待義元到來的家康立即離開大高城，回到未曾到過的主城三河岡崎城，另謀打算。

## 患難與共

成功從大高城撤退，回到岡崎城後，擺在家康面前，有兩個重大課題。一是與今川家的關係，是繼續臣從，堅守本份，擁護義元的長子今川氏真為君，還是藉機脫離今川家的控制自立；其次，織田信長在桶狹間之戰後已奪回了尾張國東南部，直接與岡崎的松平家接壤，而且同樣與尾張接壤的加茂郡，即松平家發祥之地的領主們已經率先倒向織田信長，家康如何帶領安城—岡崎松平家迎敵，成為一個迫在眉睫的課題。

經過與家臣的討論後，家康做出了重大的決定。同年七月，家康與位於尾張邊境刈屋（或刈谷，今．愛知縣常滑市）的織田陣營領主兼自己的舅舅水野信元做形式上的交戰，眼看今川氏真無法奪回加茂郡後，家康終於在永祿四年（一五六一）二月透過舅舅水野信元，與織田信長展開和談。

信長與家康互相承認對方的領土，同時也達成了攻守同盟的協定，史稱「清須之盟」或「織德之盟」。這是戰國時代永不相負的結盟，是絕無僅有的特異例子。解決了與信長的領土邊界問題，以及建立了攻守相助的同盟後，家康的目標已經是一清二楚——與今川家為敵，自立自強。

達成織德同盟後，家康下一步便以領主的身份向當時仍有影響力的將軍足利義輝進獻良馬，爭取與幕府建立聯繫。以獨立領主開啟了外交活動後，接下來便是開始表明自己反抗今川家的立場。

同年四月，家康開始攻擊位於三河西部今川陣營的城池，這個舉動終於驚動了駿府的今川氏真，在屢勸不聽下，氏真對外宣布家康背叛，準備動員討伐。可是，松平家主動表明叛意所帶來的影響超出了氏真的想像，三河西部的牛久保牧野、西鄉、菅沼等家都呼應了家康的行動，先後舉兵反抗今川家，三河國西部完全陷入分裂的狀態。

家康毅然決定反抗今川，自定乾坤後，不僅撼動了整個三河國，安城—岡崎松平家內部也出現極大的動搖。永祿六年（一五六三），家康將名字從「元康」改為「家康」，完全走出今川家的影子後，偏向支持今川家的部分松平支族及家臣決定在家康成事之前，舉兵反抗，阻止家康自立的計劃，同時也是為了防範家康的崛起會影響到各支松平家的勢力均衡。

反家康的松平支族及家臣又聯合了盤據在西三河多年的本願寺派寺院、以及今川陣營的領主一起起事，反對家康的獨立運動。其中，淨土真宗本願寺派在三河擁有長久的影響力，早已滲透到三河國各個階層，甚至是武士。反家康派成功誘使當地的本願寺寺院動員門徒起事後，信奉本願寺派淨土真宗的家康家臣也受到了影響。部分家臣被迫在主從關係以及信仰教條之間作出困難的選擇，最終與家康兵戎相見，史稱「三河（一向）一揆」或「三河騷亂」（圖2-22　三河一揆）。

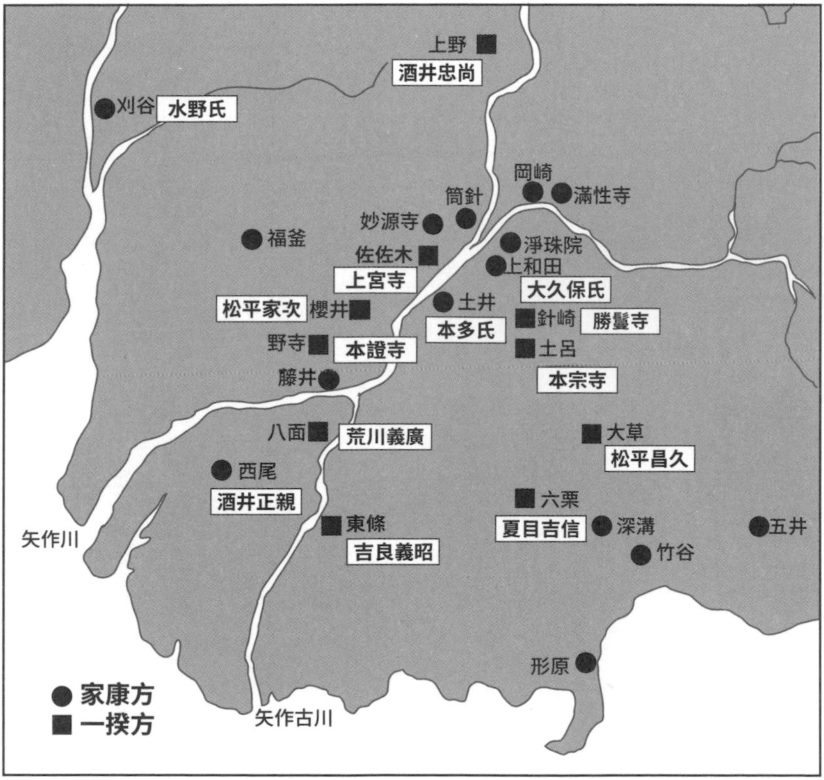

上野
酒井忠尚
刈谷
水野氏
岡崎
滿性寺
筒針
妙源寺
福釜
淨珠院
佐佐木
上和田
上宮寺
大久保氏
土井
松平家次
櫻井
針崎
勝鬘寺
本多氏
野寺
本證寺
土呂
藤井
本宗寺
八面
荒川義廣
大草
松平昌久
西尾
酒井正親
六栗
東條
夏目吉信
深溝
五井
矢作川
吉良義昭
竹谷
形原
家康方
一揆方
矢作古川


圖 2-22　三河騷亂

本願寺寺院同意加入反家康陣營的最大主因，在於寺院擁有半獨立的寺外城區「寺內町」的存亡問題。所謂的「寺內町」即由寺院及門徒自行管理、防衛、治安、警察及經營權力的「治外法權區」。這些「寺內町」在保持上述獨立因素的前提下，一般願意與武士領主合作，但對於要加強控制領地，以及發展領國的松平家而言，這個要求及前提不是一個可以容易接受的要求。

本願寺派寺院決定起兵後，家康被迫同時調兵應付，永祿七年（一五六四）初，家康借助舅舅水野信元，以及支持自己的其他松平一族的支援，與本願寺的一揆門徒在土呂、針崎、野寺三地進行激戰。

二月，家康在水野信元的斡旋下，與本願寺寺院進行和解協商，最大焦點「寺內町」的存亡問題，在家康的壓力下，寺內町在開戰為止的債務、土地等都獲得家康承認，但傳教、解除「寺內町」的「治外法權」問題上出現重大分歧。由於協商和解當時，其他反抗家康的領主大多戰敗或外逃，本願寺寺院反而變得勢孤力弱，在拒絕接受家康要求後，本願寺寺院隨即被家康派兵佔領，領導起事的僧侶被流放，寺院也被迫關閉，三河國從此禁止淨土真宗本願寺派傳教達二十多年之久。

克服了三河國西部內的大亂後，家康在那裡的領主權已經穩如泰山。幸運的是，當家康被反對派及本願寺弄的焦頭爛額時，最大對手今川氏真也因為領國之一的遠江國出現反今川的騷亂而自顧不暇，讓家康得以全力平亂之餘，事後更利用這機會，瞄準今川家牢牢控制的三河東部，謀求一舉統一三河。

平定西三河後，家康利用今川氏真在遠江疲於奔命的機會，拉攏東三河內從屬今川陣營的領主，加盟新興起的松平陣營。永祿七年至永祿八年（一五六四至一五六五），家康積極向東三河用兵，先後攻下了東三河的兩大重鎮——今橋城及田原城，將駐守兩城的今川守軍趕回遠江。戰後，家康委任心腹重臣酒井忠次駐守今橋城，本多廣孝駐守田原城。接著在永祿九年（一五六六）收服了三河國最後一個未服從的領主今橋牧野家的牧野保成後，家康用了五年時間，終於統一三河國的目標，完成父祖沒有做到的成績。

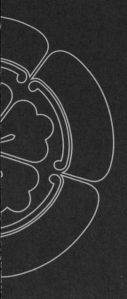

# 第五章

# 天下統一

## 上——破浪

進入十六世紀六十年代，暗潮洶湧的戰國時代經過了七十年，戰亂依然無日無止的時候，在中部的尾張國，被人戲稱為「大傻蛋」，只是一介中級領主織田信長竟然奇蹟地在桶狹間之戰擊敗了東海道的強豪今川義元。不僅如此，嘗到了生死存亡的勝利滋味後，信長就開啟了潛藏在心底裡良久的雄壯大戰略：統一日本。

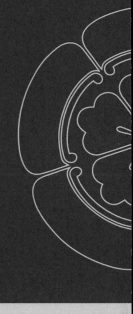

之後的短短二十餘年間，織田信長創下了當時為止最大的領主版圖，難纏的本願寺、強大的武田家、雄霸一方的朝倉家統統被信長所滅。織田信長的「天下布武」計劃將為戰國日本帶來前所未有的風暴，但在這個過程當中，信長翻過重重難關，險象環生，終於在看到了最後直路的時候，一次的大意失策，讓他灰飛煙滅，死無完屍。為什麼這位闖關無數的霸主竟然會就此殞命，只給後人流下無數的謎團，直到現在呢？

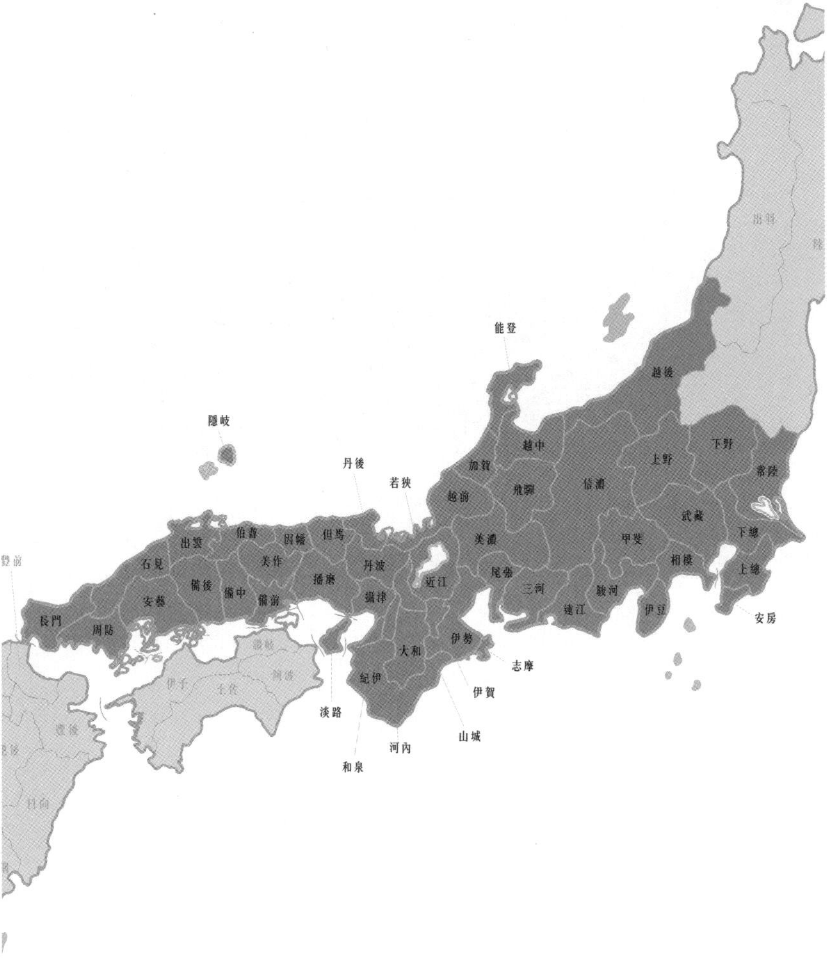

出羽
能登
越後
隱岐
越中
下野
加賀
上野
丹後
若狹
飛驒
信濃
常陸
越前
伯耆
因幡
但馬
武藏
出雲
美濃
甲斐
下總
豐前
石見
美作
丹波
播磨
近江
尾張
三河
相模
上總
備後
備中
備前
攝津
安藝
遠江
駿河
伊豆
長門
周防
安房
讚岐
伊勢
大和
志摩
伊予
土佐
阿波
紀伊
伊賀
淡路
豐後
山城
河內
和泉
日向


# 天下統一區域地圖

## 劍指京都

### 北侵美濃

織田信長在桶狹間之戰殺敗了勁敵今川義元，再跟脫離今川家獨立的松平元康（後來的德川家康）結成攻守同盟後，下一步便是要繼續完成尾張國的統一，以及北上與殺害岳父齋藤道三的大舅子齋藤義龍對決。（後來改名「一色義龍」，詳見第四章〈化蛇為龍〉）

弘治二年（一五五六）的長良川之戰時，信長為救道三，曾經親率兵馬北上，但始終沒能搶救岳父於危難之中。戰後，一色義龍已經逐步掌握美濃國大部分的控制權，同時隨著道三之死，織田家與齋藤家的婚姻同盟關係也煙消雲散，一轉成為敵對關係。

可是，背負深仇大恨的兩家在長良川之戰後，並沒有立即進入戰爭狀態。這是因為雙方都各有問題纏身，根本沒有餘裕去算帳。信長當時還要對付尾張北部的岩倉織田家以及東方的今川義元；而義龍也為了優先處理戰後的善後工作，尤其是討滅那些支持亡父道三的美濃領主們，根本沒有心力再出兵先發制人，主動克制信長，反而改以外交手段，跟那些與信長不和的勢力，如岩倉織田家等暗中聯手，在背後拖著信長，不讓信長前來擾局。

到了永祿三年（一五六〇）的桶狹間之戰後，東方的最大威脅已除，信長可以專心對付北方的反信長勢力以及一色齋藤家了。就在這個時候，即信長與家康結成同盟的同一年，永祿四年（一五六一）五月十一日，義龍於稻葉山城病死，享年三十五歲。而長子一色龍興（後來改名義棟、義紀，以下統一為「義棟」）只有十四歲，美濃國陷入了主少國疑的危急狀態。

義龍病危的消息一早傳到尾張，信長在義龍病死的兩日後，即五月十三日已率兵到尾張、美濃邊境的森部（今・愛知縣安八町），渡過長良川後與義龍重臣派來的守軍在川邊激戰。信長軍大敗了一色軍後，在稻葉山城南部的墨俣（今・岐阜縣大垣市）修建要塞，再派兵駐守，作為今後攻打美濃的前線據點。

森部之戰後，視墨俣寨為眼中釘的一色軍與信長軍此後多次在附近地區交戰。面對強力反擊的一色軍，信長只能力保墨俣附近不失，沒能再進一步。義龍死後的美濃仍然以一色家為主君，對信長這個趁虛而入的來犯者作出頑強的抵抗，而與義龍生前交好的岩倉織田家、犬山織田家仍然與美濃保持同盟關係，牽制信長的行動。

信長要打破這個困局，必須先打破這個義龍遺留下來的「防風林」。永祿六年（一五六三，一說永祿七年），為了更有效率地對北方作戰，信長決定將居城遷到清須城以北的小牧山（今・愛知縣小牧市）。小牧山城位於尾張的東北方，信長一改從前亡父信秀從西南面入侵美濃的戰略，今次從南面向美濃推進，在這之前必先將與美濃聯手的北尾張領主剷除，再拉攏與一色家交情相對沒有那麼親密的美濃東部領主到自己陣營之中。

這時候的美濃國面對信長持續的攻擊也已經出現了不穩的情況。永祿七年（一五六四）二月中旬，即信長拿下犬山城、兼山城半年前，一色家的重臣竹中重虎（竹中半兵衛）與伊賀（安藤）守就突然偷襲了稻葉山城，將義棟趕出城外之後，完全佔領了該地。重虎與守就的目的未詳，但與信長的攻擊似乎沒有任何關係。換言之，這場突如其來的突襲是屬於美濃內部的政治糾紛。被偷襲的義棟在家臣的保護下成功保住一命，但稻葉山城一直被竹中、安藤兩人的軍隊佔領，長達半年以上。主城被奪下，一色家的威勢也因此大受影響，後來兩人雖然將稻葉山城退還給義棟，但這個騷亂從信長的眼裡看來便是一個大好機會。

同年夏天，得知美濃國大亂的信長立即作出了回應，移到小牧山城後便拔掉了自己的堂兄弟織田信清（信秀侄子）據守的犬山城（今・愛知縣犬山市），迫使信清逃到甲斐國。信長攻陷犬山城後，又馬不停蹄向美濃東部的兼山城（今・岐阜縣金山町）進軍，在八月將兼山城收到手中，更拉攏了兼山城附近的領主們加盟到信長陣營之中。結果信長便一口氣在一年之內打開了美濃中、東部的缺口，東部惠那郡的遠山家同時間已從屬了甲斐武田家，所以也暫時對美濃國沒有進行直接的干預。因此，信長順利打開入侵美濃的缺口，對中央的稻葉山城構成重大威脅。

收到信長入侵美濃中、東部的消息後，剛拿回主城的一色方急忙派軍反擊，雙方在堂洞（今．岐阜縣富加町）、關（同縣關市）一帶展開攻防戰，結果信長軍成功擊退了一色軍，穩住了在美濃中、東部的控制權。

## 金華敗落

信長與義棟的戰爭呈現一波三折的局面，與此同時，受到中央政局的影響，兩家的戰爭性質已經有所轉變。永祿八年（一五六五），室町幕府十三代將軍足利義輝被三好軍攻殺，其弟足利義昭雖然也被三好軍捕獲，但不久後便成功逃脫，在近江國的矢島（今．滋賀縣守山市）稍作停留後，向天下群雄宣稱自己為亡兄義輝的合法繼承人，要求各路人馬出兵協助自己回京，就任將軍。信長及義棟也先後收到了義昭的邀請。

然而，比起出兵勤皇，兩家的恩仇難解下，出兵協助落難的「將軍」義昭都是不切實際的空談。反而，信長及義棟雙方都向義昭投訴對方滋事，阻礙自己出兵協助的計劃。為此，義昭雖然立即命令雙方停戰，但當然效果不彰，兩方的說詞不過是外交辭令而已。起碼在信長的心裡，攻下美濃是不二選擇，不會作出讓步。信長一方面對外宣稱自己熱心協助義昭，另一方面則繼續利用攻入美濃國中、東部的戰果，開始向美濃國內部進行外交工作，務求以實力完全拿下美濃。

但是，永祿七年以來美濃國雖然亂作一團，信長進攻的進程卻沒有變得順利，兩年後的永祿九年（一五六六）夏天於稻葉山城附近的河野島之戰（今．岐阜縣岐南町）中，再次希望直搗稻葉山城的信長於該戰中被一色軍打退，快捷取勝的戰略再次遭遇挫折。力攻不成之下，信長回到原本路線，利用外交戰略，繼續試圖促使美濃國的領主、一色家的家臣「棄暗投明」，藉機削弱一色家的團結。

另一方面，信長除了進一步對美濃展開包圍孤立作戰外，也不忘向尾張西部的伊勢國（今．三重縣）北部展開攻擊。其實，攻擊北伊勢的目的有三：一是從美濃的西南部展開戰線，從伊勢及尾張兩方面對美濃國實施夾擊；二是為了兌現協助足利義昭的上京承諾，從尾張經美濃上京的話，北伊勢的安定是必不可失的。第三，也是更直截了當的，便是要將與尾張一水之隔的伊勢國也併吞下來，實現完全控制伊勢灣，壯大織田家領國的戰略目標。

為此，進攻伊勢對信長而言是勢在必行，而當時伊勢國也沒有十分強大的勢力。永祿十年（一五六七）八月中旬，信長渡過木曾川，向尾張與伊勢交界的長島發動攻擊，揭開了入侵伊勢的戰幔。攻擊長島的過程中，美濃突然傳來消息，一色家的重臣稻葉良通（一鐵）、氏家直元（卜全），以及曾奪取稻葉山城的安藤守就一同倒向信長，更交出人質作證，意味著信長長年的外交工作終於收到效果。

消息傳出後，一色家陣營的領主也陸續向信長投誠。四面楚歌的義棟無計可施下，只好慌忙逃離稻葉山城，逃到西南的伊勢國，投靠伊勢國司北畠家。正好信長正在攻打長島，雖然沒有被信長軍抓住，但義棟逃出後，美濃已經成為無主之國。

收到稻葉良通（一鐵）、氏家直元（卜全）、安藤守就以及美濃領主倒戈，義棟已經出逃的消息後，正在攻打長島的信長立即取消眼下的軍事行動，直接轉進美濃國，將已成無主之城的稻葉山城攻下。永祿十年冬，信長終於完成了收服美濃的目標。同年，信長接受名僧策彥周良的建議，將稻葉山城改名「岐阜城」，又開始使用「天下布武」的印鑑，宣告要協助足利義昭上京就任將軍之位，平定京畿的大計。

## 席捲北伊勢

永祿十年（一五六七）秋的稻葉山城之戰中後，信長完成把美濃一國據為己有的目標，美濃國大部分的領主也願意臣服信長。下一步自然是履行多年前對義昭許下的承諾，可是，當時的義昭早已從近江國的矢島輾轉到了越前一乘谷（今．福井縣福井市），投靠朝倉義景。

義昭當時也不只是一味倚靠信長，對朝倉、上杉等家都充滿期待。總之能幫助自己的，哪家都不是問題。可是，朝倉家剛平定亂事，朝倉義景也沒有十足的決心出兵相助，義昭也開始有點焦急。正在這個時候，信長成功併吞美濃國，更派人來邀請義昭到美濃。義昭確認義景真的無意出兵後，便與臣下一起在永祿十一年（一五六八）七月離開一乘谷，經過近江北部的小谷城主淺井長政的招待後（當時，淺井．織田已締結政治婚姻之盟），於二十五日抵達美濃岐阜城（即稻葉山城）下的立政寺。後與信長正式會面，討論上京的計劃。

在義昭來到美濃之前，信長已經為了即將開始的上京計劃進行了另一項的作戰——伊勢攻略戰。永祿十一年（一五六八）二月，信長重開因為稻葉山城之戰而中斷的伊勢侵略。前面已經提到，即使已經拿下稻葉山城，對信長來說，伊勢不論在戰略上及政治上都是志在必得的目標。

地理關係上，由於多年來交通物流的緊密聯繫，伊勢北部與尾張西北部早已形成了一個密不可分的近鄰關係，信長的目標便是將這個合作關係改變為從屬關係，由信長一手掌握。而且，攻略伊勢北部還有另一個重要的意義，除了跟尾張國關係密切外，北伊勢也同時跟接壤的近江南部，即名族六角家有著不下於織田家的親密關係。換言之，攻打北伊勢的另一個目標便是切斷北伊勢與南近江的地緣關係，將北伊勢收編到織田陣營之中。

信長於二月立即渡過木曾川，向伊勢北部的鈴鹿郡、河曲郡進軍，攻擊控制兩郡的神戶家。神戶家是伊勢國司北畠家的分家，但在當時已經儼如半獨立的狀態，沒有直接聽從北畠家的指揮調度。諷刺的是，這個政治關係在信長來勢洶洶地率兵殺來時，反過來成為了神戶家孤立無援的致命傷。信長軍攻打神戶家的主城神戶城（今・三重縣鈴鹿市）時，雖然初時遇到神戶家的拚死抵抗，但最終神戶家仍然接受了信長的停戰提議，條件是收信長的三子・信孝為養子，而且成為織田家的從屬領主。

神戶家不敵而降後，追隨神戶家的鈴鹿郡、河曲郡領主們都先後向信長效忠，這意味著信長入侵伊勢第一階段的第一個目標順利完成了。信長的下一個目標便是鈴鹿郡、河曲郡南部安濃郡的安濃津（今・三重縣津市）。安濃津是當時伊勢灣最大的貿易港口，也是連接東海道海路物流的中轉站，信長盯上安濃津的原因不言而喻。

當時控制安濃津的長野家當家・長野具藤也是與北畠家有著血緣關係的領主。但是跟神戶家一樣，面對信長猛力南下，長野家分裂成主戰主和兩派，且很快便由主和派佔了上風，將主戰派以及長野具藤趕走，向信長投誠。信長接受了長野家家臣的歸順，派弟弟織田信包入主長野家，在主和派的協助下統馭長野家。長野家宣告倒向信長陣營後，分佈安濃郡一帶，原本從屬長野家的領主們也馬上追隨。

就這樣，信長在永祿十一年的一年內席捲了伊勢北部，剩下來的就只有依然固守南伊勢的北畠家以及其陣營的領主。雖然如此，對於信長而言，南伊勢的去就並不構成即時的威脅，征服北伊勢的行動也已經達到了切斷當地與六角家聯繫的戰略目標。於是，同年初秋，信長安置好北伊勢的佈防後，便籌備向近江出兵的工作。

## 驚心動魄

從朝倉家手上接來足利義昭，對信長而言是進京計劃的基本條件，下一步便是要打通入京的大道。這時候擺在信長與義昭面對的難題有二：其一是殺害義輝的三好家已經另立了足利家一族出身的足利義榮為新將軍，打擊了義昭就位的大義名分；另外，一直與三好家合作的南近江六角家也堅定地支持三好家，無意對義昭效忠。

為了減少上京的阻礙，同時也是為了向義昭展示實力，信長於義昭到美濃一個月後，即永祿十一年（一五六八）八月七日派員到南近江的觀音寺城，要求六角家支持義昭就位，「棄暗投明」，遭到了六角義賢、義治父子的拒絕。

這當然也是在信長的預計之內。當時已經攻下了伊勢北部，暫無後顧之憂的信長，隨即展開了近江侵略，並邀請了同盟的淺井長政以及德川家康前來支援。九月，先禮後兵無效後，信長率領的上洛聯軍正式西上，目標直指六角家的領地。

九月十二日，信長軍率先攻陷了六角家重點防守的箕作城（今・滋賀縣東近江市）。箕作城一天之內被攻陷的消息傳出後，六角家頓時軍心大亂，處於崩潰的邊緣。在觀音寺城（今・近江八幡市）的六角父子也只好重施祖宗的故技，棄城逃到甲賀（今・滋賀縣甲賀市）。六角父子敗走後，從屬六角家的領主樹倒猢猻散，爭相向信長投降。半月之間，近江南半國一舉成為了信長的囊中物，上洛首戰完滿獲得勝利。信長隨即派人迎接在岐阜等待的足利義昭前來，浩浩蕩蕩地上京。

九月十四日，得到信長正在進京的消息後，對信長毫不認識的京都貴族方寸大亂。正親町天皇立即下旨要求信長確保軍隊的軍紀，以及致力維持京中治安，獲得信長答應。然而，聽到信長軍來襲後，京內上下亂成一團，人心惶惶。另一方面，據守京都的三好家諸將得知六角家急速潰敗後，都大表震驚，紛紛據險守備，以防信長的攻擊。

九月二十六日，信長軍順利入京，按照與天皇的協定，嚴查軍隊紀律，另派重臣柴田勝家、佐久間信盛等率軍攻擊在京畿地區各地抵抗的三好三人眾（三好長逸、三好政生〔宗渭〕及石成友通），一周之內連下勝龍寺城（今・京都府長岡京市）、芥川城（今・大阪府高槻市）及池田城（今・大阪府池田市）等。三好家的當家三好義繼與重臣松永久秀因為與三好三人眾不和，樂見信長上京，於是率先降服；而三好三人眾的石成友通、三好長逸、三好宗渭則與十四代將軍足利義榮逃到阿波國，信長軍的上洛作戰在沒有受到太大考驗下就取得了成功（圖2-23 信長包圍網）。

信長軍成功進京後，原本在京畿地區混戰不堪的各方人馬都被信長這個程咬金打亂了陣腳，除了堅決對抗的三好三人眾外，其他勢力如上述的三好義繼、松永久秀，以及穩守河內的畠山高政等都為保勢力，選擇暫時投向義昭—信長陣營下，再作觀望。

十月十八日，足利義昭終於獲得了朝廷任命為第十五代幕府將軍，十月二十六日，配置好京都的佈防後，信長將義昭安置在京都六條的本國寺，然後便率軍離開京都，回到岐阜。然而，在兩個月後的永祿十二年（一五六九）正月五日，三好三人眾三好長康、三好長逸及石成友通看準京都空虛，立即出兵反擊，重奪京都的控制權。三好軍從海路出發，攻入京都本國寺。

這時的本國寺由三淵藤英、細川藤賢等近臣以及織田家的軍隊死守。信長得知這消息後也火速前來救援，但因被大雪所遮，未能及時出兵。幸然在信長來到之前，本國寺的守軍等到了幕府重臣細川藤孝及新歸順的池田勝正等人的援軍，成功趕走來襲的三好軍。這次史稱本國寺之戰或六條之戰的激戰，令信長試圖在京都樹立霸權的野心，受到第一次驚濤駭浪的考驗。

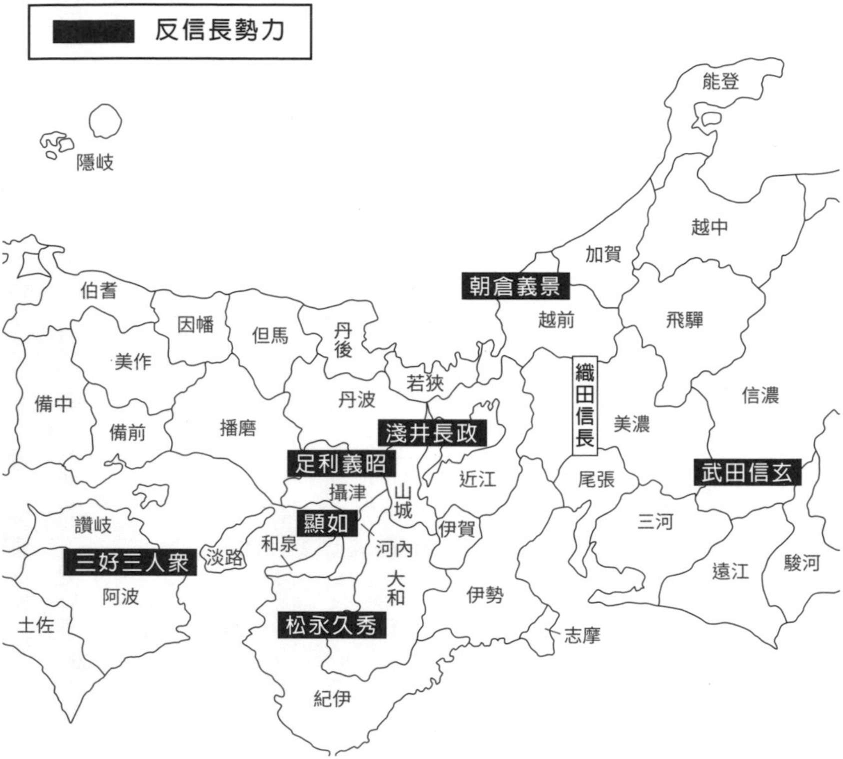
反信長勢力
能登
隱岐
越中
加賀
朝倉義景
伯耆
越前
飛驒
因幡
但馬
丹後
美作
若狹
織田信長
信濃
備中
丹波
美濃
備前
播磨
淺井長政
足利義昭
近江
尾張
武田信玄
攝津
山城
讚岐
顯如
伊賀
三河
和泉
河內
三好三人眾
淡路
遠江
駿河
大和
阿波
伊勢
土佐
松永久秀
志摩
紀伊

圖 2-23　信長包圍網

本國寺之戰後，信長在同年的二月二十七日動工興建將軍御所．二條城。進入四月，為謀求鞏固織田政權在京控制之基礎及安定人心，信長派一眾重臣與幕府的幕臣合作在京處理民政及與朝廷關係。初期的方針是以軍事及防衛反信長敵人為主，而漸趨穩定後，就改派了吏治性質較重的家臣為第二隊管政隊。

## 翻雲覆雨

足利義昭．織田信長的聯合政權在進京的頭一年內合作得十分愉快，可謂是兩人的「蜜月期」。永祿十一年（一五六八）十月下旬，義昭順利成為室町幕府第十五代將軍後，信長出發回岐阜，當時義昭親自歡送信長，送上了一封下款為「御父．織田彈正忠殿」的書信，也就是說義昭把信長視為比恩人更高，有如父親般的位置。當然，這個做法實際上是討信長歡心，希望跟他能繼續保持合作關係。

對於信長而言，護送義昭入京成為將軍，不代表已經完成任務，信長也不止志在於此，更重要的是要設法穩住京都的控制，讓義昭的幕府像原本以京都為根據地的室町幕府一樣，成為朝廷、京畿的守護人，再以這為基礎，重建對日本的號召力。信長標榜自己要扶助義昭重建幕府，入京後極力去維持京都的治安及天皇的安全，便是為了用行動及實力向京都內外上下展示自己的行動並非純粹的軍事入侵，而是真正的要恢復幕府，展現大義名分的決心。

為此，信長與義昭進京後，首先是確立了新生幕府的行事規則，也是信長與義昭之間的「約法三章」。永祿十二年（一五六九）正月，信長與義昭確立了「殿中法度九條」以及「追加七條」，就著幕府用人規定、對朝廷、公卿的保護、幕府的行政、司法的公平公正等各方面進行了確認及明文規定。不過，「殿中法度九條」以及「追加七條」的精神大多承襲室町幕府本來的法規，因此，兩部規定只可以說是重建幕府權威及秩序的一環，並不是一部新法。不過，信長無意長期駐京，義昭的幕府有效運作、有章法地行事才可讓信長可以離京自由活動，四出平定戰亂。同時，「殿中法度九條」以及「追加七條」的確立，更重要的是以明文化使將軍義昭以及幕臣不要擅用職權，隨意行事，以免因此而導致幕府所在的京都再陷入混亂及戰亂，甚至再次釀成天下再亂。

另一個信長與義昭率先進行的工作便是應那些受京畿戰亂影響，失去食邑，生活艱難的貴族、寺社領主的要求，以幕府的名義保障、承認他們的領地以及權益，包括承認貴族、寺院控制的關所。這是為了通過保證貴族、寺社領主的領地及權益，來重建幕府傳統上作為保護公卿貴族、宗教兩界的權威身份。不過，信長雖然以幕府的名義代發公文，但在貴族、寺社領主的眼中，義昭的幕府不過是靠信長的軍事力量來支撐的脆弱政權，比起幕府的保證，不少人更渴求信長親手發出的保證公文。對他們來說，尋求最有力的保護者來確實地、恆久地保障權益才是根本命題，這個渴求以及行動目標將一步一步地惹起了信長與幕府之間的矛盾。

不過，當初兩人的合作是建立在「再興幕府」這個共同目標上的，完成了這個目標後，兩人依然是需要對方的協助，才能保證目標完全達成。但當「再興幕府」這個目標基本完成後，兩人接下來的目標則不一定仍然相同了。義昭一直希望將信長納入到正在重建的幕府體制內，於是曾向信長提議，讓信長繼承早已衰微的「三管領」之一的斯波家，或者讓信長成為副將軍或管領，這些都一一被信長婉拒，迫使義昭繼續尋找機會的同時，也開始考慮到不能老是倚靠信長一方的勢力，與其他諸侯的接觸也是有必要的。

雖然義昭與信長之間在上京後沒有出現明顯的裂痕，不過過了不久之後，信長藉義昭實現自己的天下布武計劃與義昭銳意重建幕府威權的思緒卻一步一步走向互相抵觸的階段。永祿十二年（一五六九）十月，當時的京畿內傳出信長與義昭不和的風聞，信長更在月中突然在沒有知會的情況下回到岐阜，使剛可以安心的朝廷及幕府大為不安。

事緣在這之前，信長在同年五月領兵攻打南伊勢的北畠家，一方面是為了繼續進行完成了一半的伊勢國征服，另一方面則是為義昭平定京都附近的潛在敵人，因為那時候，被信長打敗的一色義棟以及六角父子一直潛伏在南近江、伊勢邊境附近。信長的行動雖然主要劍指北畠家，但更重要的是一舉消滅這些仍沒被消滅的敵人。

然而，信長這次入侵南伊勢的軍事行動卻沒有前年進攻北伊勢那麼順利。對信長來攻早有防備的北畠家與附近的甲賀郡（今・滋賀縣甲賀市）、伊賀國領主保持聯繫，一起牽制信長的行動。信長軍來到北畠家的居城大河內城（今・三重縣松阪市），但早已以逸待勞的北畠家展開了頑強的抵抗，信長用了四個月仍然未能一舉攻下，這是從開始上京攻略以來，除了有驚無險的六條之戰以外，信長遇到最大的困難。

為此竊喜的，除了潛伏在京畿各地的反信長勢力外，還有一直想賣人情給信長的足利義昭。為了祛除一直依賴著信長軍力來成為將軍的印象，義昭想到了運用幕府將軍的影響力及威武，向世人宣示自己的實力。當信長在大河內城陷於苦戰的消息傳出後，身為信長主君的義昭向朝廷做工作，讓朝廷跟自己一起出面調解信長與北畠家的紛爭。出動朝廷力量的原因是因為北畠家一直是效忠朝廷的貴族，有天皇出面對達成和解會更為有利。

當然，義昭的真正目的是要賣人情給信長，並沒有打算讓北畠家獲得好處。十月初，雙方達成了和解，在義昭及朝廷的壓力下，北畠家被迫同意交出大河內城，收信長的次子信雄為養嗣子，以及廢棄領內所有城郭，以示和平的誠意。這些顯然對信長絕對有利的條件在將軍及朝廷的加持下得以落實，義昭出奇制勝地迫使信長接受了自己的人情，向世人顯示了「信長需要將軍」的印象，但卻在現實上讓不想倚靠將軍的信長感到了壓力。

永祿十二年初冬北畠家投降後，信長、義昭兩人的目標不同所產生的分歧進一步激化、醞釀。元龜元年（一五七〇）正月二十三日，信長向義昭提出的《五箇條條書》，企圖向義昭反將一軍，其目的就是要限制義昭的行動及權力，並且使他接受信長的節制。為了讓義昭承認《五箇條條書》，信長在這之前已找到了代表朝廷，獲正親町天皇信任的僧侶朝山日乘，以及代表幕府幕臣的明智光秀作為公證人。換言之，此次信長的反擊是借助朝廷及與幕府幕臣的壓力，施加在將軍義昭身上的城下之盟，迫使他接受及妥協，以免他因為北畠家的戰事，一朝得志。

事實上，信長的意圖十分清楚，就是要獨佔將軍的代言權以號令天下，再利用保護天皇、朝廷，獲得了征服四方的大義名分。因此，信長不容許將軍有機會擺脫對自己的倚賴，也不容許義昭輕易地改變、逆轉這個關係。但是，信長提出這個《五箇條條書》也不只求讓義昭面目無光。在提出《五箇條條書》的同時，信長也以輔助將軍的名義，藉著將軍歸位，天下（指京畿）平和為理由，要求天下各路諸侯上京面見將軍及天皇，讓義昭能在諸侯面前，盡顯將軍之威。

可是，這也不僅是信長的好心之意，反而是信長的下一步計劃。這個計劃就是通過呼籲上京面見天皇、將軍的機會，找出不願與義昭及信長自己合作的勢力，再行逐個擊破。同年三月一日，信長從岐阜來到京都，按計劃拜見天皇及將軍義昭，獲得了朝廷誠懇的接見及歡迎，更得到朝廷及將軍授權討逆的許可。

一切順利之下，信長便開始出兵討伐抗命不上京的諸侯。信長就利用討伐若狹國的前武田家重臣武藤友益為由，發動大軍北上若狹，但其實是要討伐同樣沒有上京的越前大名朝倉義景。四月二十日信長出發北上後，攻下位於若狹與越前邊境的佐柿國吉城（今・福井縣美浜町），之後便直接進攻越前國敦賀的天筒山城、疋壇城以及金崎城（今・福井縣敦賀市）。信長假意討伐武藤家，實際上直指朝倉家的意圖也終於顯現人前。

可是在四月二十六日左右，信長收到諜報指自己的妹婿・淺井長政突然決定倒向朝倉家，對抗信長。確認消息無誤後，為免被淺井長政切斷後路，信長在四月二十八日決定退兵，命重臣木下秀吉、隨軍的幕府幕臣明智光秀及領主池田勝正殿後。信長經近江國西北的高島郡（今・滋賀縣高島市）撤退，避開淺井軍的追擊。當地的名族朽木家當主朽木元綱雖然與淺井家也有交情，但收到信長逃跑經過朽木領的消息後，善意款待信長，使之得以順利在四月三十日退回京都。一直以來沒有受到大挫敗的信長，終於迎來了平定天下以後，第一次重大的敗北。

## 天下布武

### 十面埋伏

帶著朝廷及幕府威信出征失敗，加上同盟者淺井長政叛變，大大地鼓舞了各地早已等待良機的反信長勢力。以六角、朝倉、淺井為首的反信長勢力從南、北、西三面包圍信長控制的近江。尤其是一直想重奪南近江故地的六角父子更是最為積極，立即從藏身的甲賀郡北上，擾動信長才剛開始統治的南近江各郡。信長在五月九日回到岐阜後，下令家中將領分別守備南近江各地的軍事重鎮，嚴防六角，以及現在連成一氣的淺井、朝倉兩家入侵。

六月四日的野洲川之戰中，佐久間信盛及柴田勝家大敗六角軍，阻止了六角家的復仇攻擊。同月二十二日，信長北上攻擊淺井長政居城小谷城附近的橫山城（今・滋賀縣長濱市）無果後，於同月二十八日退兵途中，與趕來追擊的淺井長政以及朝倉義景的聯軍於橫山城附近的龍鼻（今・滋賀縣長濱市）發生戰鬥，即後世所稱的「姊川之戰」。信長聯同從三河趕來助戰的德川家康軍一同阻退了朝倉・淺井聯軍的追擊，雙方互有死傷，但沒法取得決定性的戰果。信長在此戰中無法對淺井及朝倉造成任何損傷，結果使南近江的緊張局勢依然膠著。

與淺井、朝倉聯軍於龍鼻不分勝負下各自退兵後，信長軍無法取得任何先機。七月二十一日，一度逃到阿波的三好三人眾、一色義棟相繼起兵，聯同已經開始反擊的六角父子一起對抗信長。其中，三好軍聯同阿波三好家的援軍從阿波國渡海在攝津登陸後，在該國野田、福島（今．大阪府大阪市）據城自守，準備伺機而動，反擊信長。

信長在八月二十五日聯同歸從的三好義繼、松永久秀等軍隊出兵。不久後，三好方陣營內出現倒戈分子，使兩軍對峙的形勢急轉，義昭也在同月底親自出兵，並以將軍之名指示紀伊國（今．和歌山縣）根來寺的僧兵也出動支援。九月，正當信長準備對困城死守的三好軍作出總攻擊之時，一向保持中立的本願寺顯如突然指令各地的教眾起事，打倒信長，正式投向了反信長的行列。

本願寺顯如雖然一直貫徹亡父證如不再干涉俗世政爭的宗旨，但一方面由於本願寺與反信長的三好家以及六角家長期有合作關係，左右了顯如的立場，加上信長在京畿的大規模軍事行動也觸動了顯如的神經，擔心信長會否順便將兵鋒指向本願寺的臉上。無論如何，顯如決心對抗信長後，誘發京畿、近江、伊勢等地的本願寺派門徒各自發起了「護教護法」戰爭。同時，顯如也與朝倉、淺井保持聯繫，打算共同打倒信長，更立即出動攝津的門徒向身在天滿森（今・大阪府大阪市天滿）的信長大本營發動進攻。

此時，信長受到本願寺公然對抗後，大表震驚，但更嚴重的是，眼見信長身陷極度劣勢，朝倉義景及淺井長政立即呼應本願寺，率兵南下。九月二十日，朝倉、淺井聯軍攻入坂本，擊殺了出城迎擊的城將森可成和信長之弟織田信治，更在旁邊的大津（今・滋賀縣大津市）到處放火，已有攻入京都之勢，與在攝津的三好軍及本願寺從東西兩端夾攻信長。

有見及此，信長率兵到比叡山，打算勸告比叡山延曆寺不要與聯軍聯手，否則將有報仇行動。然而，比叡山延曆寺已經決定反抗信長，拒絕了信長的要求。這時，各地的反信長行動更是越發熾烈，伊勢國長島的本願寺門徒呼應顯如的指示，於十一月舉兵，從長島攻擊及殺死了信長之弟織田信興；近江南部的六角父子也協同出兵，在該地進行游擊戰。另外，信長及義昭最為看重的京都也出現了騷亂，同時間朝倉軍也配合六角軍的行動在近江國堅田（今・滋賀縣大津市）發動新的攻擊，殺敗了信長的家臣坂井政尚。眼前的危機已經到了極度惡劣的狀況下，義昭再次化身及時雨，動用朝廷的力量為信長解難。十一月底義昭與關白二條晴良向各地勢力呼籲暫時停戰，十二月又請出天皇向比叡山下令停戰，使信長可保一時的喘息機會。十二月十七日，信長終於回軍岐阜。

這次義昭及朝廷出手達成的停戰只是一時的權宜之計，到了元龜二年（一五七一）雙方又再啟兵釁，二月淺井方的磯野員昌向信長倒戈，但五月的伊勢長島之戰中，信長軍又再敗北，接著六月份，昔日的敵人朝倉義景與本願寺顯如結成姻親同盟下，反信長陣營的氣勢有增無減。不過，到了九月十二日，信長突然派兵強攻比叡山，報復前一年比叡山支援反信長陣營的行為。比叡山因此元氣大傷，沒法再為反信長陣營提供支援，而信長則在戰後任命明智光秀掌控比叡山所在的志賀郡（今・滋賀縣大津市），守住琵琶湖以及從東面進入京都的要道。

到了元龜三年（一五七二），反信長陣營的攻勢依然活躍。正月，六角父子在南近江的金森、三宅（今・滋賀縣守山市）等地與當地的本願寺門徒及百姓聯手困城自守，但很快便被信長方鎮壓。接著，在反信長行動中搖身一變成為中心人物的顯如在同年開始遊說甲斐的武田信玄加入反信長的行列，但一開始沒有成功，而另一方面，原本站在信長及義昭一方的三好義繼及松永久秀等也在同年三月轉到反信長陣營，紀伊的雜賀眾以及該國的本願寺門徒也響應顯如的號召北上支援。到了五月，為了打開缺口，信長再次進攻淺井長政，在橫山城及虎御前山城建設包圍網，監視淺井家。

到元龜三年（一五七二）九月為止，信長陣營與反信長陣營之間互有角力，沒有重大的突破。直到十月，甲斐的武田信玄與東鄰的北條氏政結盟，牽制上杉謙信，萬事俱全之下終於應本願寺顯如以及朝倉義景的要求，正式出兵西上，掃蕩鄰近的信長盟友德川家康。同月十日，武田軍兵分三路，從信濃入侵美濃東部，以及從信濃南部的伊那（今．長野縣伊那市）入侵遠江西部的德川領，又誘使三河山區的領主加入武田軍陣營。在武田軍的攻擊下，東美濃、遠江北部及三河北部相繼陷落，德川家康的處境已然十分嚴峻。

然而，對信玄全力出兵加入反對陣營一事毫不知情的信長得知德川領被入侵後只派出了三千餘人的援兵趕去支援，結果在十二月二十二日的三方原之戰（今．靜岡縣濱松市）中，受信玄挑釁的德川．織田聯軍大敗，無法阻止武田軍繼續西行。

## 為天下正

信玄出兵以及在三方原之戰中大破德川、織田軍的消息傳出後，反信長陣營的士氣大振。信玄曾向朝倉義景揚言，要直進京都與信長決戰，希望義景以及京畿的反信長陣營勢力能夠牽制信長，以便達成目標。可是，在信玄取得三方原之戰勝利的同一時間，朝倉義景由於冬雪關係選擇退回越前，遭到了信玄的指責，反信長陣營的大好形勢旋即出現陰霾。

另一邊的信長陣營也出現了重大轉向。元龜三年九月，即武田信玄決定反信長之前一個月，信長突然發布了《異見十七條》，指責一直幫助自己脫困的將軍足利義昭行為不當，還讓周邊的領主、寺院抄寫、傳閱，使畿內各界都得知義昭不法的行徑，包括痛斥義昭對前將軍義輝的參拜供奉疏懶（第一條）、對大名提出無理的上貢要求（第二條）、放任身邊的奉公眾、側近霸佔領地（第十六條）、京內民眾狠罵義昭為「惡將軍」（第十七條）。而更重要的，便是無視了入京後雙方約好的殿中法度，義昭在沒有信長的同意及知情下，與各方諸候通訊。

信長發出異見書的用意一向眾說紛紜，但結果上，用異見書去指責義昭的不當卻直接迫使了義昭作出更大的反制措施，使信長的處境更為不妙。時間步入元龜四年，反信長陣營一直期待著入侵德川領的信玄趕快來到京畿，以便聯手殲滅信長。然而，信玄在同年二月攻擊三河野田城的途中，陷入病危狀態，被迫停止進軍，調頭回師信濃，這個一代豪傑終於在四月十二日於信濃國駒場（今・長野縣飯田市阿智村）病死，享年五十三歲。

信玄病死前指示全軍要盡力隱瞞消息，以防信長及家康得知，危及武田家的安全。然而，這個自保的措施使仍然在京畿一帶期盼著武田軍到來的反信長陣營完全錯判形勢。尤其是被信長以《異見十七條》弄得面目掃地的將軍義昭，當他被信長指責的同時，又收到了信玄正在率兵西上的消息後，認為脫離信長的時機已經到來，決定公開與信長決裂。

二月十三日，正是信玄正在抱病攻打三河野田城之際，義昭聯絡淺井長政及朝倉義景，表示有意加入反信長陣營，同時又命人加固二條城的防禦工事。義昭決起以及信玄很快便會到達的兩項重大消息傳開後，反信長陣營的氣勢一時無兩。另一廂信長身在岐阜，得知義昭也倒向反信長陣營後，為免腹背受敵，試圖與義昭和解，以免義昭真的成為對手，使自己失去了大義名分。

不過，信長試圖跟義昭和解的希望最終落空，深信時機已到的義昭拒絕了信長的提議，更向置身事外的毛利家發出起兵命令。怒不可遏的信長立即率軍火燒京都郊區，再包圍了義昭所在的御所，迫使義昭答應和解。四月二十八日，織田家與幕府達成了正式的和平協議，勉強牽制住義昭的行動。

可是，這次強迫性的和解終究不會長久。到了七月，義昭為免被信長再次包圍，離開京都，移到靠近河口及淡路灣的宇治槙島城（今．京都府宇治市），等待毛利家以及本願寺前來支援。然而到了七月十六日，信長火速包圍以及攻擊了槙島城，反信長陣營的各勢力還沒來得及行動，義昭便在孤立無援下被迫開城請和。信長移轉義昭到河內若江城（今．大阪府東大阪市）軟禁，義昭初次起兵對抗信長便以失敗告終。

擊敗了義昭後，信長立即在七月二十一日向朝廷要求改變年號，由多難多劫的元龜，改為「天正」，取自《老子》的「清靜者為天下正」之意。朝廷懾於信長的威勢，立即照辦。同時，信長更改年號後，以義昭之子義尊為新君，著手接替幕府管理京都，任命重臣村井貞勝為「所司代」（市長），權知京都大小事宜。

安定京都之後，信長立即進行反擊，打壓其他打算響應義昭行動的勢力，其中三好三人眾之一的石成友通陸續被信長派兵攻打，石成友通在不久後戰死。接著，信長在八月攻打北近江，擊退前來救援的朝倉義景率領的援軍，更一口氣展開追擊戰，導致朝倉軍大敗，向越前方向潰散。信長乘勝追擊下，朝倉軍一路上兵敗如山倒，被信長軍直接攻入越前一乘谷城。

一乘谷城下混亂不堪之際，朝倉義景更遭到一族重臣朝倉景鏡背叛，於八月二十日被迫自殺而死，首級被送到信長本陣後，再移送到京都示眾。一百年前起家的越前朝倉家就此完全滅亡，越前國也被信長攻陷。

乘著滅亡朝倉家的餘威，信長從越前南下回到近江後，於同月底攻擊已無援可請的淺井長政。九月一日，淺井家的主城小谷城陷落，淺井長政自殺，在戰國時代一瞬而起的淺井家也跟著朝倉家滅亡。

朝倉、淺井兩家在一個月之內被信長連根拔起後，下一個成為信長目標的便是一直負隅頑抗，多次打敗信長軍的長島一揆。天正元年（元龜四年改元）九月，信長再次強攻長島，先將長島周邊的桑名（今・三重縣桑名市）平定，再包圍長島。然而，這次包圍作戰仍然沒法成功，反而在信長回師岐阜之時遭到與長島一揆聯手的伊賀、甲賀的地下武裝追擊，使信長軍再一次惜敗。信長與長島之間的恩怨要再等一段時日再能清算。

同年十一月，信長轉為清掃京畿內已經失去支援的反信長勢力。同月十日，義昭從若江城逃到紀伊國由良(今・和歌山縣由良町),準備再反信長。十六日,信長軍攻擊若江城,一年前倒戈到反信長陣營的三好義繼在城內兵敗自殺。另一個倒戈的松永久秀則在多聞山城投降,獲信長寬恕歸順。就這樣,到了天正元年,大部分在元龜年間反對信長的諸侯大多沒落或滅亡,同年本願寺也與信長暫時停戰。

被信長趕走的義昭則在紀伊等待機會,不久後便向遲遲不願加入反信長陣營的毛利家要求出兵支援,但卻嚇壞了不想引火自焚的當家・毛利輝元。輝元暫時不想破壞與信長的關係,只派了寵臣安國寺惠瓊上京與信長方的羽柴秀吉,以及朝廷的代表朝山日乘進行三方交涉。三方暫時同意讓義昭留在紀伊,不再進行任何的追殺或行動。

另一方面,信長也向惠瓊交待了當下的西國政策方針,信長表明不會作出侵害毛利家利益的行動,並且協助毛利家清剿在播磨、但馬的尼子家殘黨。然而,信長在平定畿內的反對勢力後,對西國滲透也不過是時間問題,這點安國寺惠瓊已經看在眼裡。兩年後,雙方便為義昭以及各自的利益反目成仇。

## 反守為攻

踏入天正二年,京都及近國大多由信長控制,將軍不在之下,信長已經成為了新的京都保護人，跟三十年前的三好長慶十分相似。信長也在這時候開始放棄了借助幕府掌控天下的方針，改以自己作為新的支配者，以自己的方式統一日本，平定戰亂。不過，在這之前，各地的反信長陣營仍然在抵抗之中。

天正二年（一五七四）正月，信長與反對陣營的對抗仍然持續，首先出現問題的是剛被信長平定的越前國突然爆發內訌。原本獲信長任命為越前國守護代的前波吉繼與富田長繁出現對立，富田長繁就聯同當地的本願寺門徒聯手襲殺前波吉繼，但後來富田長繁也與門徒出現矛盾，竟被門徒眾殺害。接著，門徒眾攻擊留在越前的織田家臣以及歸順信長的朝倉舊臣，將大半個越前國據為己有。同月二十七日，武田信玄之子武田勝賴響應在紀伊的足利義昭號召，率武田軍入侵東美濃，攻下了明智城（今・岐阜縣惠那市），宣言要繼承亡父的遺願。

四月，受到越前國的內亂刺激，本願寺再次與信長交戰，與同樣反信長的三好康長、遊佐信教（畠山家重臣）等一起舉兵，但很快被便信長派出的筒井順慶攻破。東海方面，五月份武田勝賴乘著東美濃的勝利，再度入侵德川家康統治的遠江國，更在四月中攻陷了遠江中部的重鎮高天神城（今・靜岡縣掛川市），對德川家的防禦構成重大壓力。不過，信長在對付勝賴之前，仍然以剷除盤據在出生國尾張西鄰的長島一揆為要務。七月，信長第四次出擊包圍長島。這次信長全力實施海陸兩路包圍及封鎖，不再讓長島內的人員得到補給。八月，信長開始強攻長島內各個要塞，嚴命格殺勿論，不容寬宥。缺乏糧草下，長島的一揆眾及百姓大量餓死，信長軍看準機會以火攻燒死島上數萬人，讓信長頭痛不已的長島本願寺門徒的武裝行動就此慘澹落幕。

另一邊在畿內，信長同樣對攝津及河內兩國的本願寺門徒進行殲滅戰，困守在伊丹城（今．大阪府伊丹市）及中島城的門徒悉數被殺。畿內反抗信長的本願寺門徒只剩下大坂本願寺的總壇以及附近的幾個據點而已。不過，原以為漸入佳境的信長很快便發現，這不過是步向更大難關的序曲……。

## 雷霆萬鈞

剷除長島、攝津、河內的門徒後，信長本想繼續攻擊大坂的本願寺總壇。但在天正三年二月，準備出發前往大坂的信長得知武田勝賴再次出動，入侵三河國長篠城（今．愛知縣新城市）後，信長先派長子織田信忠到東面戰線，自己分領軍隊入侵河內及堺港，迫降了最後一個三好三人眾的成員三好康長後，進一步加強對本願寺總壇的壓制。完成佈署後，信長也在同年五月出兵到達三河，與德川家康一同應對武田勝賴的入侵。

五月十五日，信長與家康會合後，於十八日到達長篠城西三公里的設樂原（或有海原），得知信長及家康到來的勝賴立即佈陣應戰，打算一舉打敗織田、德川聯軍。但是，不料在五月二十日深夜，德川家康重臣酒井忠次從後偷襲武田方用來包圍監視長篠城的鳶巢山要塞，更奪回了長篠城，使武田軍陷入腹背受敵的困境。武田軍為求反敗為勝，於二十一日清晨與完成趕建防禦工事的織田、德川軍決戰，在火繩槍以及弓箭等協助下，強攻的武田軍最終無法突破，在槍林彈雨下傷亡慘重，被迫敗逃，過半指揮官級的將領戰死，史稱「長篠之戰」。武田家在東海道如入無人之境的時代，開始出現了轉機。

消滅長島等地的門徒以及大敗武田家後，接下來的目標便是越前國的門徒騷亂。天正三年六月，信長命令越前國內不支持門徒的各方勢力進行反擊，自己則在八月從岐阜出發，命令各方家臣分海陸兩路向越前國實行包圍戰，至同月十五日下令開始攻擊。這次織田軍全力征討下，越前國的門徒武裝完全沒有還擊、抵抗之力。織田軍在一周之內便完成了討滅工作，門徒及支持的百姓超過一萬人被殺害。接著，織田軍繼續向北面的加賀國推進，打敗了能美、江沼兩郡從前便一直扎根在當地的加賀門徒，再迫使北鄰的河北、石川兩郡的門徒投降。

戰後，信長派重臣柴田勝家為首的家臣分領越前及加賀南部，實施完全管治。同一時間，信長又命令重臣明智光秀入侵丹波及丹後，招降了當地的領主，初步控制了兩國。十月回到京都後，接見了被毛利家壓迫的播磨國小寺、別所、浦上三家以及但馬的山名家。

他們尋求信長出兵阻止毛利家的行動，信長雖然沒有即時回應，但這些領主的求助正正讓信長抓到了與毛利家開戰的藉口（圖2-24　一五七〇年代勢力圖）。

天正四年（一五七六）正月中旬，信長開始修建安土城（今・滋賀縣近江八幡市），並在二月二十三日正式遷入。這時候，久在紀伊的足利義昭秘密轉移到毛利家控制的備後國鞆港（今・廣島縣福山市），得到了毛利家的保護。織田家與毛利家之間的關係已經在水底下走向決裂的邊緣。到了四月，信長繼續對本願寺進行征討作戰。本願寺軍全力抵抗三個月後，早已暗底裡與本願寺結盟的毛利家派出屬下的能島村上水軍在七月率領大船團趕到木津川（今・大阪府大阪市浪速區）支援本願寺，大破信長麾下的九鬼水軍。史稱第一次木津川口之戰。

海陸兩路都遭到逆襲下，信長的攻擊功虧一簣，只能保住天王寺寨（今・大阪府大阪市）作為防守基地。自此一役，毛利家已經宣布完全地跟信長形成對立的關係。毛利家選擇與信長決裂的原因，除了因為義昭的影響外，還有前一年與毛利家敵對的播磨國別所、小寺、浦上家以及但馬國的山名家上洛要求信長協助抵抗毛利家的消息，被同在京都的安國寺惠瓊掌握後，毛利家與信長之間的猜忌也越來越嚴重。加上一旦信長完全控制、平定了京畿後，兵鋒指向西國也只是時間問題，在這些考慮下，毛利家與信長化友為敵是必然而然的結果。

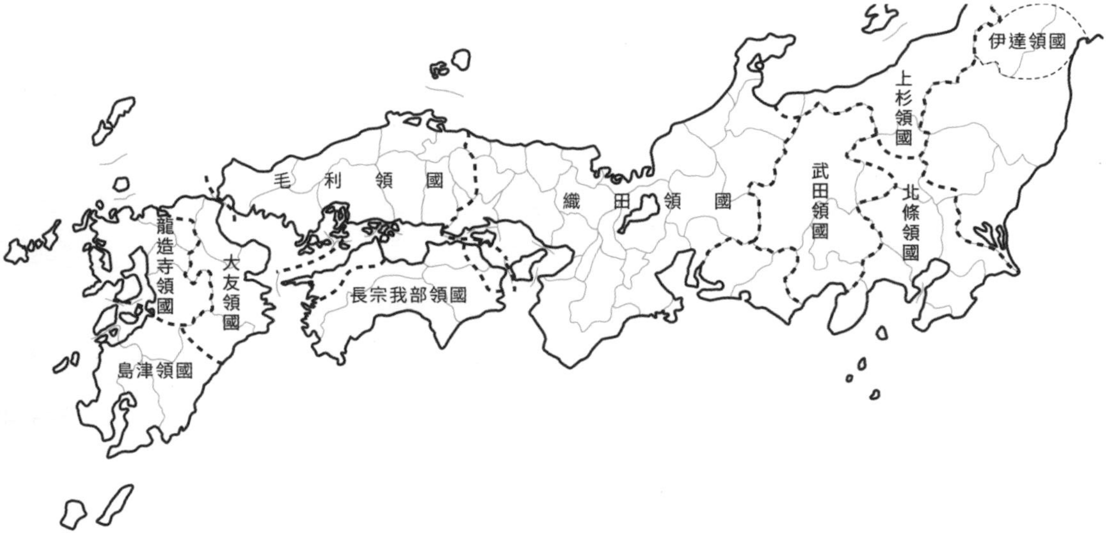


圖 2-24　一五七〇年代勢力圖

與毛利家一樣，東面的上杉謙信也在天正四年左右醞釀與信長決裂。信長與謙信早在永祿七年（一五六四）便有外交通信，而且交情一直不錯，信長對謙信的恭維也是十分少有的。兩家在武田、加賀・越中的本願寺門徒的立場利害一致。但是，當武田家在長篠之戰中大敗，加賀、越前的門徒也被殲滅後，謙信對信長的強大感到不安也越來越明顯。天正五年，上杉謙信平定越中國（今・富山縣）後，一直長驅直進，經能登西下，在同年九月的手取川之戰中擊敗了織田家重臣柴田勝家率領的織田軍，織田與上杉的對決局面也正式打響。

此消彼長下，堅持反信長的足利義昭在天正五年四年便與謙信接觸，誘使謙信加入反信長陣營，期待謙信能比擬當年武田信玄，製造從東面打擊信長、挫其銳氣的效果。然而，謙信在手取川之戰半年後的天正六年（一五七八）三月在居城春日山城（今・新潟縣上越市）急病而死，死後更引發了兩個養子上杉景勝及上杉景虎的奪位內亂，完全無力西顧，反信長陣營的期待再次落空。

天正五年（一五七七），信長遭遇第一次木津川之戰的大敗後，改為從內部策反本願寺的各個勢力。二月二日，其中一些一直支援本願寺的紀伊雜賀的部分領主及根來寺的杉之坊（今・紀伊國岩出市）倒戈，脫離本願寺的陣營。信長收到消息後立即派兵南下紀伊，一舉在三月攻下了雜賀及根來寺，迫使他們與本願寺一刀兩斷。

然而，天正五年的進程很快就出現重大阻礙。八月十七日，松永久秀及長子久通突然再次倒向本願寺陣營，信長慰留不果後，立即在九月底出兵包圍松永父子的居城信貴山城。十月十日，在織田軍圍攻下，松永久秀父子在城中兵敗自殺，信貴山城也被大火焚燬。松永父子戰敗對織田家來說，便是除去了一個心腹隱患，繼根來寺以及雜賀眾之後，又削弱了一個有機會支援本願寺的力量。

同年底，派到西國對應毛利家的羽柴秀吉經但馬進入播磨（今．兵庫縣南部），聯同小寺家的重臣小寺（黑田）孝高攻打該國的上月城（今．兵庫縣佐用町）。戰後安排一直反抗毛利家的尼子勝久及山中幸盛進入上月城，利用他們來作對抗毛利的馬前卒。自上月城之戰開始，織田家與毛利家在中國地區的全面戰爭正式開打。

然而到了翌年的天正六年（一五七八），織田陣營甫開戰便遭到打擊。二月下旬，原本希求信長對抗毛利家的播磨國領主別所長治突然轉為支持毛利家，在居城三木城（今．兵庫縣三木市）引兵死守，公然與織田家對抗。別所家表明反意後，與別所有姻親關係，同樣支持織田家的丹波國領主波多野家也宣布與別所家同一陣線，在丹波對抗駐守當地的明智光秀。

三月，信長趁上杉謙信死去的機會，立即分派兵力進攻越中，打開進攻上杉家的缺口。同時，面對三木、波多野的反叛，信長指令長子信忠率各軍到播磨支援。但同樣得知別所家叛變後，毛利家已派出大軍包圍了織田方剛佔領的上月城，切斷了秀吉及織田軍的支援路線。最終，困守的尼子勝久及山中幸盛先後兵敗而死，聞訊的織田軍改為進攻三木城附近的神吉城及志方城。十月，兩城雙雙陷落後，織田軍只留下秀吉軍等部分部隊繼續對抗。

另外，為了阻止毛利家與本願寺東西呼應，信長吸取了第一次木津川口之戰的教訓，命令重臣之一的瀧川一益及水軍大將九鬼嘉隆在伊勢國建造大船隊備戰，其中部分船隻裝有鐵板，以防備火器及火繩槍的攻擊。完成後，信長命令新船隊開進木津川口附近，擊退了本願寺派出的水軍後，完成封鎖本願寺外水路的工作。

可是，到了同年十月，一直為信長在畿內轉戰的將領荒木村重突然倒戈後，攝津國大半變成反信長的地區，使織田軍必須分兵鎮壓。至此，由毛利家及本願寺領頭的反信長陣營由攝津、播磨、丹波一直到達本州西端。不過，信長已準備好反擊。同年十一月初毛利水軍再次從水路運送物資糧草到大坂本願寺邊的木津川口時，與早已佈置在該水域的九鬼水軍進行第二次對戰，這次毛利軍受到九鬼水軍的強力抵抗，被迫撤退。

同一時間，支持荒木村重反抗信長的中川清秀、高山重友在信長的壓迫及勸誘下決定歸順後，織田軍隨即加強對荒木村重及其一族據守的有岡城及花隈城（今・兵庫縣神戶市）的包圍。同年六月，響應別所長治背叛信長的丹波波多野家當家波多野秀治和弟弟秀尚被光秀使計生擒，被信長下令處死。反信長陣營的前景很快又再出現陰霾。

到了天正七年（一五七九），五月，針對別所長治的攻勢在羽柴秀吉的指揮繼續取得了進展。五月底，秀吉攻下了其中一個支援別所家的淡河城（今．兵庫縣神戶市），接著，信長陣營加強對反對陣營的攻擊，三木城周邊的諸城已被秀吉逐一攻下，三木城已經成為孤城。丹波方面，明智光秀連續攻下八上城、宇津城及黑井城，在同年九月完成丹波征服。信長於翌年天正八年八月將丹波賜給明智光秀，丹後賜給了細川藤孝。

攝津．播磨方面，信長陣營的反攻力度也持續增強。第二次木津川口之戰後，本願寺已不可能再期待毛利家的來援，只能期望各方反信長陣營盡快取得突破，否則將難以繼續堅持。在這一年，主戰線之一的中國地區也出現了重大的變動，備前備中的領主宇喜多直家接受秀吉的招攬，決定從毛利陣營倒戈到信長方，十月底得到了信長的接受。夾在織田及毛利兩家之間的宇喜多家決定歸順，意味著山陽地區的戰況開始有利於織田家。同年底，毛利家派員運送兵糧到三木城的支援計劃再被秀吉阻止後，三木城陷入兵糧短缺的狀態，已是強弩之末。

十一月，另一個強硬反抗信長的攝津戰線也得到了突破。經過重臣瀧川一益的斡旋下，荒木村重的家臣私下與信長方交涉和解，但因為荒木村重拒絕下，織田信長將荒木家的家臣們交出的妻兒、家臣送到京都殺害。荒木村重手上的有岡城及花隈城也在交涉期間落入了信長的手上，除了村重死守的尼崎城（今・大阪府尼崎市）外，攝津國的反對勢力已被大致肅清。而村重直至天正八年三月，盟友本願寺顯如決定向信長投降後，才被迫棄尼崎城逃到毛利家繼續抵抗。

## 中道崩殂

攝津國的戰況出現大變化後，受苦於無糧無水，已成強弩之末的三木城也在天正八年（一五八〇）正月被攻陷。同月十五日，別所長治以及主戰派重臣以一族自殺謝罪為條件，換取主攻的羽柴秀吉放城兵生路，獲得秀吉的答應。三木城終於在同月十七日正式陷落，播磨東部的反信長陣營也因此瓦解，加上東鄰的攝津國已大致平定，播磨西部的宇喜多家也早已經倒戈，信長陣營於同年開始與毛利陣營作直接、正面的交鋒。

平定播磨後，秀吉於同年五月派胞弟秀長進入但馬，攻擊當地的守護山名家。至五月中，山名家的主城但馬出石城（今・兵庫縣出石市）、水生城（今・兵庫縣豐岡市）也相繼陷落，山名家完全敗北，但馬也在同時間落入秀吉的手中。

在這之前的三月，接連受到攝津、三木城戰敗的打擊，加上毛利家的支援已被切斷，反信長陣營主腦之一的本願寺顯如開始摸索與信長全面和解的機會。信長也苦於本願寺的動員力及號召力，同意與本願寺談判，在前年的天正七年（一五七九）底已借助朝廷向本願寺提出交涉。到了天正八年（一五八〇）三月中，信長以不滅亡本願寺法嗣，以及宗主顯如一族上下以至城兵的人身安全等為條件，接受本願寺的「投降」，要求顯如在同年七月前交出大坂教坊，同時要求顯如命令加賀國江沼郡及能美郡的門徒結束抵抗。

顯如以接受天皇聖命為名義，一一答應了信長的條件，在四月離開了大坂，轉到紀伊鷺森教坊（今・和歌山縣和歌山市）停留。雖然顯如之子教如以及部分強硬派一度堅守大坂總壇以作抵抗，但在前關白近衛前久的交涉以及信長提出保證下，教如於八月終於離開了大坂，但之後大坂總壇發生火災，整個教坊付之一炬，化為灰燼。至此，大坂本願寺長達十一年的抗戰也終於落幕。同年十一月，加賀國的本願寺門徒也被駐守在越前的柴田勝家打敗，加賀國以及能登國也落入了信長的手中。

本願寺投降及退出大坂後，織田陣營立即宣告「天下一統」在望的訊息，可見在織田陣營的心中，本願寺的去就是極具代表意義的。強大宿敵已破，織田信長立即整肅家臣團，以碌碌無能，不立寸功為理由，加上從前的新仇舊恨，革除了攻打本願寺的總帥・佐久間信盛父子的職務，以及沒收領地。信長冷酷地除去老臣的行徑將在後來付出代價。

與本願寺的戰爭完全結束後，反信長陣營的土崩瓦解已在眼前，信長在天正九年（一五八一）正月十五日，信長就在安土城下令近臣舉行「左義長」（放鞭炮）。所謂的

「左義長」，其實是古代日本的貴族時代的陰陽師所舉行，用放鞭炮以慶祝新年到來，祛除舊惡，後來武家也承襲了這個習俗，並在信長手上成為大型的軍事檢閱式的前奏。

這次在安土的鞭炮活動，其實只有信長及其直轄的近江眾親兵，如日野的蒲生賦秀（氏鄉）等、與信長關係親密的近衛信基（前關白近衛前久之子、信長的義子）、信長諸子及織田一族等出席。這場在安土城的盛大活動顯然是為了慶祝本願寺投降而舉辦的。在同月底，信長再在京都籌備放鞭炮以及軍事檢閱巡遊活動，讓京都上下也樂在其中，信長已經達到攏絡京都朝廷及京民，誇示自己的威勢的目的。

然而，對周邊反抗勢力之征伐仍然在天正九年持續進行，同年九月，信長派兵攻打伊賀國，平定當地自治的領主。兩年前，信長次子織田信雄從伊勢國擅自攻打伊賀，結果大敗而回，受到信長的責備，兩年後，已經騰出手來的信長決定親自出手，消滅伊賀國的反抗勢力。結果，在沒有重大抵抗下，伊賀國也被信長所併，並由信長之子信雄以及親弟信包分領。

另一邊西國山陰地區的戰線方面，總帥秀吉於前一年的天正八年五月拿下但馬、播磨後，立即入侵山陰的因幡國及伯耆國（今．鳥取縣）。天正九年六月，伯耆國的代表領主南條元續倒戈歸順後，伯耆國大部分已落入秀吉手中，接著秀吉軍包圍了因幡的鳥取城（今．鳥取縣鳥取市）。同年底，秀吉說服了城主山名豐國投降後退兵。不久後，山名家內的主戰派家臣趕走了山名豐國，請求毛利家派出將領吉川經家入城督戰。於是，秀吉回師發動第二次鳥取城之戰。

天正九年（一五八一）六月，秀吉從播磨國姬路城（今．兵庫縣姬路市）北上對鳥取城實施包圍，以及海陸兩路的物資封鎖，企圖逼降鳥取城。另外，為了切斷毛利家的支援，信長立即動員附近的明智光秀（丹波）、細川藤孝（丹後）以及池田恆興（攝津）等隨時待命對抗。又成功在同年八月阻止了毛利水軍開進鳥取城附近的海域，封鎖戰略取得完全的成功。

同年十月，糧食見底，飢寒交迫的鳥取城將吉川經家提出投降，以自己的性命換取城兵的生命安全，獲得秀吉的許可後，經家於十月二十五日自殺，鳥取城開城投降。第二次鳥取城之戰後，因幡國內其他屬毛利家陣營的諸城也相繼請降，因幡國在同年底也落入信長的手中。

翌十一月，秀吉南下與攝津的池田元助一起攻打淡路島岩屋城（今．兵庫縣淡路市）。岩屋城是毛利水軍進出東瀨戶內海以至大坂、畿內的軍事要塞，攻打岩屋城便是要切斷毛利家在該地區的聯繫，以及為織田軍打通入侵四國的門戶。同月二十日，織田軍順利攻下岩屋城，同時將淡路島也控制在手上。

到了天正十年（一五八二）正月下旬，信長方收到信濃的木曾義昌倒戈的消息，令信長下定決心把武田勝賴及武田一族連根拔起。三月十一日，因為同族的穴山信君及小山田信友先後倒戈，孤立無援的武田勝賴、信勝父子在最後據點．天目山自殺，數百年的武士名門．甲斐武田氏正式滅亡。本打算出兵的信長得知嫡男信忠、老臣瀧川一益及同盟者德川家康已率先合力滅亡武田家後，便輕鬆的前往東海道，而原本隨信長出發的光秀則率軍打道回師。四月二十一日，信長便回到安土城。

德川家康自與信長結成清須之盟後，便一直與信長保持良好的盟友關係，經歷姊川、三方原、長篠等大戰，最終，信長成功制霸中央的同時，家康也成功染指東海道。天正十年三月，家康自駿河方向與織田信忠攻滅武田家後，便得到信長賜封駿河一國作謝賞。如今，家康便與剛降服的穴山梅雪（信君）以拜訪信長的安土城作為回謝。五月十四日，信長命光秀回坂本準備盟友德川家康到安土拜會的相關事宜。五月十五日，家康一行人到達近江安土，信長便安排他們入住安土內的大寶寺（《信長公記》），並命光秀在當日前往大寶寺接待剛到達的家康、梅雪。之後光秀又在十五日至十七日準備接待家康所需的珍品佳餚用料。十七日，由於信長收到遠在備中高松城的秀吉要求援軍，信長便命光秀連同池田恒興等為前軍一同趕到備中助戰。

前年西邊的大敵．本願寺跟一向眾敗退後，東邊大敵之一的上杉謙信已因急病於前年死去，如今另一個心腹大患的甲斐武田氏也在天正十年被剷除。放眼當時的日本戰國，九州的大友、島津兩家都表示向信長臣服，關東的北條氏政、氏直父子也願在織田政權下繼續控制關東。奧羽的諸小大名更是聽從信長的號令，經常上貢名鷹、名馬給信長。能稱上信長大敵的，就只有正與羽柴秀吉僵持的安藝毛利氏。另外，四國方面就有因不服信長而與之不和的長宗我部元親。

長宗我部氏本是四國土佐國的一介領主，但經過長宗我部國親及元親父子數十年的努力下，在天正十年以前已佔領大部分的四國地方，只剩下伊予一部及阿波三好氏還在抵抗。元親為了順利攻略四國，以及考慮到信長的崛起，於是在天正三年（一五七五）與信長建立關係，一起對抗阿波、讚岐的三好康長。

可是，到了天正九年，三好康長因無力抵抗元親的強大攻勢，於是拜託當時正攻略中國地方的羽柴秀吉向信長求助。信長考慮到長宗我部勢力過於強大的關係，便更改了原本的約定，與元親出現矛盾。正在這個時候，剛好信長三子信孝極希望立功出名，故此信長便任命信孝出征四國，為他製造立功的機會。到了五月十一日，信孝連同信長配下的丹羽長秀、蜂屋賴隆等到達住吉，準備四國征伐。

與此同時，同年五月，秀吉攻打備中高松城（今．岡山縣岡山市），在城外修築堤圍，再利用大雨淹浸該城，同時以大軍阻止趕到城外的毛利家前進，迫使城主清水高治投降。另一邊的光秀在五月十七日回到坂本，二十六日從坂本出發到備中，其間的二十七日在京都的愛宕山參拜祈願，又在祭神前求籤問卜，二十八日便在威德院與里村紹巴等舉行和歌會，之後作成「愛宕百韻」，並在當日回到龜山城（今・京都府龜岡市）。

光秀在六月一日便與重臣齋藤利三、明智秀滿等表明自己謀反的決定。六月二日，光秀向全軍指稱，因信長想檢閱軍隊而須回軍京都。同日黎明前，明智軍沿山陰街道進入京都，並且包圍本能寺，在寺內的信長正打算夜宿一夜後再出發前往西國，現在突然被本應出發支援秀吉的重臣明智光秀襲擊，數小時後除了侍女外，信長自焚而亡，其他隨從信長的侍從全數戰死。

接著，光秀分兵攻打距離本能寺不遠的二條城，攻擊在那裡留宿的織田信忠以及他的隨從，冷不及防下，信忠力戰後，終在二條城內自殺而亡。至此，織田信長及信忠父子便在數小時內雙雙被突襲而死，史稱「本能寺之變」。

明智軍在京內的軍事行動在六月二日早上九時左右結束，信長、信忠等人的死亡也得到確認。之後，光秀便開始下一步行動，首先派人安撫朝廷，同時又派家臣三宅秀朝接管京內的政務，以穩定人心。光秀在六月五日接收了已經空無一人的安土城，將安土城內的寶物金銀分賜給家臣、士兵作為犒獎。

六月九日，光秀從安土回京，朝廷立即派人去向光秀請安，極力討好光秀，光秀也派人獻出五百兩銀子作為回應。同日，光秀得悉姻親細川藤孝及忠興，還有筒井順慶拒絕支持自己的行動，光秀試圖遊說也無功而返，光秀也遭到眾叛親離的孤立局面。

與此同時，光秀得知了本應在備中與毛利軍對戰的羽柴秀吉已經奇蹟地與毛利達成和解，而且正從備中火速趕來。就這樣，從六月二日到十一日的短短十日裡，光秀身邊的局勢從天堂墮入地獄，再跌進無底深淵，所有原本的希望及佈局都幾乎全數落空，光秀將要獨力應付秀吉等人的反擊。決定織田信長死後，主宰日本的大戰將在兩日後在山城國山崎（今・京都府乙訓郡）上演。

國家圖書館出版品預行編目 (CIP) 資料

日本戰國織豐時代史 / 胡煒權著 . -- 初版 . -- 新北市
: 遠足文化 , 2018.07

ISBN 978-957-8630-46-8( 上冊 : 平裝 )
ISBN 978-957-8630-47-5( 中冊 : 平裝 )
ISBN 978-957-8630-48-2( 下冊 : 平裝 )
ISBN 978-957-8630-49-9( 全套 : 平裝 )

1. 戰國時代 2. 日本史

731.255 107007984

大河 27

# 日本戰國・織豐時代史 ㊥

作者——胡煒權
執行長——陳蕙慧
總編輯——李進文
行銷總監——陳雅雯
資深通路行銷——張元慧
編輯——陳柔君、徐昉驊、林蔚儒
校對——唐志偉、陳家倫、鄭祖威
封面設計——倪旻鋒
排版——簡單瑛設

社長——郭重興
發行人兼
出版總監——曾大福
出版者——遠足文化事業股份有限公司
地址——231 新北市新店區民權路 108-2 號 9 樓
電話——(02)2218-1417
傳真——(02)2218-8057
電郵——service@bookrep.com.tw
郵撥帳號——19504465
客服專線——0800-221-029
部落格——http://777walkers.blogspot.com/
網址——http://www.bookrep.com.tw
法律顧問——華洋法律事務所 蘇文生律師
印製——呈靖彩藝有限公司

初版一刷 西元 2018 年 07 月
初版八刷 西元 2022 年 04 月
Printed in Taiwan